なぜ女は男のように
自信をもてないのか

THE CONFIDENCE CODE
THE SCIENCE AND ART OF SELF-ASSURANCE
——WHAT WOMEN SHOULD KNOW

キャティー・ケイ＆クレア・シップマン
田坂苑子［訳］

CEメディアハウス

ケイとシップマンは、女性が成功するために「自信」が果たす重要な役割に、鋭い光をあてた。二人は私たち皆に役立つアドバイスと、より希望のもてる未来のヴィジョンを提供してくれる。

——シェリル・サンドバーグ
（フェイスブックCOO、『リーン・イン』著者）

女性たちは能力に欠けているわけじゃない。彼女たちに必要なのは自信だ。本書は成功への鍵となる自信について、洞察力に満ちた新しい見方を提供している。

——トリー・バーチ
（トリーバーチCEO）

THE CONFIDENCE CODE
The Science and Art of Self-Assurance —— What Women Should Know

Published by arrangement with HarperBusiness, an imprint of
HarperCollins Publishers
through Japan UNI Agency, Inc., Tokyo

私たちの娘、マヤ、ポピー、そしてデラへ
同じく私たちの息子、フェリックス、ジュード、そしてヒューゴへ

なぜ女は男のように自信をもてないのか　目次

序文　8

第1章　不安から逃れられない女性たち　23

第2章　考えすぎて動けない女性たち　56

第3章　女性は生まれつき自信がないのか？　94

第4章　男女間に自信の差が生まれる理由　133

第5章　自信は身につけられるもの？　177
第6章　自信を自分のものにするための戦略　204
第7章　部下や子どもに自信をもたせるには　240
第8章　自信の科学　269
謝辞　288
訳者あとがき　298
脚注　310

装丁・本文デザイン　長坂勇司

なぜ女は男のように自信をもてないのか

序文

ある種の人々を特別な存在にしている性質がある。説明するのは難しいが、すぐにそれとわかる素質。その素質をもっていれば世界を手に入れることも可能だ。だが、もっていないと、自分の可能性の最初の入り口でひっかかったまま、一生を終えることになる。

二十八歳のスーザンがその素質を十二分にもっているのは明らかだった。だが、ほとんどの人と同じように、彼女も人前に出て話すのは苦手だった。皆に伝えたいことはたくさんある——でも、スポットライトを浴びるのはいやだった。講演の前は、聴衆に馬鹿にされるのが怖くて心配で眠れないと、友人に打ち明けたこともある。最初のころの講演は散々だった。それでも彼女は努力を続けた。何枚ものメモで武装し、良識的な服で身を守り、自分の不安と闘い続けた。そして、懐疑的な目で彼女を見る男性の聴衆を前に、大きな物議を醸すメッセージを発し続けたのだ。スーザンは、自分の使命を果たすためには、自身の恐怖を克服しなければならないとわかっていた。だから彼女はそうした。そしていつしか、とても説得力のある講演者になっていた。

スーザン・B・アンソニー。アメリカの女性参政権運動の指導者は、女性の参政権を勝ち取るために五十年の努力を続けた。そして一九〇六年、自分が成し遂げたことを目にする十四年も前に、この世を去った。だが彼女は最後まで、自分の弱さにも、常に勝利が手の届かないところにあるという事実にも、足を引っ張られることはなかった。

現代のパキスタンの少女たちには、毎日学校に通うだけでも、その素質が必要だ。わずか十二歳で、自分たちの教育環境の改善を求めてタリバンに立ち向かい、すぐそばで学校が破壊されていくなか、そのことを世界に訴え続ける少女の姿を想像してみてほしい。絶対にその素質が必要だ。それもかなり抜きん出たものが必要だろう——十四歳にして、バスのなかで過激派に頭を撃たれて死の淵をさまよったにもかかわらず、さらに世界中をまわって大義のために闘い続けるには。マララ・ユスフザイにまず「勇気」があるのは確かだ。タリバンが犯行声明を、さらに続けて殺害予告を出したときも、彼女は瞬きもせずに言った。「その場面を、いつも鮮明に思い描いています。たとえ彼らが私を殺しにきても、私は、彼らがやろうとしていることは間違っていると、教育を受けることは私たちの基本的な権利なのだと訴えます」

だが、マララのエネルギーになっているのは「勇気」だけではない。彼女の抵抗の精神の燃料となり、運動を着実に前進させる「何か」があった。たとえどんなに状況が不利であっても、大きな岩が目の前に立ちはだかっていても、マララは、「自分には絶対にできる」という驚くほどの信念を内に秘めていた。

この二人の女性は一世紀も離れた時代を生きているが、ある共通の信念によって結ばれている——やると決めた目標は必ず達成できるという思い。そう、彼女たちに共通しているのは「自信」だ。必要不可欠と言ってもいいほどに重要なものだが、驚くほど多くの女性に欠けているもの。

その「自信」というものの捉えにくい性質は、二〇〇八年に『ウーマノミクス』(アルファポリス刊)という本の執筆を始めて以来、ずっと私たち、キャティーとクレアの興味を惹きつけてきた。当初、私たちは、女性にとっての前向きな変化に気を取られていた。近年、企業にとって女性たちがどれほど価値があるかというすばらしいデータや、生活のバランスをとりつつ、仕事でも成功できる女性のパワーについて詳しく書き記すことに忙しかったのだ。だが、取材で何十人もの実績のある女性たちと話をするうちに、なんとも説明のつかない暗い穴にたびたび気づくようになった。なぜ大きな成功を収めている投資銀行家が、「この昇進に自分は値しない」などと言うのだろう。業界で女性のパイオニアとして何十年も活躍してきたエンジニアが、次の新しい大きなプロジェクトを担当するのが本当に自分でいいのかどうかわからないと、ぽつりと漏らしたりするのはなぜ?

私たちは、ここ二十年ほどアメリカ政治を取材してきて、国内で最も影響力のある女性たちにも何度かインタビューしたことがある。また、職業柄、皆が「きっと自信に満ちあふれているに違いない」と思っているような人々に出会うことも多々ある。しかし、別の視点をもって調べてみると、この国の権力が集まるところは、女性の「自己不信地帯《セルフ・ダウト》」でもあるということが見えてきて、かなり驚いた。議員からCEOまで、女性という女性が、自分にはトップに立つ資格がないのではないかという説明のつかない不安を、様々な表現で伝えてきたのだ。私たちが話をしたすばらしく有能な女性たちの多くが、ある種の図太さや、自分の能力に対する揺るぎない自信に欠けているように見えた。自分たちが恥ずかしいと思っている「弱さ」を露呈しかねないという理由で、このテーマ自体に居心地の悪さを感じる女性たちもいた。力のある女性たちでさえそんなふうに感じているのだとしたら、私たちのような普通の人間が日々どう感じているかは、想像に難くないだろう。

そして、あなた自身もその感覚は知っているはずだ。自分の発言が、ばかばかしく聞こえるかもしれない、もしくは自慢しているように聞こえるかもしれないという恐れ。自分の成功は期待されていないし、それどころか分不相応だと思われているのではないかという感覚。居心地のいい場所から踏み出して、わくわくするけれども難しいリスクのあることに挑戦するときの不安。

私たち自身、同じようなためらいをよく感じる。何年か前に、二人で夕食をとっていたときに、自分たちの「自信」の度合いについてノートに記したものを比較してみた。長年、互いのことをよく知っていたからこそ、驚くような新発見があった。キャティーはトップレベルの大学に行き、優秀な成績を収め、数カ国語を操るにもかかわらず、これまでずっと自分には一流のジャーナリズムの仕事ができるほどの知性はないと思っていた。クレアにはそれが信じられなかった（むしろ笑ってしまった）が、彼女自身も長年、まわりにいる野心的な男性ジャーナリストたちのほうが、自分よりもっといろんなことを知っているのだろうと思っていた。なぜなら、彼らはいつも、より大きな声で、より確信に満ちた態度をとっていたから。それを見て、無意識のうちに彼らのほうがテレビで話す資格があると思い込んでいたのだ。だが実際、本当に彼らのほうが自分に対する確信《セルフ・アシュアランス》があったのだろうか？

疑問は次から次へと湧いてきた。私たちはたまたま数少ない例外にあたっただけ？　それとも、女性は本当に男性よりも自信をもてない生き物なのだろうか？　そもそも自信とはいったいなんなのだろう？　私たちにどんなことをさせてくれるの？　私たちの幸福にとってどれくらい重要？　成功するには？　私たちは生まれながらにしてそれをもっているの？　もっと手に入れることはできる？　それとも自分たちで作り上げるもの？　子どもたちにそれを身につけさせるには？　これは明らかに私たちの次のプロジェクトとするべきテーマだった。

取材を進めるうちに、当初の計画よりも、さらに広い範囲をカバーすることになった。ひとつインタビューを終えるたびに、「自信」というものが人生にとってとても大切な要素であるだけでなく、予想以上に複雑なものだったという確信を強めたからだ。私たちは、ラットやサルを使って、自信がどのように発現するか研究している科学者に会った。自信は私たちのDNAに根ざしていると教えてくれた神経科学者もいた。自信は、私たちがしてきた「選択」の結果によるものだという心理学者とも話した。自信は、努力や厳しい練習によって身につくのだと言うスポーツ・コーチやパフォーマンス・コーチにも会った。女性たち自身の見解を聞くために、明らかに自信満々な女性も、そうでない女性も追いかけた。もちろん、男性たちにも話を聞いた――上司や、友人、そして夫たちに。「自信」ということにおいては、男女の遺伝的な青写真は大きく違っていなかったし、この調査で発見したことの大部分は、どちらの性にとっても言えることだった。だが、女性には、ある特定の危機があった。

何年ものあいだ、私たち女性はおとなしく、ルールに則って行動してきた。その間、私たちは確かな進歩を遂げてきた。だが、まだまだ昇れるはずの高みには到達していない。見当違いの偏見をもつ人たちは、女性にはそれだけの能力がないからだと言う（個人的には、無能な女性に出会うことはほとんどなかったが）。子どもができると女性は優先順位が変わるからだ、と言う人もいる。そう、その主張には一理あるだろう。確かに、私たちの母性本能は、家庭と仕事とのあいだで複雑な感情の綱引きをする。一方、男性は、少なくとも今現在、私たちほど激しい葛藤は感じていない。また、女性がなかなか上に行けないのは、文化的、制度的な障壁のせいだと言う人も多い。それにも正しい部分はあるだろう。だが、これらすべての理由には、最も根本的な部分が抜けている――「自己信頼《セルフ・ビリーフ》」の欠如、という点だ。

女性に自己信頼が欠けていると思わされる場面は多々ある。アイデアに満ちた聡明な女性なのに、会議では手を挙げて発言しようとしない。すばらしいリーダーになれる情熱をもった女性なのに、自分への投票を呼びかけたり、選挙運動のための資金集めをしたりするのに居心地の悪さを感じる。舞台裏ではすべての仕事をしているしっかりした母親なのに、PTAの会長には他の人になってもらいたいと思っている。なぜ私たち女性は、自分が正しいとわかっているときでさえ、自分が間違っているかもしれないと思っている男性よりも、自信がなさそうに見えるのだろう。

女性と「自信」との複雑な関係は、通常、公的な利益追求の場である職場で露呈してしまうことが最も多い。だが、それはプライベートな場にも波及し、昔から私たちがより自分に確信をもっていられたはずの分野をもひそかにむしばんでいく。たとえば、あなたは親友の誕生日パーティで練りに練ったお祝いの言葉を述べたいと思っていたとする。だが、三十人もの人の前で何かを発言すると考えただけで汗が出始め、結局は二言三言ぼそぼそと話しただけでスピーチを切り上げ、親友に対しての義理を尽くせなかったという満たされない思いだけを抱き続けたりするかもしれない。もしくは、ずっと学級委員長になりたいと考えていたのに、まわりに自分に投票するように頼むのはとても傲慢な気がして、できなかったりするかもしれない。または、義理のお兄さんの性差別的な視点を非常に腹立たしく思っているけれど、皆の前で彼に対峙するのは口やかましい女に見られそうだし、なにより彼のほうが正しそうな感じがして何も言えなくなったりするかもしれない。

これまでに、自分が言いたかったこと、やりたかったこと、してみたかったこと、でも何かに押しとどめられてできなかったことを思い返してみてほしい。たぶん、その「何か」とは、「自信のなさ」だったのではないだろうか。自信がなければ、私たちは満たされない欲求を抱えたまま、頭のなかで言い訳ばかり考えて、結局無気力になってしまう。疲れるし、フラストレーションが溜まるし、憂うつにもなる。働いている人もそうでない人も、役職の高い仕事に就きたい人もパートタイムの仕事に就きたい人も——誰もが、ぜひともやってみたいと思っていたけれど、自分にできるとは思えないでいたことすべてに対して、不安や悩みを振り払うことができたらどんなにすばらしいだろう?

最も基本的なことを言うと、私たちに必要なのは、行動を起こすこと、リスクを冒すこと、そして失敗をすることだ。そして、必要以上に卑屈になったり、言葉を濁したりするのをやめること。女性に成功する能力がないわけではない。ただ私たちは自分が「成功できる」ということを信じていないように見える。それが私たちを、挑戦することからさえも遠ざけてしまう。女性は自分が何か間違ったことをするのを恐れるあまりに、とにかくすべてを正しく行なおうと必死になる。でも、失敗するリスクを取らなければ、次のレベルにはいけないのだ。

充分に成熟した二十一世紀の女性たちは、自分が有能かどうかばかりを心配していないで、自分を信じて行動に移すことをもっと考えたほうがいい。あなたはすでに充分に有能なのだから。

『エコノミスト』誌は最近、現代の社会にとって最も大きな変化は、女性の経済力の向上だと評した。今やアメリカでは、大学および大学院の学位をもっている人数は、男性より女性のほうが多い。女性が経営する超大手企業も何社もある。世界には十七名もの女性国家元首がいる。全米の個人消費の八〇%以上は女性が決定権をもっていて、さらに、二〇一八年までには妻の収入が夫の収入を上回ると予測されている。また、女性が全労働力の半分を占めている今、中間管理職の地位も女性たちが埋め始めている。私たちの能力や才能が秀でているのは、今までにないほど明らかだ。社会の価値観の遷移に敏感な洞察力のある人間が見れば、今世界は女性に向かって動いているのが見えるだろう。

それにもかかわらず。

トップの地位につく女性の数はまだまだ少ないし、あまり増えてもいない。いろいろな意味で、私たちの才能は完全には認識されていないのだ。女性たちが行き詰まっているのは、私たち自身、自分に何ができるのかが見えておらず、想像さえできていないことが多すぎるからではないだろうか。

「アメリカの男性は自分の将来のキャリアを想像するとき、鏡のなかに議員になった自分を見ます。女性はそんなには思い上がれません」長年、女性の政治活動を支援しているマリー・ウィルソン（政治家を志望する女性を支援するNPOホワイトハウスプロジェクト創立者。現在は解散）の拍子抜けするほどシンプルな見解が、いろんな意味で、私たちがこの調査を始めるきっかけになった。まさにそのとおりだと感じたからだ。私たち女性の不安や控え目な部分が形になって表われている言葉だった。さらに付け加えるなら、私たち女性は実際に議員であっても、経営者であっても、何かしらの一流パフォーマーであっても、そんな自分や自分の成功を、鏡のなかに見ることはない。称賛に値する地位に到達した女性でさえ、自分が、できるふりをしているだけの無能な人間だと、いつか暴かれるのではないかという不安につきまとわれることがある。この気持ちは、成功することで薄まるどころか、上に行くほど強まっているように思える。

フェイスブックのCOOシェリル・サンドバーグは、著書『リーン・イン』（日本経済新聞出版社刊）を出版する一年前、私たちにこう言っていた。「いまだに自分が詐欺師みたいな気分で目が覚めることがあるんです。本当に私なんかが今の立場にいていいのかわからなくて」私たちキャティーとクレアも同じく、自分たちの成功は幸運のおかげか、または『欲望という名の電車』のブランチ・デュボアのように〝いつも見ず知らずのかたの親切にすがって生きてきた〟のだとずっと思ってきた。特に意識して自分を卑下しているわけではない——実際そうなのだと信じていたのだ。結局のところ、そうでなければ、今自分たちがこうしていられることの理由が思いつかなかった。

女性の自分に対する確信の弱さは、たいていつまらない場面で出てくる。ウェルズリー大学のペギー・マッキントッシュは、「詐欺師症候群（インポスターシンドロームとも言う。功績や成功を自分の実力によるものだと信じられなくなる状態）」と呼ばれる現象について詳しい論文を書いた社会学者だ。彼女は、とある会議に参加したときの一場面を鮮明に覚えていると言い、話してくれた。「本会議中に、十七人の女性が続けて発言をしたのですが、皆発言をする際に、まず弁明をしたり、〝一点だけよろしいでしょうか〟とか〝この件に関してあまり考察をしたことはないのですが〟とか〝この表現が正確かどうかわかりませんが〟など、何かしら否定的な言葉を言ったりするんです。しかもその会議は『女性のリーダーシップ』に関するものだったんですよ！」

女性の自信のなさを表わす厳しいデータも多々あった。後ほど詳述するが、私たち女性は、男性に比べ、自分が昇進に対して準備が整っているとは思っていないらしいし、テストでは悪い点を取ると予測しているらしい。また、大多数の女性が自分の仕事に自信がもてないと研究者たちに言っている。

問題の一部は、私たち女性が、「ルール」を理解できていないことにある。女性は長いこと、問題を起こさず、ひたすら努力をすれば、自分たちの才能はいつか認められ、評価されると信じてきた。だが、そんな自分たちを簡単に越えて昇進し、はるかに多い給与を得る男性たちを私たちは見てきた。私たちも、心の奥深くでは、彼らが自分たちよりも有能だというわけではないことを知っている。実際、私たちより劣っている場合だって多々ある。ただ、彼らが自分自身に対して抱いている満足感はまわりにも伝わり、時としてそれは注目を集め、評価を得る。自分に対する「満足感」と「確信」――それこそが、「自信」なのである。少なくとも、「男性版の自信」と言えるだろう。

たいていの場合、男性が表現する自信は女性にとって全然魅力的ではないことが多いし、まったくもって馴染まない。ほとんどの女性が、会話を支配したり、会議で威張り散らしたり、人の話を遮って自分の話をしたり、自分の手柄話をしたりすることに、居心地の悪さを感じる。こういった戦術に挑戦した女性たちもいたが、自分たちのやり方ではないと思い知っただけだった。

ここでひとつ断わっておきたい。この本で「女性」を集団として取り上げる際、かなり単純化してしまっていることは私たちもわかっている。女性たちのなかには、すでに充分な自信をもっている人もいるし、この本のどのページにも共感できない人たちだってもちろんいる。ジェンダーとしてひとくくりにするには多様すぎるのだ。それでも、このテーマは、どんな女性にも重要だと言いたい。どんな性格でも、どんな民族でも、どんな宗教的背景をもっていても、どんな収入レベルでも。だから、私たちが詳細を限定せず、ときどき話を一般化するのを許してほしい。私たちは、深く広く網を投じることに決めた。なぜなら、このテーマがそれに値するからだ。

男性的な方式が適していないからといって、自信を見つけるのを諦めるのは失うものが多すぎる。いろんなチャンスを逃してしまうことになる。この本のために調べた研究論文やインタビュー記事を読み返して分析した結果、私たちは、必要なのは「自信の青写真」、あるいは「自信の暗号の解読《コンフィデンス・コード》」だと結論づけた。それがきっと、女性が正しい方向に進めるように示してくれるだろうと。

私たちの友人のヴァネッサを例にとってみよう。非営利団体で資金調達をする有能なファンドレイザーだ。最近、彼女は非営利団体の理事長に年次業績評価のために呼ばれた。彼女はチームのためにかなりの資金を調達していたし、本気で褒められると思っていた。しかし、彼は彼女にこう言った。もちろん彼女は多くの資金を調達した。だが、もし組織のシニアリーダーになりたいのなら、もっと色々な決定をしていかなければならない、と。「その決断が正しいかどうかは関係ない」彼は言った。「君のチームは、君が決断できる人間で、さらにそれに食らいつくことができる人間だと知る必要がある」ヴァネッサは自分が耳にしたことが信じられなかった。決断が正しいかどうかは関係ないですって⁉　多くの女性と同じように、彼女にとってもそれは許しがたいことだった。

それでもヴァネッサはボスの言葉に一抹の真実があることに気づいた。たしかに彼女は正しく完璧であることに気を取られすぎて、なかなか決断できないことがよくあった。特に、迅速に決断しなければならないことに対して。多くの女性たちと同じように、ヴァネッサは完璧主義者だったが、完璧を目指すことも、十四時間労働の日々も、彼女のチームは必要としていなかった。それどころか、完璧主義は、ヴァネッサに求められていた断固たる行動から、彼女を遠ざけていたのである。

＊　＊　＊

科学者や学者たちに「楽観主義《オプティミズム》」をどう定義したらいいかと聞くと、きわめて一貫した答えが得られる。「幸福《ハピネス》」や、その他の基本的な精神的豊かさに関する言葉も同様だ。これらは長年、かなりの頻度で分析され、定義づけされてきた。そのおかげで、現在私たちには、これらの性質を自分だけでなく、人のなかにも育成することができるくらい優れたアドバイスの蓄積がある。だが、こと「自信」に関しては同じようにはいかないことがわかった。結局のところ、自信というのはもっと不可解な、得体の知れない性質で、本書の執筆で私たちが知り得たのは、調査に乗り出した当初はまったく予期していなかったことばかりだった。

たとえば、「強がる」ことと「自信」は違う。また、自信はすべてあなたの心が関係しているわけでもない。そして、自尊心《セルフ・エスティーム》向上訓練で生み出されるわけでもない。最も衝撃だったのは、成功や達成が、能力よりも自信とより深い関係があるとわかったことだ。そう、出世するためには、能力よりも自信が重要なのだという証拠があったのだ。それは、これまでの人生、「能力」を身につけようと努力してきた私たちにとって、特に動揺を禁じ得ない事実だった。

もうひとつの憂うつな発見は、生まれながらに人よりも自信をもっている人たちがいるということ。そう、自信はある程度、遺伝的なものだったのだ。私たち二人は自分たちの遺伝子がどの程度なのかを見るために、遺伝子検査も受けてみた。その結果は後ほどみなさんにお目にかけるとするが、私たち自身は結果に驚いたとだけ言っておこう。また、男女の脳の働き方は明らかに違っていて、その違いが、私たちの自信に影響を及ぼしているのだということもわかった。そう、その事実には賛否両論あるだろう。だが、それもまた真実なのである。

しかしながら、科学的な側面は一部でしかない。自信には技術的な側面もある。人生をどう生きるかによって、もともともっていた自信の素《もと》に驚くほど大きな変化を与えることができるのだ。最新の研究によると、私たちはたとえいくつになっても、自分の考えや行動に影響を与えられるように、文字どおり脳を変えることができるのだという。つまり、幸運なことに、コンフィデンス・コードの主要部分は、心理学者が言うところの「意志によるもの」——つまり自分たちの選択によって変えられるのだ。こつこつ努力することによって、私たちは皆、自分の自信を大きくしていくことができる。だが、完璧であろうとすることをやめて、失敗に対しての準備を始めなければ、そこに行き着くことはできない。

また、科学者が言う「可塑性」という言葉がある。私たちの言葉では「希望」と置き換えてもいいだろう。この脳の可塑性のおかげで、努力次第で私たちは脳の構造をもっと「自信癖」

がつくように作り替えることができるのだ。そして女性のいいところは努力をいとわないところだ。

私たちは、リポーターという職のおかげで、様々な人たちの話を求めて世界の権力の回廊を探しまわる幸運にあずかることができた。そして、自信というものが人に与える可能性を見てきた。高い目標をもち、当然自分たちは成功するものと簡単に信じることができる人たちもいれば、同じ時間とエネルギーを費やして、いくつものできない理由を考えている人たちもいた。さらに、私たちは母親として、自信が子どもたちに与える影響も見てきた。皆の前で発言したり、リスクを冒したりすることを恐れず、学んだことを将来のために蓄積していく子どもたちがいる。その一方で、起こってもいないことや、不当な結果を恐れ、怯んで動かない子どももいた。

そして私たちは二人とも、ひとりの女性として、人生を変えてしまうほどの自信の影響力を実際に肌で感じた。私生活でも、仕事においても。私たちは、何かを成し遂げることが最も意味のある物差しではないと気づいた。自信を手に入れ、うまく活用するだけでも、並外れた満足感を得られる。インタビュー中に、ある科学者が、ときたま訪れる「自信に満ちた感覚」について語った言葉が特に印象に残っている。「世界としっかり結びついているような驚異的な感覚なんです」彼女は言った。「私はやり遂げられる。そして皆とつながっている。そう感じるんです」自信に基づいた人生は、きっとすばらしいものだろう。

第１章　不安から逃れられない女性たち

扉を見つける前から、ボールの弾む音や、ズンズンと響く音、指示を出す吠えるような声が廊下を伝って聞こえてきた。ワシントンＤＣにあるヴェライゾン・センターに来ていた。バスケットボールのコート上なら、純粋な「自信」そのものが発揮されている現場を見られるのではないかと期待して。日常生活のあれこれに影響されない、ジェンダー論争にも悩まされない、余分なものが削ぎ落された「自信」の真髄があるのではないかという憶測のもとに。私たちは「これだ！」と思える瞬間を求めていた。私たちの女性としての生物学的ＧＰＳに向かって「こっちよ！　あなたの目指すべきものはこれよ！　ここに向かって進みなさい！」と叫んでいるかのような、説得力のある、はっきりとした、具現化された「自信」を。

それはＷＮＢＡ（アメリカ女子プロバスケットボールリーグ）のチーム、ワシントン・ミスティックスの二〇一三年シーズンの公開練習だった。埃っぽい地下にある練習用コートに足を踏み入れて、最初に気づいたのは、選手たちの優れた身体的特徴だった。彼女たちは単に、平均を遥かに超える一八〇センチ以上の長身と、私たちが憧れることしかできないような腕の筋肉をもっているだけではなかった。女性にとってかなり攻撃的で挑戦的なプロスポーツを会得したことからくる、その場を支配するような雰囲気があった。

純粋な自信を見つけ出すのは簡単ではない。もちろん、それに近いものを、たとえば重役室や政治家の事務所、もしくは工場のなかなどで披露されているのを見たことはあるだろう。だが、まわりの環境によって、それはたいてい儚く消えてしまったり、ゆがんでしまったりする。ときどき、詐欺ではないかと思うくらいだ。「自己不信」の深い井戸を、うまいパフォーマンスで巧妙に隠した詐欺。だが、私たちはスポーツの世界では違うだろうと考えた。プロバスケットボールの九四フィート×五〇フィートの磨かれた床の上では、自信があるふりをすることはできない。勝つためには自分自身を信じなければいけない。疑わず、迷わず、躊躇しない。トップアスリートが皆追求するのは、正確に測定され、記録され、評価される、最高のパフォーマンスだ。もちろん、身体的要素もベースとして重要だが、スポーツ競技で成功するための中心的要素は、自信である。多数のスポーツ心理学者が、試合ではそれが重要であることを証言している。もし自信が欠如していることが問題にならないのなら、そもそもスポーツ心理学者自体がいらないことになってしまう。

そんなわけで、私たちは女子プロバスケットボールの試合がいい研究材料になると考えた。さらに言えば、ある意味特殊なこの「ペトリ皿」では、自信を阻害する大きな要因でもある男性たちから隔離された、一人前の女性たちだけで働く集団を観察することができるのだ。

その朝、コート上の練習はかなり激しかった。ワシントン・ミスティックスはWNBAの十七年の歴史のなかで最悪の二シーズンから脱却しようと奮闘していた。私たちは特に二人の選手に注目していた。地元ワシントンDC出身のモニーク・カリー。チームメイトにはモーと呼ばれている。私立の高校を出たあと、バスケットボールの強豪デューク大学に進み、天才プレーヤーと言われた。ミスティックスではスター選手としてフォワードで活躍し、私たちが見たなかでも最もタフなプレーヤーだった。一八二センチの身長に見合う、際立って広い肩幅は、彼女がバスケットのゴールに向かうたびにしなやかな曲線を描いた。

もうひとりはクリスタル・ラングホーン、一八八センチのパワーフォワードだ。高校生のころは、日曜日は教会ではなくバスケの練習に行かせてほしいと、信心深い父を説得し、バスケを続けた。プロ入り直後はパッとしない新人選手だったが、今ではスポーツ用品メーカーの〈アンダーアーマー〉と高額のスポンサー契約を結ぶ、オールスター選手にまでなった。長い黒髪に白いヘッドバンドをした彼女は、バスケットに向かって滑らかに走り、リラックスしたシュートを放った。

すぐに激しい練習試合が始まった。目で追いつけないほどの絶妙なタイミングのパスや、芸術的なフェイク、スリーポイントシュートなど、すさまじいパフォーマンスの数々だった。敏捷さとパワーによる圧巻のショーだ。

自信は、不信感から解き放たれた精神が生む「純粋な行動」であると、あるベテランジャーナリストが言っていた。たった今コートのなかに見たものは、まさしくそれに違いない、と私たちは興奮した。

だが、練習のあと、モニークとクリスタルと話をした私たちは、先ほど目に焼きつけた「自信」の完璧なスナップ写真が、たくさんの疑念と否定でぼやけていくのを感じた。WNBAというところでさえ、「自信」の壁をすべて打ち砕くことはできないのだ。

コートを出て、スポーツウェアを脱いだ彼女たちは、それほど威圧的には見えなくなっていた。見るからに疲れ切って、VIPルームのビロード張りの肘掛け椅子に沈み込んでいる、並外れて背の高い魅力的な普通の若い女性だった。ぴったりしたデニムのジャケットとTシャツに着替えていたモニークは、すぐに真顔になり、この「自信」というテーマに食いついた。きっと彼女自身の内に、このテーマがよく登場するのだろう。

「選手として自信を保つのに苦労することはあります」モニークは言う。「試合がうまくいかなかったり、思い描いたようなプレーができなかったりしますから。でも、このレベルでプレーするなら、自分にできることを、自分の能力を、信じなければだめです」

クリスタルがうなずいた。ヤンキースの野球帽で顔が少し陰になっている。彼女も会話に加わり、男性プレーヤーなら影響を受けないようなことまで、女性プレーヤーの自信はずたずたにされることがあると言った。「たとえば試合に負けたとき」彼女は言った。「私は、『ああ、どうしよう、負けちゃった』って落ち込むんです。チームの勝利に貢献したかった、ファンのためにどうしても勝ちたかったのに、って。男性は試合に負けても、『今日は調子が良くなかった』とだけ思って、すぐに敗北感から脱することができるみたいですけど」

クリスタルとモニークと話していて驚いたのは、すべての答えに、私たちが尋ねる前に、男性との比較が飛び出してきたことだ。ミスティックスは男性と直接戦うわけでもないのに、だ。彼女たちの口調から伝わってくるフラストレーションはとても馴染み深く、自分たちと同じ業種の女性と会話をしている感じがするほどだった。どうして男性はいつも自分をそんなにすごいと思えるのだろうか？　なぜ失敗や、人から言われた否定的な言葉は、彼らのなかからすべり出ていってしまうのだろう？

「コート上では、何か悪いことを言ったり、手荒なプレーをしたりするのは難しいんです」クリスタルが言った。「女性は傷つきやすいから。私たちのアシスタント・コーチが言うには、男性たちはお互いに罵り合っても、それをすぐに忘れるって」

「私は傷つかないけど」モニークが苦笑いを浮かべて言った。「私は意地悪なプレーヤーだからね」

「モーは違うのよね。男性アスリートっぽいもの」クリスタルが笑った。「人に何かを言われてもはねのけることができる。怒鳴ることもできるし。モーとは長いこと一緒にプレーしているから、どんなふうかよく知ってるんです」

それでも、モニークも、彼女の自信の源が男性のそれと同じくらい豊かなのかと聞かれると、天を仰いだ。「男性チームは」わずかに困惑したような、苛立ったような声音でモニークは言った。「たしか十三人か十五人の選手登録ができるんですけど、一分たりとも試合に出ることのない控えベンチの端にいる選手でさえ、自信もエゴも、チームのスーパースターと同じくらい大きい気がします」そして、かすかな笑みを浮かべて続けた。「女性はそんなふうにはなれない。試合に出られなかったり、チームのなかで他の選手よりもいい選手だと見なされていなかったりしたら、私たちはかなり自信を失うと思います」

私たちは、練習を見学させてもらったときに知り合ったミスティックスのコーチが、このことについてどう思っているか気になった。チームウェアの紺のポロシャツを着たマイク・ティボーは、ほとんどの選手より十五センチは身長が低く、年齢は倍の、コート上にいる数少ない男性のひとりだった。ミスティックスのライバルであるコネチカット・サンに何年も勝利をもたらし続けたWNBAの伝説のコーチだ。ミスティックスの運命を好転させるというミッションをもって、ワシントンDCに来たばかりだった。かつてはNBAのスカウトとして、マイケル・ジョーダンの獲得に尽力したこともある。その後ロサンゼルス・レイカーズのアシスタント・コーチをつとめたあと、ここ十年はずっと女性チームのコーチをつとめている。男女どちらのリーグでもコーチをしたことがある彼は、男性と女性のアスリートの自信に関していろいろ知ることのできるユニークな立場にある。彼の考えでは、失敗やミスをくよくよ考えたり、外の世界をなかなか頭から締め出すことができないのが女性選手の最も大きな心理的障害であり、それはもろにコート上でのパフォーマンスや自信に影響するという。

「自分自身に対して厳しくあることと、過剰に批判的になることとはおそらく違いがある」彼は言った。「私が見てきた最高の男性プレーヤーたちは、ジョーダンのような選手も他の選手も、皆自分に厳しかった。皆自分を限界まで追い込む。でも、彼らはすばやく立ち直る能力ももっている。敗北を長く引きずらない。女性たちもそうできるはずなんだ」

「もっと早く手放すべきことを長々と引きずってしまうタイプだから、私にはなかなか難しいんです」モーも認めた。「たとえばミスショットをしたら、精一杯やった結果だとわかっていても、ずっと自分を責めてしまうこともあります。とりあえず『もういいわ、このことは忘れて、次のプレーで取り返そう』と言ってはみるんですけど。三十歳になっても、WNBAで八シーズンもプレーしていても、その部分ではまだ努力しなければならないんです」

「女性って、いまだに人を喜ばせようとしている感じがします」クリスタルがため息をついた。「去年の私はまさにそうだった気がするの。私のプレーそのものが。ときどき、私はただ人を喜ばせたいだけになってしまうんです。それが私の問題」

モーが肩をすくめた。「私たちに男性的な思考や、彼らがもっているようなうぬぼれや自信があれば、もっといいプレーができるでしょうね」

正直に言って、彼女たちの言葉はどれも私たちが聞きたいと思っていたものではなかった。私たちが勝手に完璧だと思っていた女子バスケットボール選手の集団のなかでさえ、自信の本質は簡単には見つけられないようだ。むしろ私たちがよく知っている力によって、浸食されているようにも見えた。モニークとクリスタルは、コート上ではとても自信があるように見えた。だが、三十分ほど話しただけで、「考えすぎ」、「人を喜ばせたい」、「失敗を忘れられない」という、私たちが最近気づいた「自信を阻むブラックリスト」の三つの特徴が、彼女たちにもあることが明らかになったのだ。

純粋な「自信」がプロスポーツの世界で見つけられないのだったら、いったいどこにあるのだろう？　私たちは、女性が自分たちの安全地帯から押し出され、男性と直接競うよう常にプレッシャーをかけられている分野を調査することにした。

ミカエラ・ビロッタは、メリーランド州アナポリスにあるアメリカ海軍兵学校を卒業したばかりだ。クラスで十四人しか入れない、名誉ある特殊部隊の爆発物処理班《EOD》のひとりに選ばれた。ＥＯＤは紛争地における化学兵器や生物兵器、そして核兵器の解体と処理という任務を負っていて、メンバーは交代で特殊作戦部隊とともに配置される。選ばれるには、最も優秀な兵士でなければならない。私たちはビロッタを祝福した。だが、彼女は自分が選ばれたことを「半分は運ですから」と言って、即座に私たちの賞賛をかわした。私たちは、彼女が無意識のうちに自分の成果を否定したことを指摘した。彼女はうっすらと笑みを浮かべた。

「自分にそれだけの価値があると認めるのに、他の人よりも時間がかかったのは確かです」ビロッタは打ち明けた。「客観的に見て、自分はできることを全部やってきたから、今のポジションを得られたんだとわかっています」彼女は口をつぐんだ。私たちは彼女の実家の地下室にいた。その部屋は、スポーツグッズやトロフィー、表彰盾などであふれていた——彼女を含む、五人のきちんとした娘たちを両親が育てた証だ。子ども時代にビロッタが自己信頼を育てられなかったことを示すものは何もない。「ただ信じられなかったんです」首を振りながら、彼女は言った。『なんでこうなったの？　どうして私はこんなにツイてるの？』って不思議に思っていました」

ツキ。軍が用意した、体力、精神力、知力、すべてを客観的に明確に測るハードルを努力でクリアしたビロッタに、「ツキ」など関係なかったはずだ。自分の達成したことが、まぐれや幸運ではないということが、ビロッタに見えないのはどういうことだろう?

もちろん、私たちにはビロッタの気持ちが正確にわかる。私たち自身、自分の成功を運命の気まぐれのおかげと考える達人だからだ。キャティーはいまだに、自分がアメリカで注目される仕事ができているのは、自分の英語のアクセントのおかげだと思っている。それが、口を開くたびに彼女のIQを実際より高く見せてくれるからだと。クレアはというと、二十代でCNNの特派員としてモスクワから社会主義の崩壊を伝えるという大きな仕事ができたのはなぜかと聞かれるたびに、「ただ幸運だっただけ」とずっと答えてきた——ただ、いいときにいい場所にいたのだと。

「何年ものあいだ本気で、すべてが幸運のおかげだと信じてきたの。これを書いている今も、そう思わないでいるのは大変。ただ、つい最近気づいたんです。成し遂げたことに対する称賛を拒むことで、自分が次のステップにいくために必要な自信を育ててこなかったということに」クレアは認めた。「ワシントンDCに戻って、ホワイトハウスの担当になったときは文字どおり震えていたわ。当時は『私に政治のリポートなんて一生できるはずがない、何も知らないんだから』と、ずっと思ってた」自分が成し遂げてきたことを信じ、精神的な励みとしなければならないときに、彼女はいつも、自分の実力が職務にちゃんと見合っているのかという不安で頭がいっぱいだったのだ。

豊かな自信の源泉を求めて調査を進めるほど、多くの場所でそれが枯渇していることの証拠が増えるばかりだった。「自信の格差」——つまり、「コンフィデンス・ギャップ」は、職業の垣根や、所得水準、世代の差を越えて、いろんな形で、まったく予期していないような場所に横たわっていた。

私たちが司会進行をつとめた国務省での会議で、前国務長官のヒラリー・クリントンがスピーチをしたことがある。彼女は、八年間ファーストレディとして、また長きにわたって政治家の妻として人生を送った後、二〇〇〇年に上院議員選への出馬を決めたときの不安を語ってくれた。「公的な敗北に向き合うのは大変です。私は自分が負けることを恐れているんだと気づきました」彼女の言葉は私たちにとって不意打ちだった。「最終的に出馬を決めたのは、高校の女子バスケットボールのコーチにプレッシャーをかけられたからです。彼女はこう言いました。『もちろん負けるかもしれないわ。それがなんだっていうの？　思い切って立ち向かいなさい、ミセス・クリントン。思い切って立ち向かうのよ』」

エレイン・チャオは思い切って立ち向かった女性のひとりだ。アメリカで最初の中国系アメリカ人として内閣入りを果たしたのだ。[*1] 彼女は八年間ブッシュ政権で労働長官をつとめた。ブッシュが政権を握っていたあいだ内閣に留まった、ただひとりの閣僚だ。その経歴からは、彼女がそこまで昇り詰めるとは誰も予想できなかった。チャオは台湾で生まれ、父親がなんとかかき集めた乗船料で、八歳で貨物船に乗ってアメリカに来た。彼女の成功譚は、努力、危機、そして鉄壁の自信を盛り込んだ、昔話のようだった。

だが、内閣にいた数年間、自分の能力に疑問を抱いたことはなかったかと訊いたとき、チャオの答えは率直でユーモアにあふれていた。「しょっちゅうよ」彼女は言った。「だって、私はアジア系アメリカ人よ！　新聞にいつか『エレイン・チャオ失脚！　一族の恥さらし』って大見出しが載るんじゃないかっていうのが私の心配ごとだったわ」

私たちは、若い世代なら、だいぶ違う話が聞けるのではないかと期待したが、彼女たちの話も、気味が悪いくらい同じだった。ジェネレーションY世代（一九七〇年代後半から二〇〇〇年代前半までに生まれた世代）のなかで、クララ・シーほど成功した女性はほかにあまりいないだろう。彼女は三十一歳の起業家で、二〇一〇年にソーシャルメディア会社の〈ヒアセイ・ソーシャル〉を興した。二十九歳のときに、史上最年少で〈スターバックス〉の取締役に就任したことでも知られている。いまだにテクノ・マッチョなシリコンバレーで、数少ない女性CEOのひとりだ。彼女はいくつもの輝かしい功績をおさめるなかで「自信の格差《コンフィデンス・ギャップ》」に邪魔されたことはなかったが、足をすくわれそうになったことはあると認めた。「スタンフォードにいたとき、コンピューターサイエンス学科の授業がとても難しかったんです。上のコースに行くにつれ、ものすごく勉強しなきゃいけなくなった」シーは言った。「なぜか私は、他の人は簡単にこなしているんだろうと思い込んでいたんです。そのころの私は自分が詐欺師みたいに思えて嫌でした」留年して、もっと簡単な学科に移ろうと考えたこともあったという。卒業の日、彼女は自分がクラスでトップの成績をおさめていたことを知って心底驚いた。

「自分にはずっと前からそこにいる権利があったんだとはじめて知ったんです。そして、いつも偉そうなことを言っていたインテリオタク《ギーク》男子たちが、私より頭が良かったわけじゃなかったことに気づいたんです」

ワシントンDCの弁護士、ティア・カダヒーはいつも落ち着いていて、明るく、責任感に満ちた女性だ。最近、同期とパートナーを組み、長らくやってみたいと思っていた社外コンサルティングの仕事を始めたという。驚いたことに、すぐに契約がとれたらしい。「それでも、私の思考は、自分ができなかったことばかりに向かってしまうんです。あの仕事もこの仕事も、私にはやる資格がなかったんじゃないかって」彼女は言った。危うくその契約も自分から断わりそうになったが、なんとか自分の不安と闘って引き受けたという。

私たちはティアのこの話を、ありがたいことにアルコールを飲みながら聞いていたおかげで、共感のため息をついたあとに、せめて笑うことはできた。皆がはまってしまうこの「自己不信」は、本当に時間と労力の無駄だ。それがわかっているのに、どうして私たちははまってしまうのだろう?

自信にクレームブリュレを添えて

ワシントンDCのとあるレストラン。上品で落ち着いた色合いのツイードのワンピースに身を包んだ、身長一八〇センチほどの銀髪の女性が、傍目にもわかる有能さと自信に満ちたオーラを放ちながら、私たちのほうに向かって歩いてきた。彼女が今世界で最も力のある女性であることに気づいた他の食事客たちが、洒落たレストランのなかを歩いていく彼女を目で追って次々と振り返った。クリスティーヌ・ラガルド、国際通貨基金《IMF》の代表をつとめている人物だ。一八八カ国が加盟している世界の金融システムの安定化を使命とした機関で、経済的に悪化した国への融資や改革を行なっている。まあとにかく忙しい人物だと言えば充分だろう。

このプロジェクトを思いついて以来、ラガルドこそ、この自信の探索という茂みを進む私たちを導いてくれる、最高のガイドになってくれるのではと思っていた。彼女は、ほぼ男性だけの国際金融界の大物たちのなかで権力ある地位を獲得し、そのすばらしい肩書きを使って、企業や国家のリーダーたちに、女性を組織のトップに据えるようにプレッシャーをかけている。それが道徳的に正しいからというわけではない。それが世界経済にとって健康的だと彼女が信じているからだ。彼女は私たちが『ウーマノミクス』で提言したことと同じ主張をしている――多様性が組織の財政的な成功につながる、と。

ラガルドが、彼女にぴったりとも思える今の職務を得たのは、もともとフランスの財相として、世界金融危機を回避すべく尽力していたときだった。当時ＩＭＦの専務理事で、フランスの大統領候補として名前も挙がっていたドミニク・ストロス＝カーンに不倫問題が発覚したことで、彼の後任としてＩＭＦ専務理事となったのだった。カーンのような「経歴」があるほうが、フランスの大統領になるにはふさわしいと言う人もいるだろう。だが当時、彼にはホテル従業員とジャーナリストに対する性的暴行の容疑もあった。後に、ホテル従業員に関する容疑については起訴が取り下げられたが、スキャンダルはアメリカの各紙の一面を飾り、大西洋をわたったところでも大騒ぎになった。[*2]この一件で、フランスでもセックスに関して超えてはならない一線があるということがわかったのだった。

ラガルドは、事態を改善するのに最も適した人材だと見なされた。彼女の武器――合理的で融和的なスタイルと、誠実な知性――は、男性ホルモンによって煽られた国際経済危機を落ち着かせ、ＩＭＦ内での政治的な動きも抑制した。

個人的にラガルドと対面した私たちは、彼女の威厳のある身のこなしと、顔のまわりをやわらかに、でもすっきりと縁取るお洒落な銀色の髪に感銘を受けた（彼女が唯一つけていた装飾品はシルクのスカーフだけで、それは私たちが見たこともない、そして絶対に真似できないような優雅なスタイルで首に巻かれていた。とてもフランス的だった）。彼女は親しげに自己紹介をし、鋭い目でこちらを見てから微笑んだ。彼女はチャーミングで、二人の息子たちのことや、ワシントンでは車よりも自転車で移動するほうが好きだという話や、遠くフランスにいるボーイフレンドの話など、とてもオープンに話してくれた。

フランスで育ち、教育を受けたラガルドは、高校を終えたあと、アメリカの国会議事堂でインターンとして一年間過ごした。その後、パリのロースクールを卒業し、フランスの法律事務所に入ったが、女性は永遠にパートナー弁護士（共同経営者）にはなれないと上司に告げられ、アメリカに戻る決心をした。そして、十五年後、彼女はシカゴに拠点のある国際法律事務所〈ベイカー＆マッケンジー〉のパートナー弁護士になっただけでなく、女性として初めての最高執行委員会の委員長になった。

鱒《ます》のグリルと炒めたほうれん草を食べながら、彼女は、出世のはしごを登るあいだも自分の能力に対する不信感に悩まされたことを語ってくれた。「プレゼンやスピーチをするときは、いつも緊張したわ。それに、公の場で手を挙げたり、自分の意見を述べたりするのに、勇気を奮い起こさなければならないことがよくあった」

それ以上に驚いたのは、彼女がいまだに、不意をつかれることを恐れているということだった。様々な会議で、世界で最も権力のある男性たちの隣に座り、これまで彼らが行なってきた経済政策を変えていかなければならないと諭し続けているこの女性が。「ときどき、議論の最中に、自分の奥深くに入っていって、自分の力を、自信を、学んできたことを、経歴を、経験を、その他いろんなものを引っ張りだしてこないとならないときがあるの」

それを補うため、ラガルドはすべてのことを準備しすぎると言っていいほど用意周到に準備してしまうのだと言った。そして、その大変さについて、ある女性と共感し合ったのだという。彼女と同じような高い地位にいる数少ない女性――ドイツの首相だ。

「アンゲラ・メルケルと、このことについて話し合ったことがあるわ」彼女は打ち明けた。「それで、私たちはどちらも同じ癖があることを知ったの。何かに取り組んでいるとき、そのことの内側から、外側から、横から、後ろから、そして歴史的なこと、遺伝的なこと、地理的なこと、もう全方面から調べるの。私たちはすべてのことを誰よりも知っておきたいのね。すべてを理解しておきたいし、他の人には騙されたくないと思っている」

私たちはデザートのクレームブリュレを脇に押しやり、世界で最も力のある女性二人がどこかで身を寄せ合い、すべてを過剰に準備してしまう自分たちの癖を書き留めたノートを見せ合っているところをしばし想像した。するとラガルドは、ほとんどの男性なら絶対に言わないであろう言葉を口にした。「すべてを掌握できるレベルの専門性が自分にないと感じているからでしょうね」

「もちろん、ある部分では自信に関わることだと言えるでしょう」彼女は肩をすくめて、結論づけた。「過剰に準備やリハーサルをせずにはいられなくて、すべてを把握して、ミスがないことをきちんと確認せずにいられないというのは」それは問題だと思いますか？　と私たちが聞くと、彼女は冗談めかして答えた。「そうね。だってものすごく時間をとるもの！」

「完璧主義」は、どんどん増えていく私たちの「自信キラー」リスト――つまり自信をダメにしてしまう特徴のリスト――の上位に入っている。私たちがお手本にしたいと思っている憧れの女性は、いろんな面で私たちに感銘を与えてくれたが、この問題の深さを表わすいい見本ともなってくれた（不幸が仲間を欲しがるのと同じように、私たちも仲間を集めて安心感を得ていたことに気づいた。男勝りのアスリート、大変な任務を負った海軍兵学校の卒業生、国際的な金融専門家……そんな人々がなにかしらの自己不信を抱いているのなら、私たち普通の人間がこの問題を抱えていても不思議はない）。だが、ラガルドは、そういった弱さがあるにもかかわらず、私たちが「彼女のような自信がほしい」と思うような、そんな自信をもっている印象を与える。私たちはその矛盾について、このあと何カ月も考えることになる。

私たちとディナーをともにした晩、ラガルドはスイスのダボスで開催された世界経済フォーラム年次総会から戻ってきたばかりだった。その総会で、女性の経済進歩についてのパネルディスカッションに出席したときのことを、ラガルドは笑いながら話してくれた。パネルディスカッションには、彼女の友人でもあるシェリル・サンドバーグを含む著名な女性たちが参加していたという。

「男性をひとり真ん中において、ディスカッションをしたの。かわいそうに。彼はなんとか威圧的な雰囲気を出そうと奮闘してたわね。私たち女性は司会者の話にきちんと耳を傾けたし、自分が発言したいときはその司会者に合図を送ってから話すようにしていたわ。でも、彼はまったく気にしなかった。司会を無視して、自分の話したいときに発言してた。あの状況では、かなり無作法に見えたわね」

この出来事はラガルドに、女性は、男性のルールに従って競う必要はないのだということを思い出させた。

「女性でいることのほうがずっと面白いのに、どうして自分そのものでいることを抑えなければいけないの？　女性である自分に、力や価値をつけていくほうがいいでしょう。すべてにおいて男の子たちの真似をする必要はないんだって、私は昔から言っているの」

それはとても興味深い考えだったが、私たちが本当にそのことを理解できたのは、もっとあとになってからだった。

二〇%低い女性の価値

女性の自信の不足は、単に、ここまで挙げてきた成功者たちの秘話や、胸が痛くなるくらい馴染み深い話のなかだけに見られるのではない。一般的にも多くの事例が確認されていて、その数は増えている。イギリスにある〈リーダーシップ・マネジメント研究所〉が二〇一一年に女性たちに対して行なった調査がある。彼らは一連の質問事項のなかに「自分の仕事に対してどれだけ自信があるか」という質問を入れた。[*3] 結果は、半数の女性が「自分のパフォーマンスとキャリアに対して自己不信を抱いている」と答えていた。男性回答者で同様に答えたのはわずか三分の一以下だった。

カーネギーメロン大学の経済学の教授で、『そのひとことが言えたら…働く女性のための統合的交渉術』(北大路書房刊)の著者でもあるリンダ・バブコックは、アメリカの女性たちにも同じように自信が欠如しているという証拠を、明確なデータで明らかにした。[*4] 彼女がビジネススクールの生徒たちとともに行なった研究のなかで、昇給の交渉をする男性は、女性の四倍も多いとわかったという。また、女性は交渉をしたとしても、交渉額は男性より三〇%も低かったという。

イギリスにあるマンチェスター・ビジネススクールの、マリリン・デイヴィッドソン教授は、問題は自信と期待の欠如から来ていると言う。[*5] 彼女は毎年、自分の生徒たちに、「卒業してから五年後、自分がどの程度の収入を得ていると思うか」、また、「自分にふさわしい収入はいくらだと思うか」と質問しています。「七年ほど続けていますが、毎年、男子学生と女子学生の答えには大きな差があります」彼女は言った。「男子学生が予想する収入は、女子学生よりも大幅に高く、『自分にふさわしい収入がいくらだと思うか』に対する答えでも、男女差はとても大きいです」デイヴィッドソン教授曰く、男性は平均で年収八万ドル（約六百六十万円）くらいが自分にふさわしいと考え、女性は六万四千ドル（約五百三十万円）くらいだと考えているとのこと。その差、一万六千ドルだ。

リポーターという職業柄、私たちはいつも具体的な数字に出合うと興奮する。しかしそうはいっても、この数字には愕然とした。デイヴィッドソン教授の発見が現実に意味することは、女性は自分の価値を、男性が自分にあると信じている価値よりも、事実上二〇％も低く見積もっているということなのだ。

コーネル大学の心理学者デイヴィッド・ダニングとワシントン大学のジョイス・アーリンガーによる、「女性の能力vs自信」に的をしぼった、より詳細な研究がある。当時、ダニングは、コーネル大学の同僚だったジャスティン・クルーガーと共に、後に「ダニング＝クルーガー効果」と呼ばれる研究の終盤を迎えていたところだった。これは、ある種の人々が自分の能力を大幅に過信してしまう傾向にあるという現象を取り上げた研究だ（能力がない者ほど自分の能力を過信する、という現象。[*6]妙に納得がいく説だ）。

ダニングとアーリンガーは、女性たちの「自分の能力に対する先入観」[*7]が自信に与える影響に焦点をあてたいと考えていた。二人は、大学の男子学生と女子学生に、科学の抜き打ちテストを行なった。テストの前に、学生たちに、自分の科学の学力がどのくらいのランクだと思うか自己評価をさせた。「彼らの『自分は科学が得意なのか、そうでないのか』という認識が、『この問いに正しく答えられただろうか』という、本来は分けて考えたほうがいいはずのことに対して、どのくらい影響を与えているか見たかったんです」アーリンガーは言った。自分の科学の学力に関しては、女性のほうが男性よりも低く自己評価していた。一〇段階で（一〇がベスト）女性は平均で六・五、男性の自己評価は平均七・六だった。テストがどのくらいできたと思うかという質問に対しては、全問正解を一〇とすると、女性たちの正解率予測は五・八で、男性は七・一だった。では、実際の結果はどうだっただろう？　実際のテストの平均点は、女性が七・五で、男性が七・九――ほぼ同じだった。

自己認識《セルフ・パーセプション》の本当の影響力は、それだけではない。最後に生徒たちは、自分のテストの点数を知らされる前に、科学コンテストへの参加の意思を問われた。コンテストへの参加を申し込んだ女性は、男性七一％に対して四九％しかいなかった。

「これは、女性たちがチャンスを自ら手に入れに行きたいと思っているかどうかということを表わしています」アーリンガーが言う。「彼女たちは一般的に自分の能力に対してあまり自信がないため、成果を求められるタスクを遂行しているときも、自信がもてません。そのため、自らチャンスを追求したがらなくなってしまうのです」自信の欠如が招く、具体的な例だった。

私たちが本能的に感じていたことを、データは裏づけている。たとえば、私たちは、女性の数が圧倒的に少ない現場では、ほとんどの女性の口数が少なくなることを知っている。会議室に入り、なかを見て、部屋の後ろのほうに座ろうと決める。会議中、それほどすばらしいアイデアでないと思うものは、自分たちの胸にしまっておく。そして、隣に座った男性の同僚が、自分が胸にしまったそのアイデアとまったく同じことを提案し、それがとても賢く聞こえたときは、自分自身に対して腹を立てるのだ。

プリンストン大学の研究チームは、ボランティアのグループに話し合いが必要なタスクを与え、男女の比率を変えた場合、女性の発言数がどのくらい少なくなるか調査した。あるケースでは、女性のほうがマイノリティの場合、男性より七五％も発言率が下がったという。[*8] 私たちは、自分の発言がそれほど価値のないものだと思っているのだろうか？　それとも、ただそれを吐き出す度胸がないだけ？　どちらにしろ、私たちは自分を軽く見ている。重要なのは、ほとんど女性しかいない部屋に入れられた男性の発言数は、いつもと変わらなかった、ということだ。

「私たち女性が声をあげないことが、いつもとても悔しいです」アメリカ国務省管轄のアート・イン・エンバシー（世界中にあるアメリカ大使館にさまざまな現代美術の作品を展示するプログラム）のチーフ・キュレーターであり、現代美術の専門家でもあるヴァージニア・ショアは言う。「私は絶対に自分は自信家だと思っていました。オフィスでの私はまさに戦士ですし、アートの世界にいると最高に居心地がいいですから。でも国務省での週一度の会議に出席するためにオフィスを一歩出たとたん、状況はがらっと変わってしまうんです。会議室のテーブルについているのは男性ばかり。いつも三十人ほどの男性のなかに数人の女性がいる、という状況なんです」彼女は、どこの会議室も似たような状況だという調査結果を聞いて、勇気づけられたようだった。

カリフォルニア大学サンタバーバラ校の社会心理学者ブレンダ・メイジャーは、何十年も前に、「自己認識」に関する問題を研究し始めた。[*9]「まだ教授になりたてのころ、ジェンダーについての研究をしていました。その調査の一環で、様々なタスクやテストに対して、男女両方に、自分たちがどのくらいできると思うかという質問をしたんです」彼女は、男性は常に自分の能力とそれに伴う成果を過大評価し、女性はいつも決まって過小評価することを発見した。実際の成果は、男女とも質的にまったく変わらなかったという。「これは常に一貫性のある結果を得られる調査なんですよ」メイジャーはそう語った。

アメリカの反対側、イェール大学スクール・オブ・マネジメントのヴィクトリア・ブレスコルの講義室でも、同じようなことが毎日起こっていた。昨今のビジネス界のトレンドとして、MBAの学生たちは、特に自信を前面に出す訓練を受ける。皆、成績優秀な学生たちなのに、多くの女子学生が自身に対する信頼に欠けているとわかったとき、ブレスコルはひどく驚いた。「一流の仕事に就けるわけがないのだから挑戦しても無駄、という空気が女子学生たちのあいだに自然に蔓延してしまっているんです」彼女は説明した。「または、その分野に対して自分にそれほど能力はないと思うと、がんばろうとしなくなってしまう」

女子学生たちの問題は、そこであきらめて身を引いてしまうことだという。「彼女たちは競争の比較的少ない分野に行ってしまいます。たとえば人材開発とか、マーケティングとか。金融や、投資銀行、または幹部候補的なポジションという道には進もうとしません」ブレスコルはそう教えてくれた。そして、他の多くの女性たちと同じように、ブレスコル自身も、同じ症候群に苦しめられたという。

「私自身、いつも、自分が本当に完璧にできたと思えるまで、必要以上に何度も確認せずにはいられないタイプでした」彼女は認めた。「それに、同僚の男性よりも、一流の学術誌に論文がたくさん載らなければ、自分が彼らと同等だとは思えなかった。でも同時に、無意識のうちに、自分の研究が一流の学術誌に掲載されるほどのものではないと、もう少し目標を低くしたほうがいいと、考えてしまうんです」

では逆に、男性たちはどうなのだろう？

「それが、とても面白いんです」彼女は笑いながら言った。「たいていの男性は何事においても自分たちは最高だと思っていて、『俺を必要としないやつなんている？』と考えているんですから」

実際に男性はどう思ってるの？

〝何事においても自分たちは最高で、自分たちを必要としない人などいない〟。そう、ブレスコルは正しい。私たちがインタビューした男性たちは、同僚や友人も含めて皆、失敗に終わるかもしれない可能性について考えることはほとんどないと言っていた。

デイヴィッド・ロドリゲスは〈マリオット〉の人事部長だ。もう何年も、彼は私たちがマネジメント分野において頼りにしているグル（指導者）でもあった。デイヴィッドは仕事柄、公の場で話さなければならない機会が多々あるが、いつもそれを楽しんでいる。舞台に上がると、彼は聴衆からのどんな批判にも鈍くなるという。自分の話す内容がいいものかどうか疑問に思ったりしないし、言葉を間違えても気にしない。自分ならこのプレゼンテーションをうまくこなせると、機知に富んだ内容で上司を感心させることができると、言い聞かせる。「それから、ただ壇上に上がっていって、話すだけだよ」彼は言う。「コツは、考えすぎないことだ」そして、もし何か間違えてしまった場合は、ただそれを無視する。「僕はあまり物事をよくよく考えないんだ。終わったことは終わったことだ」話を聞いたほかの男性たちも、皆、基本的に同じスタンスだった。もともと人前で話すことが得意でない男性でさえ、女性ほどには負担を感じずにできるという。

　男性たちは自分自身の能力に疑問を抱いたりすることはないのだろうか？　もちろんある。でも彼らはその疑問を耐え難いほど詳細にわたって分析したりしないし、女性たちのように、その疑問に行動を制限されることもない。

　それどころか、彼らは自信過剰になる傾向にある。ほとんどの男性たちがかなり正直にそのことを打ち明けるので私たちはいつも驚いた。彼らは意識して誰かを騙そうとしているのではないのだ。コロンビア大学のビジネススクールでは、今やこの現象を表わす専門用語を造ったくらいだ。それは「正直な自信過剰《オネスト・オーバーコンフィデンス》」。同大学では、平均的な男性が、自分のパフォーマンスを実際よりも三〇％高く評価することを発見した。[*10]

　女性の部下がいる男性役員たちに、この「自信の格差《コンフィデンス・ギャップ》」について話してみたところ、返ってきたのはものすごいフラストレーションに満ちた反応だった。彼らは、自信の欠如が根本的に女性たちを抑制しているのだとわかっているが、でも何かを言って、性差別主義者のように思われてしまうのを恐れている。ほとんどの男性が私たちのような自己信頼の欠如を経験したことがないし、理解できないため、どう話をしていいかわからないのだ。

　ひとりのシニアパートナー弁護士が、ある若い女性のアソシエイト弁護士の話をしてくれた。彼女はすべての面において優秀だったが、唯一、クライアントとのミーティングで発言しないのが問題だった。彼には、彼女がその案件を担当できるほどの自信をもっていないように見えた。だが彼は、どうしたら攻撃的な印象を与えずに、そのことを問題として取り上げられるかわからなかった。そして結局、「自信」に関する項目を、公式に人事評価プロセスに入れるべきだという結論にいたった。ビジネスを行なう上で、自信があるかどうかは、それくらい大切な要素なのだ。

　デイヴィッド・ロドリゲスも、自信は、どんなにわずかであろうと、表に見えているかいないかで、出世の階段を作りもするし壊しもする、と同意する。彼が共に仕事をする企業のトップにいる女性たちには明らかな自信の欠如は見られない。なぜなら彼女たちは皆、自分の能力に確信をもっているからだ。だが、ときどき、彼が言うところの「ためらい」が見て取れた。「かなりの確率で、彼女たちは重要な瞬間にためらうことが多いんだ」彼はそう指摘した。「それはきっと彼女たちが、行動を評価されるときの採点基準がなんなのかわからないからじゃないかと思う。彼女たちはそれを間違うのが怖いんだ。たとえば、彼女たちのプレゼンのあとで、僕はこう訊くことがある。『プレゼンのなかのあの箇所で、いったい何があったんだい？　目の前の道が突然二股に分かれたみたいに戸惑っていただろう』。すると彼女たちは『聞いている人たちの気持ちがつかめなかった。彼らがどんな反応をしているのかわからなかった。だから右に行けばいいのか左に行けばいいのかわからなくなった』と言うんだ」

ためらい。それはひょっとしたら、失敗への恐れなのかもしれない。もしくは、完璧にやりたいという欲求の表われなのかもしれない。もしかしたら、何年も優秀な生徒をやっているあいだに形作られてしまった習性なのかもしれない。または、彼女たちが、複雑で変わりやすい社会の尺度によって自分たちが実際に評価されているということを鋭く察知しているからかもしれないと、ロドリゲスは言う。もしくは、その場の空気を敏感に読む女性の脳の働きのせいかもしれない。しかし、何が原因にしろ、ためらいには結果がついてくる。それは、自分のアイデアが採用されるかどうかや、昇進できるかどうかにさえ影響があるとロドリゲスは言う。

私たちは、女性であるということを意識するだけで負担を感じることもあるようだ。数学のテストの前に、性別を聞かれただけで、女性は無意識のうちに出来が悪くなるという。私たちは、特にある実験の結果に打ちのめされた。「固定観念に対する恐怖《ステレオタイプ・スレット》（「女性は数学ができない」などの固定観念で自分を判断されることへの恐怖）」として知られる現象の影響について調べようと、ハーバード大学は、優秀な四十六人のアジア系アメリカ人の女子学生たちを、それとわからないように三つのグループに分け、それぞれ別のアンケートに答えさせた。[*11] ひとつのアンケートは、アジア人は数学が得意だと強調された内容になっていた。ふたつめのアンケートは、女性は数学が苦手だということが強調されていた。そして三つめのアンケートは、どちらも特に目立たせていないものだった。アンケートを終えたあと、女子生徒たちは難しい数学のテストを受けた。アジア系として自分が受け継いだ遺産を思い出した女性たちは、テストの正解率が五四%だった。どちらも強調されていないアンケートを受けた女性たちの正解率は四九%。そして、自分の性別を思い出させられた女性たちの正解率は最も低く、四三%だった。

〈ヒューレット・パッカード〉は、女性をもっと会社の経営陣に入れるためにはどうすべきかという研究を行なった。[12] その結果、自社で働く女性たちが社内における昇進の機会に応じるのは、その職務に対して能力的に一〇〇%の資格があると思うときだけだということがわかった。男性は、自分がその職務に必要な能力の六〇%しか満たしていないと思っても、喜んで昇進に応じるという。つまり、女性は自分たちが完璧だと思えるときしか（もしくは事実上完璧なときしか）自信をもてないのである。

能力も準備も充分でないのに、男性は踏み出すことに躊躇しない。充分すぎるほどの資格があって、過剰なほどに準備しても、女性たちは踏み出すことをためらう。踏み出さないのは、なぜ女性たちなのだろう？「自信の格差《コンフィデンス・ギャップ》」はそれを考察するための新しい視点だ。高い目標を遂行するための心の準備ができていたとしても、大きな野心をもっていたとしても、根本的に私たちは自分への不信感を拭えないのである。

そしてさらに暗い秘密

私たちが隠し持っているこの自己不信感、知らぬ間に自ら広げていることさえあるこの暗いシミは、なんとかして消さなければならない。「自信」は今や最重要事項なのだ。こつこつがんばり続けることが、細部にまできちんと取り組むことが、すべてのことを完璧にこなすことが、キャリアを築きあげることなのだとあなたは信じたいかもしれない。自己過信は、破滅的な結果を招くのだと。だが、たいていの場合、真実は逆である。

キャメロン・アンダーソンは、カリフォルニア大学バークレー校のビジネススクールで自己過信について研究している心理学者である。二〇〇九年、彼は自信と能力の相対的価値を比較するテストを実施した。[*13]

彼が考案した方法は、二百四十二人の学生たちに、歴史上の人物の名前や出来事のリストを与え、知っているものにチェックするようにというものだった。リストには、偽の名称を巧妙に紛れ込ませていた。たとえば、シャドック女王や、ガリレオ・ロヴァーノといった架空の名前や、「マーフィー最後の戦い」というような出来事まで。アンダーソンは、学生が偽の名称にチェックした数と、その学生がどれだけ自信過剰か、ということに関連があるということを発見した（偽の名称をやりすごすことなくチェックしてしまった学生たちは、あまり優秀でないだけでなく、実際に知っていること以上のことを自分は知っていると信じていたという事実を）。そして学期末に、アンダーソンはテストを受けた学生たちのその後を追跡調査した。すると、偽物をいちばん多く選んだ学生たちは、学内で最も高い社会的ステータスを獲得していたのだ。つまり、アンダーソン曰く、より人からの尊敬を集め、目立ち、一緒にいると楽しい人間だと思われていた、ということだ。職場に当てはめると、最も高く評価され、耳を傾けられ、組織の意思決定に影響を与える人物になるということだ。最も能力のない生徒だったはずの彼らは、最も崇められ、仲間に影響を与える人物になっていたのだ。

彼の発見は私たちの思い込みをひっくり返した。そしてある意味、私たちをがっかりさせた。自信が能力よりものを言う？　私たちは信じたくなかった。そのため、アンダーソンに逆の説を迫った。でも心の奥深くでは、自分たちが何年も同じ現象を見てきたことに気づいていた。役員室からPTAまで、どのような組織にいても、他の人たちよりも尊敬され、耳を傾けられる人たちがいるのだ。ミーティングでは議論を取り仕切り、時には結論に影響を与える人々。彼らのアイデアはたいてい次の段階に取り立てられる。彼らはその部屋のなかでいちばん能力のある人物というわけではない、ただいちばん自信をもっている人物なのだ。

成功の鍵は能力が握っていると思いたい女性たちにとっていちばん厄介なのは、アンダーソンが主張する、「実際の能力はほとんど意味がない」という部分だ。「人は自信をもっているとき、何かについて自分はよくできると思っているとき、実際にどのくらいよくできるかにかかわらず、多くの非言語的かつ言語的行動を見せる」とアンダーソンは解説する。大げさな身振りや、低い落ち着いた声のトーン、そして大抵リラックスした態度で、人に先駆けて話そうとする傾向があると言った。「彼らは他の人の目に、自信があると映るようなことをたくさんしていでるんです」彼は付け加えた。「彼らがほんとうに良くできるかどうかはそれほど関係ないんです」

まわりに影響を与えるのは「自信」なのだ。私たちは無意識のうちに、過度に自信に重きを置き、それを醸し出す人に敬意を払う。だからこそ、それほど優秀ではない人物が、自分よりできる同僚を差し置いて昇進するケースが多々あるのだ、とアンダーソンは主張する。

非常に腹立たしいのは、能力がないということに、ネガティブな結果すらついてこないということだ。アンダーソンの学生たちのあいだでは、能力の欠如した自信は、まったくマイナスの影響を与えなかった。彼らはすんなりとまわりの生徒たちから尊敬され、高い社会的地位を授与されたのだ。「最も自信のある子たちが、グループのなかで最も愛される存在となったということです」アンダーソンは言う。「彼らの自己過信は『自己陶酔的《ナルシスティック》』とは受け取られなかったんです」

それは重要なポイントだった。自己過信は、傲慢と取られることもありそうだが、自信のある学生たちが他の生徒を惹きつけたのは、彼らの自信が見せかけではなかったからだとアンダーソンは考えている。彼らは本心から自分たちができると思っていて、その自分に対する信頼感がまわりにも伝わったのだ。見せかけの自信では、同じようにはいかない。なぜなら「作り物」であることが見えてしまうからだ、とアンダーソンは言った。彼らがどんなに虚勢を張っても、心から自分ができると思えなければ、目が泳いだり、声がうわずったりしてしまう。まわりはすぐにそのことに気づく。あまり意識したことはないだろうが、わたしたちのほとんどは、優れた嘘つき探知レーダーをもっていて、一マイル離れたところからでも、偽の自信に気づくことができるのだ。

私たちは、少々うらみがましい気持ちも込めて、ひょっとしたらアンダーソンは、自信過剰な人々を単なる馬鹿だと言っているのかもしれないと考えた。彼らは自分の自信が能力をしのいでいるということに気づいてさえいないのだから。実際、彼らはあまり知的ではないかもしれない、とアンダーソンは譲歩した。だが続けて彼は、自分の研究が比較的適度な量の自己過信に焦点をあてていることを指摘した。特に優秀ではない、平凡なパイロットでさえ、安全に飛行機を離着陸させなければならないのだ。自信と能力のギャップが大きくなりすぎてしまったら、自己過信は弱点や障害になってしまう。だがほとんどの女性は、その点は心配する必要はないだろう。

世の中はとても不公平なものなのだということを証明したかのようなアンダーソンの研究に対する複雑な感情を乗り越えると、私たちにも役に立つ教訓が見えてきた。女性たちは何十年も、仕事という名のジャングルにおける重要な掟《おきて》を勘違いしてきたのだ。才能があるというのは、能力があるということではなかった。そして、自信は才能の一部だったのだ。仕事をうまくこなすためにはそれが必要なのだ。

禅の境地に達する

自信がもてないと、本来できるはずのこともうまくできなくなる。自分に成し遂げられたはずの仕事も、到達できるはずのレベルも、それによって得られるはずの充足感さえも、心に描くことができなくなる。それでは今後ますます女性のリーダーシップを必要とする社会に、大きく貢献することができなくなってしまう。

自信はたいてい、他人との競争や、表向きのわかりやすい成功といったもののなかで、表面的な部分で捉えられることが多い特性である。だが、私たちは、自信にはもっと大きな影響力があるのだということを知った。学者たちは自信を、精神的安定や幸福にとって必要な要素、つまり満ち足りた生活にとって不可欠なものだと見なしはじめているのだ。自信があれば、自分の能力と自分のなすべきタスクをうまく噛み合わせることができ、心理学者ミハイ・チクセントミハイの提唱するフロー理論にある、「目の前にあることに完全に没頭して、高揚を感じている状態」に達することもできるのだ。[*14]「フロー」とは、スポーツにおける「ゾーン体験」と同じようなもので、自信なしで到達するのは不可能な熟練の域である。

私たちは仏教瞑想センターに来ていた。スポーツアリーナや海軍学校、大学の講義室での探索のあと、調査結果に少なからず動揺していた私たちに、瞑想センターは歓迎すべき落ち着いた時間を与えてくれた。私たちは「自信」が、試合に勝ったり、上司にできる社員だと思ってもらうこと以上に、人間として、社会的な生物としての私たちに何をもたらしてくれるのか知りたかった。そして、ひょっとしたらもっとスピリチュアルな領域で見つけられるのではないかと考えた。

シャロン・ザルツバーグは、仏教瞑想のエキスパートで、『リアルハピネス――28日間瞑想プログラム』（アルファポリス刊）を含む数々のベストセラー本の著者でもある。私たちの友人の友人でもある彼女は、瞑想のセッションを指導するためにワシントンＤＣに来ていた。エレベーターのない五階建ての建物の最上階に彼女はいた。壁に木板がはめ込まれた部屋はぬくもりと光と平穏に満ちていた。部屋には三十六人の生徒がいて、皆一様に精神統一に集中していた。私たちはすぐに触発されて、小一時間ほど、すべての難問をいったん脇におき、体の力を抜いてリラックスした。

セッション後に、ザルツバーグが私たちのテーマに答えてくれたとき、私たちはひとつ、ピンとくる言葉を聞いた。「自信は、自分の環境に対する向き合い方だと思うわ。その環境がすばらしいものでも、とても困難なものでも」彼女は穏やかな笑みを浮かべながら言った。『『一意専心』ということと近いのではないかしら。ためらわずに一つのことに集中するの。ほかのことに心を乱さず、ただ、起こっていることに向かっていく。それにはエネルギーがいる。私はそれが自信だと思う。そしてそれは間違いなく、人間の充足感の一部だと思うわ」私たちは、自信が重要なエネルギーであるという考えに魅了された。言われてみれば、腑に落ちるところがあった。表現は違うが、自信を説明する言葉が集まり始めていた——「純粋な行動」、「一意専心」、「エネルギー」。これらの言葉は、私たちをより根本的な疑問へと導いた。結局、自信というのは正確にはどういうことなのだろう？　自信がどこからきて、なぜ女性にそれが欠けているのか聞きまわることにこれ以上時間を使う前に、まずはきちんと「自信」の定義づけをしたほうがいいと私たちは考えた。

第2章 考えすぎて動けない女性たち

神経科学者のアダム・ケペックスも、私たちと同じように「自信」について調べている人物だ。ただ彼が対象としているのは、小さなげっ歯類だった。ラットは人間ほど複雑ではないから、とケペックスは言う。ラットは原始的な本能を、絡み合った思考や感情のなかに埋もれさせることはない。人は、震えるほど不安を感じていたとしても、口では「大丈夫」と言う生き物である。逆に、口では「自信がない」と言いつつ、大胆な行動を示すこともある。ケペックスの研究の対象として、人間は役に立たなかった。

彼は、原始的な「自信」の性質を捉えようとしていた。彼はそれを「計数的自信」と呼んでいた。素人的に言うと、「自分の選択に対してどのくらい確信をもっているかという度合い」である。ケペックスの画期的な研究は、「自信はすべての種がもつ性質である」と提唱する心理学者たちの関心を呼んだ。[*1] しかし、ラットに自信があるかどうかなんて、本当にわかるのだろうか？

私たちはケペックスの研究にとても興味を惹かれた。彼がラットのなかに見つけたものが、私たちにとっても、何が人間の原始的な「自信」を構成しているのか知る手がかりになるかもしれない。ケペックスによると、ラットが選択・意思決定をする際の「自信」は、人間の意思決定と多くの共通点があるという。

「初めて行くレストランに向かって車を運転しているところを想像してみてください」彼は私たちに言った。「教えてもらった道順どおりに、信号のところで曲がります。そこから一マイル、二マイルと走りますが、レストランは見えてきません。ある程度の距離までくるとあなたは『もうレストランに着いていてもおかしくないはず。もしかして間違った方向に曲がったのだろうか？』と考えはじめます。それでもくじけずにそのまま走り続けられるかどうかは、あなたにどれだけ『自分が曲がった方向は正しかった』という自信があるかによります」ケペックスはラットの行動に見られる、その「くじけずにやり遂げる」度合いから自信を測定するのだった。余分なものを削ぎ落した「自信」は、きわめて基本的な日常生活に必要な性質のように思われた。

自信とは、本当にいったいなんなのだろう？　私たちがこの本のための取材を始めたときに予想していたものと違うことだけは確かだ。

「自信」は、私たちがかつて信じていたような、単に自分に対して肯定的な気持ちになることではなかった。自分はすばらしいという、そのままでも完璧だと、そうしたいと望めばなんでもできるという感覚ではなかった。それに、そういう考え方は、私たちにはあまり効果がなかった。「私にはできる」と唱えたところで、それを信じられるわけでも、そのとおりに行動できるわけでもない。私たちにそれができたら、セラピストはあっという間に仕事がなくなるだろう。また、誰かに「あなたはすばらしい」と言われることもあまり助けにはならない。そんな励ましだけでなんとかなるのだったら、私たちは皆、仕事の効率も上がり、ダイエットも成功し、重役室も手に入れて、義理の両親にもやさしくなれるだろう。

　私たちはまた、自信は「力の誇示が習慣化したもの」ではないかとも考えていた。最も自信のある人間が、たいていいちばん大きな声で、誰よりも発言しているように見えるからだ。いつも自分が正しいと思っている友人や、常に会議を仕切っている同僚が、あなたのまわりにもいるだろう。彼らが最も自信をもっている人々ではないのだろうか？

　ケペックスの助けをあてにして、私たちはコールドスプリングハーバー研究所に彼を訪ねた。研究所はマンハッタンから四十五分ほど東に行った、海に面したすばらしい場所にあった。

　ケペックスのオフィスに向かう私たちの頭上には、デイル・チフーリ（アメリカのガラス彫刻家）の大きなガラス彫刻が揺れていた。この研究所を世界で最もすばらしい研究所のひとつに変えた、DNA研究の先駆者、ジェームズ・ワトソンに贈られたものだという。螺旋《らせん》を描く蛍光色の黄色と緑の触手が、様々な形の泡にふたをされているような形で、しばらく鑑賞の時間を必要とした。ドクター・スースの絵本の世界みたいだわ、と私たちは評した。黒い巻き毛で、ジーンズをはいた少年のような三十九歳のケペックスは、ハンガリー訛りで、彫刻は神経細胞《ニューロン》へのオマージュなのだと笑いながら説明してくれた。

それから数時間、まったくの門外漢である私たちに、ケペックスは専門用語を解説しながら丁寧に説明してくれて、げっ歯類と人間の自信の暗号《コンフィデンス・コード》に関連を見出す助けとなってくれた。

私たちは、ケペックスが大きな箱にラットを入れるのを見ていた。ラットは電極の並んだ、一生外せない白い帽子をつけていた。それは手術で取り付けられていたが、ラット自身は、もうそれがついていることも感じていないと、ケペックスは請け合った。箱の片側には、ラットの鼻の高さ辺りに、五センチ幅ほどの三つの開口部がついていた。真ん中の開口部からは匂いが放たれていて、ラットはそのなかに鼻を入れ、二種類の混ざった匂いを嗅ぐ。二種類の匂いは毎回、割合を変えてあった。明らかに片方が強く匂うときもあれば、どちらか判断が難しい場合もあった。ラットの仕事は、割合の多いほうの匂いを嗅ぎ分け、自分の選択を示すために、右か左の開口部に鼻を入れるのである。ラットが正解を嗅ぎ分けていたら、褒美として水滴を与えられる。でも、その水滴を与えられるまで、待たなければならない。ラットが自分の選択に確信をもっていたら、彼は水滴を与えられるまで待ち続ける。確信がもてなかったときは、すぐに水滴をもらうのを諦め、次のラウンドに挑む。だが、諦めるということは、水滴をもらうチャンスを失うだけでなく、水滴を待つことにかけた時間をすべて無駄にすることになる。ラットは、生物の種を超えて存在する、馴染み深いジレンマに直面するのである。私たちが観察したラットは、左の開口部に鼻を入れ、水滴を与えられるまでの永遠とも思える八秒間、待ち続けた。ラットにしては長い待ち時間なので、かなりの自信を見せたと言えるだろう。その行為は正しかったと証明されるだろうか？

結果は……ブラボー！　水滴が落とされるのを見て、私たちは笑みを交わした。ケペックスは私たちに、げっ歯類がいかに「賢いか」という認識は抱かないようにと注意した。このラットは、今の実験を数えきれないほどやっていて、どの匂いが、左右どちらの開口部に該当するか、嗅ぎ分けるのはうまくなっている。ケペックスは、ラットが正しい選択をするかどうかに焦点をあてているわけではない。ラットが自分は正しい選択をしたとどれだけ強固に信じているかを見ているのだ。ラットの、自分の選択に対する信頼の強さ――それこそが、ケペックスが取り出そうとしている「自信」だった。その「自信」は、待つという行為によって表われていた。水滴を待つことで失敗のリスクに果敢に立ち向かい、くじけずに待ち続ける時間の長さによって度合いを測定される。このげっ歯類が、本能的に勝算と褒美の計算をしているだけでなく、自ら望んで自分の選択に賭けているということに、私たちは非常に驚いた。

ラットは、情報に基づく予測をほとんど機械的に行なっていた。人間の脳も時に、機械的に働くことがある。私たちは日々、原始的な自信を必要とする何百もの決断を、ほぼ無意識のうちにしている。たとえば、目覚ましのスヌーズボタンを押すのにどれくらいのスピードで手を伸ばしたらいいいか。食器洗浄機のスイッチを入れるためにどれくらいかがめばいいか。ケペックスは、これらの決断をするときにラットが脳のどの部分を使うかを教えてくれた。眼窩前頭皮質だ。彼は人間の「計数的自信」も同じ領域からくると考えている。

私たちがコールドスプリングハーバー研究所のラボで見たものは、「自信」そのものの像をはっきりさせてくれた。ケペックスのラットを信じるならば、自信は必ずしも、積極的に振る舞ったり、自分を肯定したりすることではない。ラットの自信は、行動（待つこと）を通して、思いどおりの成果（水滴）を得ることができるという信念だと言うこともできる。そこには、自己効力感《セルフ・エフィカシー》の気配も感じられる。すべてはあの本能的な計算による自信からはじまり、その後の行動につながっていくのだ。

ケペックスは、ラットと人間双方の自信について、私たちに深い理解をうながしてくれた。彼の見解では、自信にはふたつの面があるという。ひとつは客観的な面。ラットが用いた自信のための重要ツールである、あの本能的な計算プロセスのことだ。もう一方の自信の面は主観的なもの。私たちが感情として経験するものである。私たちにとって、より馴染みのあるほうの自信だ。とても魅惑的だが、その儚い性質に私たちはいつも足をすくわれる。ケペックスは、ラットも私たちと同じように、なんらかの形で自信を「感じて」いると信じている。

このとても面白い、ためになるセッションを受けているうちに、私たちのなかに、女性はもう少し、ケペックス版の自信（つまり客観的なほう）を意識する時間をもつといいのではないかという考えが浮かんだ。つまり、これまで知らなかった、あまり魅惑的とは言えない、職人的なほうの自信に時間を使うのだ。たぶん私たちは、自信をあまり謎めいた魅力的な存在として、熱望しないほうがいいのだ。自信を、シンプルに、現実的な道具として見てみるというのも新鮮である。きっととても役立つ方位磁石《コンパス》になるはずだ――この面倒くさいものの扱い方がわかるようになれば。

自然と、私たちは自分たちの自信がどのくらいなのか知りたくなってきた。少なくともラットと同じくらいの自信はもっているのだろうか？　忍耐強いケペックス博士に、私たちの「客観的な自信」をなんらかの方法で測定することができるか訊いてみた。脳に手術で電極を取り付けたり、なんだかわからない匂いを大量に嗅がされたりする方法以外で。ケペックスは、コンピューターゲームを使った同じようなテーマの実験を、学生に対しても行なっていた。それなら私たちにもできそうだ。慣れない画面での課題に挑むあいだ、私たちはどちらも、自分がどのくらいできているか大きな不安を感じていることに驚いた。その後すぐに、自分たちのスコアがかなり良かったことがわかった。「計数的自信」（ひとつひとつの答えに対する自分たちの自信の度合いを決めるのにどのくらい時間がかかったかで測定する）のスコアも、実際の正解率も。だが、その知らせを受け取る直前に、私たちは不安な気持ちを打ち明け合い、互いに大失敗したと予測し合っていた。そしてそのときは、どちらも本気でそう思っていたのだ。やれやれ。

それはあのお馴染みのパラドックスだった。まさか自分たちも同じことをしてしまうなんて。女性たちが自分のテストの出来を疑い、いつも点数を低く見積もっているという研究結果をあれほど読んでいたのに、同じような経験をしてしまうのを防ぎきれなかった。ほぼすべての問題に正解しただけでなく、その答えに対してかなり高いレベルの自信度を記録したにもかかわらず、私たちは明白な自己不信に陥っていた。これはどういうことなのだろう？　たぶん、女性の主観的・客観的自信の配線は、どういうわけか完全に交差してしまっているのだろう、と私たちは推測した。そして、この面倒な行動パターンは、人間の女性に限ったものなのだろうかと考えた。

ケペックスは、ラットと人間で比較できる部分は限られていると注意した。高等な、抽象的な思考をする生物にとって、明らかに「自信」はより複雑である。たとえば、ラットはくよくよ考えたり、後悔したり、決断できずにベッドのなかで丸まっていたりしない。そして、性の違いからくる「自信の格差《コンフィデンス・ギャップ》」に苦しんだりすることもないだろう。ケペックスと彼の研究はすばらしいものだったが、私たちにとっては、ある一部分の説明にしかならなかった。そろそろ研究所の外で、自信を調査する頃合いだろうか。

荒野へ

ジョージタウン大学の学生たちが屋外に出て、季節外れのあたたかい日射しを楽しんでいたころ、十二人ほどの女性たちがある教室に集い、政治運動に関する講義を受けていた。もっと多くの女性が政治職につけるようにと、〈ランニング・スタート〉というNPO団体が、女子学生をトレーニングしているのだった。女子学生たちは皆きちんとした服装をしており、内気な感じではないが、静かで真剣だった。私たちが教室に着いたとき、彼女たちは三、四人のグループごとに寄り集まって、大学の自治会に立候補する自分たちの動機を話し合っていた。

ひとりの女子学生は、学内でコンドームが販売されていないことが問題だと憤っていた。同じグループの別の学生は、レイプ・キット（性的被害の治療、証拠採取等のためのセット）がないことを問題視していた。別のグループでは、ある学生が大学への寄付金がどのように使われているか心配していた。別の学生は、研究室がどのように割り当てられているのかを問題にしていた。進行役の〈ランニング・スタート〉のケイティ・ショーレイは、別々の議論をうまく誘導して進めていた。「もし立候補するとしたら、どんな話をして、何を変えたいと訴えますか？　この問題に対してどのくらい情熱をもっていますか？」

彼女たちは世界を変えたいと願い、そのために政治の世界に入るという大志を抱いていた。とても優秀で頭脳明晰な学生たちで、そうでなければ、そもそもジョージタウンには入れていなかっただろう。私たちはその日、アメリカで最も「自己信頼」をもった若い女性たちに会えるだろうと期待していた。彼女たちが、「自信」とはいったいなんなのか、定義するのを助けてくれるのではないかと願いながら、そのクラスに参加した。

教室に入ってすぐに、女子学生たちが皆礼儀正しくて、慎重なことに驚いた。彼女たちはすぐに議論に飛び込もうとはしなかった。先に手を挙げて、「付け加えたいことがあるのですが、いいでしょうか」、「こんな提案はどうでしょうか」などと確認してから発言していた。男子学生のグループだったら、もっと違っただろうと思わずにはいられなかった。彼らは、発言する前に許可を求めたりしない。ほとんどの若い男性はもっと大声で自己主張し、自分の意見がちゃんと皆に聞き届けられていることを確実にしたがるだろう。マナーに対する配慮は欠けているし、無礼な割り込みは（少なくとも女性にとっては）気に障る。だが、ひょっとしたら、彼らは会話に対して、あまり慎重でないだけなのかもしれない。自己主張が強いことと愚鈍であることの境界線について私たちが思いを巡らせたのは、それが初めてではなかった。単刀直入に言うと——人は自信家になるのに、馬鹿にならなくてはいけないのだろうか？

少人数でのグループセッションが終わったあと、私たちは教室内の、勤勉で優秀な女子学生たち全員に質問をした。大学の学生自治会に立候補するのに自信のある人はいますか？　ひとりとして手を挙げなかった。そこでこう訊いた。何があなたをそれほど不安にさせているのでしょう？　彼女たちの答えは、名門ジョージタウン大学の学生とは思えない、自信とはかけ離れたものだった。

〝自治会に立候補するということは、自分の権力を誇示するということ。みんなが私たちを厚かましいと思うかもしれない〟

〝もし私が負けたら、皆が私のことを嫌いだからということになるわ。私自身の問題になってしまう〟

〝私は挫折を自分の内に溜めてしまうんです。以前、教授に論文を批判されたことがあるんですが、私と一緒にその論文を書いた男性は、ただその批判を無視しました。全然気にならないみたいでした。でも私は立ち直るのに何週間もかかったんです〟

〝高校の生徒会で、ある男子生徒と一緒に立候補して、二人で当選したことがあります。私は尻込みしていて、彼のほうは自信満々だったけど、すべての仕事は私がやってました。次の年は、同じポジションに対立候補として出て、私が負けました。でも私は自分のほうが彼より能力があるとわかってた。だって大変な仕事は全部私がやったんだもの。本当にすごくショックでした〟

〝自己主張が強くて野心的な人が女性だったら、ビッチと呼ばれるでしょう。でも男性だったら、そう、普通の性質だと思われるんです〟

〝私は女子校に通っていました。クラスで手を挙げて質問するのもみんな女子だったから、とても心強かった。それが普通だったんです。でもここに来たら、違いました。女子がクラスで全然発言しないんです。本当に悲しいのは、自分がそれを真似しだしたこと。私はどんどん手を挙げなくなって、自分を抑えるようになったんです——みんなに合わせるために〟

　単純明快なラットの実験のあとだったので、彼女たちの話には、少なからず落胆した。そして、彼女たちのこの苦悩がどれほどエネルギーと才能を無駄にしているか、改めて気づいた。私たちは、〈ランニング・スタート〉の共同創立者であるジェシカ・グラウンズに話を聞いた。彼女は最近、ヒラリー・クリントンを次期大統領にと支援活動する「レディー・フォー・ヒラリー」という特別政治活動委員会《PAC》のメンバーになり、女性に対する援助活動のすべてを取り仕切っているという。グラウンズは、ここ何年かで、この若い野心的な女性たちに必要なのは、選挙に立候補するための下地づくりではなく、基本的な自信の訓練だと気づいたという。皆、スキルはもっているのに、自己信頼が足りない。それがなければ、彼女たちは自分の想いを、立候補という行動に変えることができないのだ。そのままチャンスに乗らなかったら、アダム・ケペックスのところの回し車に乗ったラットのように、ぐるぐると頭のなかでまわり続けるだけで、ずっと同じところに足止めされたままになるだろう。侮辱するつもりで言っているのではない。彼女たちの不安は、私たち自身のなかにも同様にあることがわかっているから、言っているのだ。

私たちキャティーとクレアはどちらも、二十代、三十代を、自己不信を抱くことに費やしすぎた。そしてそう、いまだに私たちはどちらも挫折を内に溜め込むことに時間を費やしすぎている。少し前、百人以上の聴衆を前にスピーチをしたクレアは、拍手と称賛を受けながらも、たった二人、退屈そうにしていた女性がいたことを、長いあいだ悩んでいた。健全な精神と幸福のためにも、若い女性たちはネガティブな思考をさえぎる道を、できるだけ早いうちに見つけたほうがいい――願わくば、私たちよりも、できるだけ早いうちに。

五つ星の自信

アメリカ陸軍のなかで、最も上席にいる女性を訪問しようとすると、官僚主義的で形式的なことが、いくつも付随してくる。何重ものセキュリティチェック、永遠に続くかと思われる廊下をついてくる何人もの付き添い、鑑賞者を鼓舞するような有名な戦争を描いたパネルや、四角ばった顎の、男性そのものといった将軍や司令官たちの重々しく飾り立てられた肖像画。その廊下の果てに、長々とした言いにくい肩書きが掲げられた部屋があった――人事即応担当国防次官。米国国防総省《ペンタゴン》の奥深くにあるジェシカ・ライト少将のスイートルームのようなオフィスにたどり着いたとき、予想とはまったく違った女性がいたことに、私たちはとても驚いた。彼女のオフィスの内装は予想どおり男性的だったが――革張りの安楽椅子とマホガニーのテーブル――ライト少将はまったくそうではなかった。軍の高官であるにもかかわらず、まったく偉ぶるところのない親しみやすい雰囲気で、私たちに色々と話しかけながらソファを勧めてくれ、少し楽な気分にさせてくれた。

ライト少将の目は生き生きと輝き、好奇心に満ちていた。また、彼女は人の話の聞き方を心得ていた。偉そうにしたり、攻撃的なほど自己主張したりするところはまったくなく、人を見下すようなところもなかった。毅然としつつも女性らしく、女性がリーダーとして活躍する秘訣――ヘアスタイルとネイルのお手入れは楽しむこと――を彼女も守っているのは間違いなかった。男性優位の世界で働いているからといって、彼らのように見せなければならないわけじゃないわ、と彼女は笑った。私たちはそれが気に入った。ライトは、型にはまるために自分の個性を押さえつけようとはしていなかった。彼女には自分らしくあろうとするガッツがあった。世界の歴史のなかでも最も力のある軍の少将という地位にありながら、ネイルやパーティといった、女の子のような話も変わらず楽しむ大胆さは、私たちから見てかなり自信があるように見えた。

私たちが気に入った、彼女のもうひとつの自信のスタイルは、自分の不安を認める準備はできていても、それが目標や野望を遂行する邪魔にはならない、というところだった。彼女は一九九七年に、旅団戦闘団の指揮をとったときのことを話してくれた。女性として初めて指揮をとった彼女は、ほとんど息もできないくらいに緊張していたという。「母から、どんなときも平然としていなさいと教わったわ」彼女は笑みを浮かべながら言った。「でも心のなかは、混乱や不安やいろんなものが混ざったぐにゃぐにゃのスパゲッティボウルみたいだった」

だからといって、ライト少将が不安に支配された甘い人間だという印象はもたないほうがいい。相当な気概がなければ、彼女の今の地位を手に入れることはできない。彼女はそうそう躊躇しない。いいリーダーシップというのは、効率よく決断できる人間になるということだと、彼女は私たちに教えてくれた。また、彼女は人の優柔不断を許容することもない。「誰かが私に『どうしたらいいかわからない』と言ってきても、私にはそれに付き合っている時間はないの。意見を求めたときに相手が煮え切らない態度でいたら、私はさっさと次に行くわ。私たちは常に、高速で動いている電車に乗っているのよ」彼女はきっぱりと言った。私たちは、彼女はがっかりさせたくないタイプの人間だということを感じ取った。

または、過小評価してはならない人。なぜなら、追い込まれたとき、たとえ恐れを抱いていたとしても、彼女は必ず行動を起こすからだ。彼女は、まだ中尉になりたてのころ、上官に面と向かって、軍にいる女は嫌いだと言われたことがあった。「頭のなかに、反論の言葉が五百個浮かんだわ」彼女は言った。「それから私は彼を見て言ったの。『ミンスキ曹長、それを乗り越えるチャンスが来ましたね』って」私たちが思わず笑うと、彼女はいたずらっぽく微笑んだ。「いまだにどうやってその言葉が私の口から出てきたのかわからないわ。ほんとうに」

彼女の大胆な切り返しは功を奏した。偏見に満ちていた曹長と彼女は友人になり、曹長は彼女が士官になっても引き続き指導した。ライト少将は、その最初の出会いで自分自身のために抵抗したことが、今の自分につながっていると考えている。

私たちは、ライト少将なら自信がどんなものか教えてくれるのではと期待し、彼女のもとを訪れた。だが結局、説明してもらうまでもなかった。彼女のスタイルに、彼女の物語のなかに、そして彼女の考察のなかに、すでににじみ出ていたからだ。私たちはノートに、彼女がミンスキ曹長に向かって言った言葉を書き留め、大きく太い丸で囲んだ。ぜひともいつか使ってみたいと思って。その下に、「行動」、「勇気」、そして「決断をする」、と書き記した。「正直であること」と「女性らしさ」、そしてさらに、「居心地の良さ」、という言葉も。ライト少将は、アダム・ケペックスのラボにはなかった、複雑な感情の層をもっていた。だが、彼女はジョージタウン大学の学生たちがもっていたあの苦悩を克服した。彼女のおかげで、私たちは本物の自信を理解しはじめたような気がしていた。

カイトボードで人生のレッスン

私たちは、この調査において生まれつつある理論を、専門家——つまり、このテーマを生涯の研究題材にしている心理学者たちに、ぶつけてみたいと考えた。そこでまず、彼らに、一見シンプルなこの質問をしてみた。〝自信をどのように定義づけますか？〟ほとんどの場合、長い沈黙のあとの彼らの第一声は、「うーん、複雑なんですよね」である。

「自信という言葉自体、曖昧になっていて、陳腐な用語と言ってもいいくらい、今ではいろんなことに多用されてしまっています」ワシントン大学の心理学者ジョイス・アーリンガーは、共感するようにため息をついて言った。「あなたがたが混乱するのもわかりますよ」

「一般的な自信とは、世間に対してあなたがどうアプローチするかという姿勢です」ベストセラー作家でポジティブ心理学のコーチ、キャロライン・ミラーは指摘した。「もっと具体的に言うと、自信というのは、〝自分は何かを習得することができる〟という感覚です」

「自信に対するひとつの見方は」カリフォルニア大学サンタバーバラ校の社会心理学者ブレンダ・メイジャーは言う。「あることを成し遂げるために必要なスキルが自分にあると、どれだけ確信できるか、ということです」

「成し遂げたいと思っているタスクを、自分なら遂行できると思える信念のことだと思います」ユタ州立大学の准教授クリスティ・グラスは言った。「それは専門分野に特定されています。たとえば、私は講演者としては自信をもてますが、執筆者としてはあまり自信がもてません」

グラスの見解のおかげで、なぜ自信がすぐに消え去ってしまう儚い資質のように見えるのかということが理解できたような気がした。ある環境においては、私たちはそれをもっているが、他の環境ではもっていない。たとえば、なぜアンドレ・アガシはテニスにおいては非常に自信をもてるのに、人生におけるその他すべてのことに対しては自己不信だらけなのか。また、なぜ多くの女性は家庭に関することは自信をもてるのに、仕事においてはもてないのか。そしてなぜクレアは対人関係においては自信をもてるのに、決断力においてはあまり自分を信頼できないのか。それらすべての説明がつくのだ。

キャロライン・ミラーの発言にあった、「習得《マスタリー》」という言葉も私たちの注意を引いた。最初、私たちはその言葉に、あまりいい印象をもっておらず、どちらかというと懐疑的だった。なんというか、男性的な響きがあったし、父親的で威圧的な感じがしたし、高校の「技術」の授業のような、何か電動工具が必要そうなものにも思えたからだ。だが、私たちが本当に恐れていたのは、その「習得」が、すでに多くの女性が感染してしまっている、「永遠に終わらない完璧主義の追求という病い」を、助長させてしまうのではないかということだ。

だがミラーは「習得」はそのいずれでもないと説明した。「習得」は、練習を積んで最も優れたテニス選手になることでもなく、最もいい母親になるために研鑽を積むことでもない。

「習得」の奥深さは、「過程」と「向上」にあると言う。挑戦することへの欲求を育てる、努力と学習のことだとも言えるだろう。「習得」は必然的に、障害にぶつかることを意味する。いつもそれを乗り越えることはできないかもしれないが、挑戦そのものを阻まれることはない。たとえば、世界レベルのスイマーにはなれないかもしれないが、湖を渡り切るための泳ぎは学べる。その「習得」につぎ込んだすべての努力による思わぬ副産物が、「自信」なのだ。何かをうまくやることを学べただけではない、それによって無料のおまけがついてくるのだ。

そして、ここがまた非常に大事なポイントだ。「習得」によって得た自信は、波及する。それは広がる。あなたが何を「習得」したかはそれほど重要ではない。子どもだったら、靴ひもを結べるようになったというくらいの簡単なことでいい。重要なのは、何かひとつ「習得」することは、他のことにチャレンジする自信をあなたに与えてくれるということだ。

たとえば、キャティーは四十歳になったとき、自分が中年であるという事実を無視して（というか、拒否して）、カイトボード（凧に引っ張られて、水上をボードに乗って滑走するウォータースポーツ）を習おうと決めた。彼女にはチャレンジが必要だった。

そして、もしこのチャレンジがうまくいったら、すぐに高い波の上でアクロバティックなジャンプができるクールなサーフィン娘になれるという、無邪気な幻想を抱いていた。彼女はまったく想像していなかった――自分がどれだけの回数、九メートルの凧につながれたままビーチを引きずられることになるか。何度サーフボードから海水に落とされることになるか。そして、どれほど涙を流し、苛立ちに罵り声をあげることになるか。何回かの夏がすぎたあと、彼女は諦めようかと考えていた。かなり屈辱的だったし、満身創痍だった。だが彼女は結局諦めず、若さと格好よさがギリギリ手の届かないところに行ってしまったくらいのところで、カイトボードができるようになった。キャティーよりもだいぶあとに始めた彼女の子どもたちは、あっという間に彼女の十倍はうまくなったが、重要なのはそこではない。ひとつのエクストリーム・スポーツ（極端な状況下で行なわれるスポーツ）を「習得」した（ある程度ではあっても）ことで、キャティーは今、次の十年間チャレンジし続けられる別のものを探している。

自信の一族たち

自信というものが、ようやく明確になりはじめていた。私たちは、「自信」が「行動」を――行なう、習得する、そしてもしかしたら「決断する」ことまでを――伴うものだと確信しつつあった。しかしまだ、私たちを混乱させる他の用語たちが、あちこちで自らの存在をアピールしていた（しばらくのあいだ、私たちは「自信」と「自尊感情」を区別せずに使うという初歩的な間違いさえ犯していた）。専門家たちが私たちの間違いを正してくれた。自信の「一族」たちはどれも身につける価値のあるものだが、自信とはいくつか大きな違いがあるのだ。自信と一緒くたにしてしまいがちなポジティブな性質とは、「自尊感情」、「楽観主義」、「自慈心」、「自己肯定」である。

これまでにかなり研究されてきているものもいくつかあるが、最近新しく登場してきたものもある。それぞれに、批判論と支持論がある。楽観主義であることが人生の鍵だと言う者もいるだろう。[*2] 自尊心がなければ絶対に幸せになれないと言う人もいるだろう。共通するのは、どれも私たちの人生を豊かにし、最大限に充実させてくれるということ。私たちの専門的な能力の幅を広げ、そして個人的な人間関係をも深めてくれるということ。理想の世界では、私たち皆、これらを豊富にもっているのだ。

自尊感情（セルフ・エスティーム）

〝私は価値のある人間で、自分に対して満足している〟この言葉に共感できるなら、あなたはかなり高い自尊感情、または自尊心をもっていると言えるだろう。自尊感情があるかないかは、自分の人間性そのものに対する価値判断に通ずる。一般的には、「自分のことが好き」か「嫌い」か、その両極のあいだの気持ちを表わす「態度」とも言えるだろう。自尊心は私たちに、自分は愛すべき存在だと、人間として価値があるのだと信じさせてくれる。それは富とは関連していない。最も裕福で、その業界でいちばん成功したＣＥＯでも、自己価値を低く見ていることもあるし、ドラッグストアのレジ係でも高い自尊心をもっていることはある。

一九六〇年代半ば、社会学者のモリス・ローゼンバーグは、現在でも世界共通で使われている、自尊心の度合いを測る基本的な測定スケールを作った。[*3]「自分には誇れることがあまりない」、「自分にはいい資質がいろいろある」などの簡単な質問が十項目ある。それに答えるだけで、すぐに自分の自尊心度を測れるものだ。自分がどの程度なのか興味がある人のために、巻末にそのスケールを載せておく（309ページ）。

自尊心は、感情的に幸せであるためには欠くことのできないものだが、自信とははっきりと異なるものである。自信は、たいてい、自分が成し遂げられると思っていることと密接に結びついているものだ。「私はこのレースを最後まで走り切る自信がある」というように。自尊心は、もっと根本的なところにある、堅固で根強いものである。もしあなたが今、この宇宙における自分のポジションに総じて満足しているなら、たぶんあなたはその感覚を一生無くすことはないだろう。それはあなたが人生ですることすべてに彩りを与えてくれる。そして、何か困難や挫折があったときには、非常に役に立つ緩衝材になってくれるだろう。

確かに、自信と少なからず重なる部分はある。充分な自尊心をもっている人は自信ももっている傾向があり、その逆もまた然り。特に、高い自尊心が、才能や能力に基づいている場合、かなり近い関連性がある。「私は頭がいいし、しっかりしているし、有能だし、自分の分野で成功しているから、価値のある人間だ」という具合に。しかし、もしあなたが、才能や技能や知性や業績に関心がなく、それよりも、いい人であることや、誠実で道徳的であることを大事だと思うなら、あなたの自尊心と自信の結びつきはもっとゆるやかだろう。

最近は自尊心をいいものだとする風潮に反発があることも記しておく価値があるだろう。私たちは、自尊心を育てるようにと、何十年も学校や家庭や職場で言われてきた。にもかかわらず、心理学者たちのなかでこの概念の評判は芳しくない（雇い主や、教師、親、そして以前は自尊心推進派だった人たちのあいだでさえも）。なぜなら、私たちが何十年も押し付けられてきたのは、役に立たない自尊心だったからだ。[*4] これまで重視されてきたのは、子どもたちに

（ときには大人にも）、あなたたちは皆勝者で、皆すばらしく、そして皆完璧だと、ただ伝えることだった。自尊心にくるまれて育った子どもたち世代が、指針のない大人に成長したのを見て、専門家たちは、それがいいことではなかったと気づいた。それだけでは、子どもたちに、自分は何でもできるのだと、自分で決断することだってできるのだと信じられるような、確固とした素地は与えないと気づいたのだ。

楽観主義（オプティミズム）

最近では、楽観主義が、自尊心を押しのけて、人気を得てきている。ラテン語では、optimum は「最も好ましい」という意味である。つまり、楽観的な人は、「どんな状況に置かれても、最も好ましい結果を期待する人」ということになる。楽観主義は、物事に対する自分の見方・解釈の問題でもあり、その度合いを測るには、よく耳にする「グラスに半分も入っている」、「半分しか入っていない」の尺度が今でも使える。グラスに同じ分量の水が入っていても、その受け取り方が人によって違うように、同じことを経験しても、その事実をどう解釈するかは、私たちの姿勢が楽観的か悲観的かによって大きく変わる。ウィンストン・チャーチルは、その違いを有名な言葉に残している――「悲観主義者はすべての好機のなかに困難を見つけるが、楽観主義者はすべての困難のなかに好機を見出す」と。もうひとつの楽観主義の特徴は「感謝」である。楽観主義者は自分にいいことが起こるとすぐに気づき、そのことに対して感謝の念を抱く。だが、悲観主義者はポジティブなことにはあまり注意が向かず、いいことが起こっても、それを単なる偶発的な出来事だと思ってしまう。心理学者が教えてくれた簡単なテストがある。楽観主義者だと思われる人のためにドアを開けてあげると、彼らは感謝し、ありがとうと言うだろう。悲観主義者と思われる人にドアを開けてあげても、彼らは自分のためにドアが押さえられていることに気づきもしない。もし気づいたとしても、きっと誰か他の人のために押さえられているのだと思うだろう。

楽観主義は、特定の事象においてのみ発揮される場合もある。「マラソンは楽しいに違いない」、「このテストはきっと簡単だろう」というものがそうだ。もちろん、世のなかすべてうまくいくだろうと思える、全体的な楽観主義もある。自尊心とは違い、楽観主義は、内なる自己価値に対する判断ではない。それは外の世界に対する自分の見方に基づいた態度である。才能があるから楽観主義になるわけではない。性格がいいから楽観主義になるわけでもない。外の世界をポジティブに解釈するから、楽観主義なのだ。

ナンスーク・パークは、世界で最も楽観主義について研究している、ミシガン大学の教授である。彼女は、自信と楽観主義は、密接に関わっているが重要な違いがあると言う[*5]——楽観主義はもっと全体的なことに対する展望で、必ずしも行動を喚起しない。だが自信は喚起する。「楽観主義は、〝すべてはうまくいくだろう〟という感覚です」彼女は言う。「自信は、〝私がすべてをうまくいかせる〟という信念です」

ポジティブ心理学の生みの親でもあるマーティン・セリグマンは、今日の心理学界で最も影響力のあるひとりだ。彼は楽観主義を、もっと強固な、より自信に近い、行動を伴うものとして再定義している。ベストセラーになった著書『オプティミストはなぜ成功するか［新装版］』（パンローリング刊）のなかで、セリグマンは、楽観主義を他のスキルと同じように、「習得」と「障害」を経ることによって育成できるもので、個人の意志や主体性を育むのに役立つと主張する。セリグマンによると、楽観主義の人々には、「自分たちは変化をもたらすことができる」という感覚があるのだという。それゆえに、彼らにとって世界は希望のないものには見えないのだ。

自慈心（セルフ・コンパッション）

自慈心《セルフ・コンパッション》は、拡大しつつある「自信一族」に最近仲間入りした、最先端の概念だ。最初に聞いたときは、なんとなく六〇年代のヒッピー文化を連想させられた。この概念は仏教における親愛の思想と、瞑想エキスパートのシャロン・ザルツバーグから出てきたものだが[*6]、最近、クリスティン・ネフというテキサス大学教育心理学部の教授によって、新たに学術的に研究されている[*7]。中心となる考え方は、私たちは皆自分に対してもっとやさしくあるべきだというものだ。そうすることで、私たちはより健康になり、より満たされ、より目標を達成できるようになるという。

自慈心は、自分に対して、友人に対して振る舞うように振る舞う、というのがひとつの鍵だ。もしあなたの友人が、「もうダメだ、完全に失敗した」と嘆いていたら、あなたはどうするだろうか？　友人を思いやり、支え、理解しようとし、そして抱きしめてあげるだろう。男性であれば、背中を叩いて励ますかもしれない。このように、私たちは、他者のことは、元気づけて立ち直らせようとする。だが、とネフは言う、私たちは自分に対しては同じことをしようとしない。「実際、他者に対して思いやり深い人ほど、自分に対して寛大でないことが多いんです」

自慈心のためのふたつ目の鍵は、自分の個人的な体験を、人類共通のものとしての枠組みに入れること。つまり、自分の欠点や苦悩を、人間である以上しかたがないと考えることだ。この成功指向の世のなかで、私たちは失敗を正常でないことと捉える傾向にある。悪い成績をとったり、昇進を却下されたり、仕事を失ったり、もしくはボーイフレンドに捨てられたりすると、私たちの本能は「こんなこと起こるはずがない」と言いたくなる。だがもちろん、こういった挫折は人間であることの一部だし、もし一度もそういうことがなかったらまるでロボットだ。自分たちの挫折を、人間の営みの一部とすることで、いろんなことに対する恐怖がなくなるし、孤立感も少なくなる。

では自慈心は、自信一族のなかにどう当てはまるのだろうか？　一見したところ、自慈心と自信はあまり近しくないように見える。自信とは行動を伴うものだと、今や私たちはかなり確信をもって言える。だが、自慈心は、「自分を粗末にしないで、もっと人間のありようを広い視野で見てみよう、そして失敗を受け入れよう」と言っている。自慈心が推奨する、この「自分の欠点を受け入れる」というのは、逆に「無気力になる」ということにつながるのではないだろうかと、私たちは心配になった。どんな自分でも受け入れられるのだったら、毎日ただソファに寝転がって、ショッピングチャンネルを見ているだけでもいいのではないか？「私は友だちに意地悪だったし、夕食を作れなかったし、寂しそうにしている人に話しかけなかったし、宿題をしなかったし、ジムに行かなかったし、会社のプロジェクトも終わらせなかったし、大学の難しい授業もとらなかった。まあでも、ただの人間だしね。リモコンはどこ？」

ネフは忍耐強く、自慈心は自信と矛盾することもなく、私たちにナマケモノのような行動をとらせることもない、むしろ自信を育成するものだと説明してくれた。自信を身につけていく過程にあるリスクを受け入れやすくしてくれるのだ。自慈心は実際、私たちがもっと難しいことに挑戦するのを可能にする、セーフティネットになってくれる。失敗を和らげてくれるので、モチベーションを上げやすくなるのだ。

「ほとんどの人が、ゴールに到達するためのモチベーションを上げるためには、自己批判をしなければならないと信じています。本当は、自分を常に批判していると、どんどん落ち込んでいってしまうんです。やる気が起きる心理状態にはならない」とネフは言う。

自慈心に対する優等生的な見方から抜け出すと、自慈心のいいところがほかにも見えてきた。それは、「ときには平均的でもいい」ということを受容できる点だ。多くの人間が、すべてにおいてベストであろうと努力することに人生を捧げている。それが五歳でサッカーの試合に勝つことであろうが、三十五歳までにパートナー弁護士になろうとすることであろうが。私たちは、勝者以外は冷ややかな目で見られる、そういう文化のなかで生きている。

「もし私があなたのジャーナリストとしての能力が平均的だと言ったら、ショックを受けるでしょう?」ネフが言った。「平均とか普通というのは、侮辱だと思われているんです。私たちは皆、平均以上にならなければならないと思っている。ですが、皆が平均以上になるのは不可能です。ほとんどのアメリカ人が、自分たちは平均以上だと思っていますけどね」

私たちは、常に比較される世界に生きている。彼女のほうが痩せている、お金をもっている、成功している。彼女のほうがいいお母さんだし、いい結婚生活を送っている、などなど。だが、他の人が成し遂げたことを基準にして自分を位置づけることは、意味がない。あなたよりうまくやっている人はいつだってどこかにいるのだから。人よりうまくいっているときもあれば、うまくいかないときだってあるのだ。

自慈心は、このことの愚かさを気づかせてくれる。リスクを恐れないようになるためにも、自分がいつも勝てるわけではないということを覚えておかねばならない。そうでないと、私たちは打ちのめされ、いつしか行動を起こすのを嫌がるようになってしまう。自慈心は、何もしないことの言い訳ではない。逆にそれは私たちの行動を支えてくれる。そして、人であるがゆえの私たちの強さと弱さすべてを受け入れ、私たちが人間らしくあることを、他者とつながることを促してくれるのだ。

自己効力感(セルフ・エフィカシー)

自信一族のなかで、自慈心がやさしくて思いやりのあるいとこだとしたら、自己効力感は、もっと厳しい、「いいからさっさとやりなさい」というタイプの親戚である。

一九七七年、心理学者アルバート・バンデューラの論文「自己効力感：行動変容の統合理論に向けて（未邦訳：Self-Efficacy:Toward a Unifying Theory of Behavioral Change）」[*8]が発表された。彼の研究は、その一風変わったタイトルもあり、静かで平穏だった心理学界を揺るがした。そしてその後三十年、「自己効力感」は心理学の世界で、最も研究されたトピックになった。自己効力感は、自分にはある事柄を成し遂げる能力があると思える信念だと定義されている。

　その信念、つまり私たちの自己効力の感覚が、私たちの思考や行動や感じ方をもっと広げてくれるのだ、というのがバンデューラの考え方の中心だ。自己効力感は、「習得」と同じように、波及効果をもたらすのだ。

「自己効力感」の目標達成指向の性質は、特に成功重視型のベビーブーマー世代を魅了した。それはまた、シンプルで実際的な性質でもあった。私たちは皆、達成したいと願う目標をもっている。十キロ痩せたい、スペイン語を習得したい、給与を上げてもらいたい、などなど。バンデューラは、その願望を実際に行動に移す鍵が自己効力感だと言っている。

　もしあなたが強い自己効力感をもっている人間だったら、困難を克服すべきタスクだと見なすだろう。そして、自分の為すべき行動にいち早く取り組み、挫折からもより早く立ち直る。自己効力感が欠けていると、挑戦を避け、難しいことは自分の能力の範疇を超えていると思い込み、悪い結果にくよくよしがちになる。「自信」と同じように、ここでも「習得」は重要な要素になる。言い換えれば、懸命に努力して何かに秀でることは、自己効力感を育むのだ——

自分は成し遂げられるという信念を。

自己効力感は自信と置き換えることができるものだ、という見解をもつ専門家たちもいた。だが、大方は、自信はもっと全般的な自分の能力に対する信頼であり、自己効力感とは違うという立場を貫いている。また、自己効力感は、私たちには、セリグマンの提唱する「習得できる楽観主義」とも少し似ているように思えた。この三つは、個人が抱くパワーの感覚に密接につながっている。

それを自己効力感にしろ、楽観主義にしろ、古典的に定義された自信にしろ、どんな形式的な名称で呼ぶにしても、自分が何かを成し遂げられるという、自分が何かを起こせるというその信念は、私たちの心にとても響いた。それは、私たちがこれまで見てきた「行動」につながるものとも一致する。それは、私たちが追ってきた、「自信」の中核のようにも思えた。

本当のこと

昔からの言いまわしに「君の気のせいだよ《It's all in your head》（全部頭のなかだけで起きていること）」というのがある。だが、自信については、そうではない。私たちが行き着いた、最も予期していなかった重要な結論のひとつに、自信は「頭のなかだけ」というわけにはまったくいかない、ということがある。実際、自信を生み出し、そして使うには、頭のなかから出してこなければならない。自信は、何かを成し遂げなければならないという厳しい現実が、自分にはできないという潜在的な自己認識をしのいだときに訪れる。

キャティーはこの「現実」を、エネルギッシュな人たちが詰め込まれた、換気の悪いホワイトハウスのバックオフィスで見つけた。彼女は中東問題の専門家たちの概況説明《ブリーフィング》に呼ばれていた。自分だけがその場に値しない人間であるような気持ちだった。「そうそうたる面々が集う状況に、とても心細くなったわ」彼女は認めた。「質疑応答の時間になって、質問したいことがあったんだけど、無知だと思われるんじゃないかとか、顔が赤くなったり馬鹿に見えたりするんじゃないかと心配だった」その部屋にいたのはほとんどが男性で、皆自分の言っていることに確信をもっているように見えた。キャティーにとって最も簡単な道は、何もせずに黙って静かにしていることだった。リスクはあるが、自信のある行動とは、そこで発言することだった。結局、馬鹿馬鹿しいほどの時間を苦悶に費やしたのち、彼女はなんとか質問を口にした。「ただ物理的に体を動かし、強引に手を挙げて、その位置にとどめ、言葉を発すればよかったんだと気づいたわ。そしてどうなったと思う？　別に空が落ちてきたりはしなかったのよ！　私の質問は他の人たちのと同じようにちゃんとしていた。今は、同じような状況になっても、〝一度やったことがあるんだから、またできるはず〟って自分に言い聞かせることができる。そして回を追うごとに、少しずつ簡単になっていくの」

自信は行動とつながっている。私たちはそのことを、ラットの研究でも見たし、ジェシカ・ライト少将や学者たちの話でも聞いた。自信に欠かせない材料のひとつが行動なのだと今や私たちは確信している。自信は、自分には何かを成し遂げることができる、事を起こすことができるという信念である。自信があれば、ジョージタウン大学の〈ランニング・スタート〉の講義に出ていた若い女性たちのように、自分に対する不信感で消耗したりはしない。自信は、快適な場所を出て、難しいことに取り組もうとする意欲なのだ。私たちは、自信が努力と関係していることも確信していた。そう、「習得」。立ち直る力をもち、諦めないこと。自信の一族たちはその目標を支えてくれる。あなたが結果に対して楽観的であれば、前進し続けるのはもっと簡単になるだろう。あなたがひとつの分野に関して自己効力感をもっていれば、それを使ってもっと全般的な自信を培うこともできる。高い自尊心をもっていて、自分に本質的に価値があると信じていられれば、昇給させる価値がないと上司に思われているかもしれないなどとは、考えもしないだろう。そして、失敗したときには、自慈心が、自分を非難せず、失敗をもっと気楽に捉えるチャンスを与えてくれるだろう。

私たちはようやく、自分たちがどう自信を定義づけたいのか、確信がもてた。この入り組んだ探索の道において、私たちの最も頼れるガイドでもある、オハイオ州立大学の心理学教授リチャード・ペティは、このテーマに何十年も取り組んでいる人物だが、私たちがこれまでに学んだすべてのことを、すばらしくわかりやすい言葉にしてくれた。「自信とは、思考を行動に変換するものである」

もちろん他にも必要な要素はある、とペティは言う。「もし行動が、何か恐怖を伴うものだったら、私たちが『勇気』と呼ぶものも、行動を起こすのに必要になるだろう。または、それが困難を伴うものだったら、それをやり抜く『強い意志』も必要になるかもしれない。他にも、『怒り』や『知性』、『クリエイティビティ』も役に立つだろう」だが自信は、最も重要な要素だ、と彼は続けた。それは最初に、私たちの思考を、自分に何ができるかという判断に変え、さらにその判断を行動に変換させるものだからだ。

「自信とは、思考を行動に変換するものである」この簡潔さは、美しく、説得力があった。そして、すぐに私たちの自信の定義になっただけではなく、この探索の次のフェーズの方向性をも整理してくれた。特に驚いたのは、この言葉が、私たちが集めていた他の枝葉も、自然に、苦もなく、意味の通るものにしてくれたことだ。この言葉のおかげで、自信と、努力や習得との重要なつながりが、突然腑に落ちた。自信と行動はすばらしい好循環を形成しているのだ。もし自信が、自分は成し遂げられるという信念であり、行動を誘発するなら、その行動をとることで、もっと自信を生むことができる。そして、努力や成功、そして失敗をも通して、蓄積されていく。

もしかしたら、ナイキはずっと正しかったのかもしれない。どこかの時点で私たちは考えるのをやめて、「ただやるしかない《Just Do It》」のだ。

私たちはこれが現実世界で（もしくは、現実に近いところで）どんなふうに展開されるのかという印象的な実例を、イタリアのミラノ大学で見つけた。私たちはそこで、長年、男女の自信の格差に興味をもっていた心理学者のザッカリー・エステスの研究を追った。

数年前、エステスは五百名の学生にコンピューター画面上で3D画像を再構築させるという一連の空間認識テストをした。[*9] それは、ルービックキューブを簡単にしたような形のものだった。彼はいくつかのことを検証しようとしていた――「自信」は操作できるという考えと、ある分野において、女性のほうが男性よりも自信が少ないという考えを。

男子学生と女子学生の両方に、この一連の空間認識パズルを解かせてみたところ、女子学生のほうが男子学生よりもスコアが悪かった。だが、エステスが実際彼らの答えを見てみると、女子学生のスコアが良くなかった理由が、彼女たちができるだけ多くの質問に答えようと試みていないからだとわかった。彼女たちは、自分の能力に自信がなかったため、ただそれから逃げ出したのだ。そのあとエステスは彼女たちに、せめてすべてのパズルを解く努力をしなさいと告げた。そうしたら何が起こったと思う？　女子学生たちのスコアは大幅に伸び、男子学生とほぼ同じになったのだ。まったく、私たち女性は本当にどうかしている。でも、希望がもてる結果ではないか。

エステスの研究は、興味深いポイントを描き出している。つまり、自信不足は、必然的に無活動を招くということ。確信がもてず、躊躇するとき、女性は答えられるはずの質問を飛ばしてまで、自分の行動を押し止めるということだ。これは問題だ。だが、行動をすれば、たとえそれが強制された行動だとしても、私たちは男性と同じくらいの結果を残せるのだ。エステスの実験に参加した女性たちは、自分が失敗するかもしれないことに挑戦したくなかったから、質問を飛ばした。実際は、彼女たちは何も心配することはなかったのだ。彼女たちは男性と同じくらい上手にあのコンピューター画像を操作していた。だが失敗への恐れが彼女たちを無活動にし、それゆえに失敗は保証されてしまっていた。

別のテストを使って、エステスは全員に、ただすべての質問に答えるようにと伝えた。すると、男子学生も女子学生も八〇％の正解率で、同程度の能力を示した。彼は再び別のテストをし、それぞれの質問のあとに、答えに対する彼らの「自信度」を書くようにと指示した。すると、自分の答えに確信があるかどうかを考えなければならないだけで、彼らの能力は影響を受けてしまった。女性のスコアは七五％に下がり、男性のスコアはなんと九三％に跳ね上がったのだ！　女性たちは、自分を悪く思うチャンスがあったら、どんなものでも影響を受けてしまうのだろうか？「これについて私はどのくらい確信をもっているだろう？」というたったひとつの小さな疑問が、私たちの世界をぐらつかせてしまうのだ。男性は、ただ自分がいかにすばらしいかを思い出しただけだったというのに。

最後にエステスは、直接自信を増幅させることを試みた。彼は、完全にランダムに選んだ何名かの被験者に、彼らが前のテストでとてもいい成績だったことを伝えた。それを聞いた男女は、次に受けたテストで飛躍的にスコアをアップさせたのだ。これは、自信に何ができるかということをはっきりと表わした検証結果だった。自信は私たちの行動の燃料となり、良いにしろ悪いにしろ、私たちのパフォーマンスに大いに影響を与えるのだ。そしてこのことから、日常生活のなかで私たち女性と自信とがどんな関係にあるか、皆苦もなく想像できるだろう。

人生を実現させてくれるもの

誰しもが、あの小説が書けたらどんなにすばらしいか、あの新しい役職に就けたらどんなにいいか、もしくはただあの面白そうな人に自己紹介するだけでもいい、そういった願望を思い描いている。でも実際にそうする人はどのくらいいるだろう？

自信は、「人生を実現させてくれるもの」である——職業的に、知的活動的に、運動技能的に、社会的に、そして官能的にさえも。たとえば、カンファレンスで素敵な男性に出会ったとする。彼に電話をしてデートの約束をとりつけたい。でももし彼があなたを退屈で、魅力のない人だと思ったらどうする？　もしくは、積極的すぎると思われたら？　よくある心配ごとだが、あなたに自信が欠けていたら、その心配ごとはあなたを無力にさせる。あなたは家で、行動（つまり電話を）したいという思いを抱えながら、でもそれに対して何もしないだろう。自信はあなたが受話器を取り上げる推進力になる。

リチャード・ペティが言及したように、行動を起こさせるものとして、その他の特性もある。たとえば野心は、目に見える成功を成し遂げる原動力となり、自信と連携してゴールを目指すことができる。勇気もたいてい行動を伴うものだが、かなり強制的にそれを迫る傾向がある。最初のころ、私たちは勇気をもうひとつの自信の仲間だと思っていた。だが自信が、自分にはできるはずだ、成し遂げられるはずだ、という自分の能力に対する信頼に基づいた行動を誘発するのに対し、勇気は、成功もリスクもあまり考慮せずに行動を起こさせる。自分の能力に対する信頼とは全然別のところ——たとえて言うなら道徳中枢のようなところから生じるのだ。それでも、勇気は自信の大切なパートナーになることもできる。特に、自信による恩恵のない状況で活動せねばならず、その自信を作り上げていくために、あの最初の身のすくむような一歩を踏み出さなければならないときには。

逆に、行動を阻害する要因もほかにある。たとえば、モチベーションの欠如が、昇進を願い出ることから私たちを止めているかもしれない。優柔不断という性質が、マラソン大会のためのトレーニングをすることから私たちを押しとどめているかもしれない。だがそこに、そうしたいという欲求があるのなら、唯一の厄介な阻害要因は、自分の「成し遂げる能力」に対する信頼の欠如である。私たちを手招きする快適なソファや、モチベーションの欠如が、初めてのクライアントに売り込みの電話をするのを押しとどめているわけではない。そこでただひとつ大事なのは自信なのだ。

自信過剰であることのメリットについて、カリフォルニア大学のキャメロン・アンダーソンから話を聞いたあと、いくつかの疑問が私たちのなかに浮かんだ。最適な自信の量とはどのくらいなのだろう？　それはそもそも知りうることなのだろうか？　このことに関しては、社会科学者からも自然科学者たちからもきっぱりとした同意を得た――自信過剰にわずかに傾くらいが最適だ。ラットで自信の研究をしているアダム・ケペックスは、その程度の自信が、生物学的にも役立つと信じている。「人生において必要な賭や選択をするには、適当なレベルの自信をもっていたほうがいいでしょう」彼は言った。「そして実際、少し余分に、自信のおまけをもつことは、確信のもてない局面では役に立ちます」言い換えれば、自分の能力に、求められる以上にもうちょっとだけ信頼をおくこと。なぜなら、そうすることで、ただ何かをすることを考えているだけでなく、実際やるほうに一歩踏み出せるからだ。

これまで私たちが取り上げてきた説明や事例で、自分の自信度がどのくらいなのかあなたも薄々わかり始めているころかもしれない。だが、自信度を測定するには、公式な尺度がある。最も信頼されている自信測定スケールをふたつ、巻末につけた[*10]（308ページ）。ひとつは、リチャード・ペティと彼の共同研究者であるバッファロー大学のケネス・ディマリーが最近作ったものだ。もうひとつは、三十年前に作られた評価法だが、今でも繰り返し使われている。もし今自分がもっている自信の状態に数値を与えたければ、時間はかからないのでやってみてほしい。

自信は、失われた環《ミッシングリンク》なのだと私たちは信じている。頭ばかり働かせすぎている私たちを、行動という解放された領域に押し出してくれるのが、自信なのだ。自信に満ちた行動というのは、求人への応募や、スカイダイビングをするといったようなわかりやすい行為とは限らない。決断や、会話、自分の意見を形成すること——これらもすべて自信によって突き動かされている。

極端に言うと、自信は「想像するだけの人」と、「実際にやる人」を区別する性質である。当初それは、スーザン・B・アンソニーや、マララ・ユスフザイのような人たちの頭のなかに自然に宿っているもの、というふうにしか見えなかった。だが今、私たちは、自信は自分で作り出すことが可能なものだと理解しつつあった。また、自信のパワーの源は、行動なのだということにも気づいた。それだけではない。行動は、自信の種を蒔きもするし、自信を実らせもするのだ。

そしてその「行動」は、私たち皆が自由に選択できるものである。だとすると、「自信の習得」も、基本的に自分自身の選択によってできるものなのではないだろうか？　その魅惑的な思いつきを確かめる前に、もうひとつの疑問に答えを見つけるのが先だった。

第3章 女性は生まれつき自信がないのか？

ワシントンDCから一時間ほどのドライブで、赤い納屋の屋根が続く牧歌的な風景に変わった。私たちはメリーランド州の西側に向かっていた。私たちが通り過ぎると、馬たちは特に興味もなさそうに頭を上げた。この道の先で重大な実験が行なわれていることには明らかに無関心なようだ。スリランカの山奥からやってきた数頭のアカゲザルは、このプールスヴィルの地で三百頭の大家族になった。彼らは今ここで、私たち人間の行動を私たち自身が理解するための助けとなってくれている。

私たちは、そのアカゲザルたちと、四十年以上彼らを見続けている国立衛生研究所《NIH》の神経心理学者スティーブ・スオミに会いにきた。彼は、何百年も連綿と続く「生まれか育ちか」の研究分野における第一人者で、郊外にあるこの倉庫のようなラボの小さな帝国を統治している。その中心にあるのは、彼の研究対象たちのために用意された五エーカーの遊び場だ。その日は快晴で、多くのサルたちが走りまわり、それこそ「うんてい《モンキー・バー》」のような遊具にぶら下がったりして遊んでいた。

「サルたちには、それぞれ本当に興味深い個性があります」スオミは言った。「健康的で精神的に安定したサルから、不安や抑うつ症、さらには自閉症の傾向があるサルまで、いろんなサルがいます。そういった特性はどこからくると思いますか？」

スオミは、それに対する答えに大きく近づいていた。彼の野生生物研究所は、急激に広がりつつあるパーソナリティの生物学的研究の中心地になっている。

私たちはここで、自信の遺伝子というものがあるのかどうかを特に知りたいと思っていた。長いあいだ本能的に感じていた、「生まれながらに自信家の人たちもいるのではないか」ということの証拠を見つけたいと思っていたのである。あなたのまわりにもいるのではないだろうか。何が起ころうと、楽々と人生を送っていっているタイプだ。彼らにとっては、どんな仕事も難しすぎることはないし、どんな状況も苦痛ということはないし、どんな問題も大きすぎるということはない。彼らは、見ているこちらがうらやましすぎて苛々するくらい気楽な空気をまとっている。たとえば、子どもたちも仕事も伴侶も自在にあやつり、家庭のことも職業についても、はたして自分はきちんとできているのかなど疑問に思ったりしないパワフルな母親たち。または、なにもかもうまくいくと思い込んで、簡単にコスタリカに向けて出発する若いバックパッカーの男性。彼らはまったく臆することなく公の場で意見を言い、給与アップの交渉もためらわない。彼らの両親や友人、そして伴侶たちは、彼らについて、「昔からそうだった」と言い、揺るぎないように見える彼らの自信を、よりいっそう手の届かないものに思わせる。

彼らの育ち方があの自信を創りだしたのだろうか？　それとも、ＤＮＡの配列が生み出したのか？　自信は私たちのパーソナリティに刻印されているものなのだろうか？

同じ疑問を抱いていたスオミは、その答えをサルたちのパーソナリティを研究することで見つけ出そうとした。近年は「不安」の源にフォーカスをあてていて、それは実質的には「自信」を見ているのと同じことだとスオミは私たちに説明した。自信をもつサルは不安をもつ傾向が少なく、逆のこともまた言えるらしい。

自分の研究と、同分野のほかの研究者たちの研究に基づき、スオミはほかのサルに比べてより大きな自信を備えて生まれてくるサルたちが実際にいると結論した。「ある特定の生物学的なパーソナリティは、人生の初期の段階において現われます。それは環境を何もいじらなければ、そのまま、幼児期、思春期、そして大人になってもかなり安定して変わることはありません」

サルが人間の四倍の早さで成長することは、スオミの研究にとって大きな助けとなった。彼はすでに何世代かにわたってサルたちを観察することができている。彼のチームは、誕生からサルの行動を追い、育児テクニックに注目し、どの子どもが他者と社交的に付き合うか、遊び場を支配するか、リスクを負うか、または独りでいるかを記録し続けた。

スオミと彼のチームの研究者たちの実況解説とともに、サルたちをより近くで見ると、実際にスオミが説明してくれた行動パターンの違いを見て取ることができた。サルたちは、湖のそばでゴロゴロしているのもいれば、追いかけっこを楽しんでいるものもいる。自分の子どもたちの動向を逐一確認している母ザルたちもいた。他のサルに比べて、より静かに大人の近くに座っている若いサルたちを数頭見つけた。そのうちの一頭は、自分のそばで起こっている動向に興味を示すことすらなかった。それは典型的な、自信のない、より不安の強いサルの行動だとスオミは言う。全体としてその光景は、小学校の校庭で見る光景とそう違わなかった――遊びと社交の場だが、尻込みしている子どもたちも数人いる。

それでも私たちは、目の前に広がる光景を見ながら、サルの行動から私たち人間の自信についての結論を得られるのだろうかと疑問に思っていた。もちろん、サルが私たちの祖先であり、遺伝子の九〇%が共通していることはわかっている。だがスオミは、私たちとサルには、それとは別に、より本質的な共通点があると説明した。それを発見したのはスオミだった。パーソナリティを形成するのに不可欠だと研究者たちが考えるある遺伝子を、私たち人間以外でもっている数少ない霊長類の一種がアカゲザルなのだ。[*1] その遺伝子は、SLC6A4、もしくはセロトニン輸送体と呼ばれる遺伝子である。これが自信に直接影響を与えると考えられている。

セロトニンに関しては、あなたも聞いたことがあるだろう。私たちの気分を穏やかで幸せなものにしてくれる物質だ。抗うつ剤のプロザックや、それと同様の薬剤はすべて、体内のセロトニン値を上げる作用がある。簡単に言うと、セロトニンはいい物質で、SLC6A4はセロトニンを運ぶことで、私たちのセロトニン値を調節する遺伝子なのである。

このセロトニン輸送体遺伝子には、いくつかのタイプがある。科学用語でいうと、多型というのだが、それはつまり、より良い型をもつ人間と、そうでない人間がいるということだ。両親から一組ずつ受け継がれるこの遺伝子は、長いものと短いものの二種類があり、組み合わせによって型が違う。ひとつは、ふたつの短い遺伝子（ＳＳ型）からなる珍しい型だが、この遺伝子の型をもつ人は、セロトニンの伝達があまりうまくいかず、うつや不安になるリスクが大きくなる。もうひとつは長いものと短いものが一本ずつある遺伝子（ＳＬ型）で、前のものよりいいが、それでも効率的なセロトニン輸送とはいえない型だ。三つ目はどちらも長いもの（ＬＬ型）で、最もいいホルモンの使い方ができている型だ。その型をもっている人は、自信にとても重要な精神的回復力《レジリエンス》が自然に備わっていると科学者たちは見ている。[*2]

　人間のＳＬＣ６Ａ４遺伝子に関する研究は何十とある。そのほとんどが、この遺伝子とうつ病や不安障害との明らかなつながりを実証している。最近になって、科学者たちが健康的な精神特性の研究に目を向け始めたことで、この遺伝子は幸福感と楽観性に関連づけられるようになった。[*3]特にセロトニンの不安を抑える効果が、自信をつけるための準備を整えてくれているのは明らかだ、とスオミは言う。

　何年か前、すでに何十年にもわたってサルたちの行動に関する研究を行なっていたスオミは、初期のころの研究を見返して、ひょっとしたらセロトニン輸送体遺伝子が、彼が調査していることに関連しているのではないかと推測するようになった。彼は膨大な数のＤＮＡテストをし、セロトニン遺伝子を探した。そして、自分が積み上げた山のようなデータを突き合わせた結果、遺伝子は、彼が記録していたサルたちの行動を正確に予測していたのだということを知った。

どのサルが生まれながらにうつ状態だったか、より内にこもっていて不安が多いか、そしてどのサルたちがはつらつとしているか。大当たりだった。

私たちは、ファイルが詰め込まれた彼のオフィスを眺めてまわった。ほとんどが八〇年代くらいに撮影されたとおぼしき彼の「子どもたち」の写真が、壁のあちこちにかけられていた。なかには不思議なほど、私たちが家のなかに飾っている子どもたちの写真を彷彿させるものもあった（メリーランド州に来て最初に生まれた子ザルたちのひとり、ココアビーンが、ふわふわした毛のエリックが見つめるなか、遊び場の池に向かって壮大なジャンプを見せている写真とか）。サルたちを育て、観察し、テストすることは、何十年にもわたってスオミの人生と情熱だった。そして、それは彼自身も想像だにしなかった成果を生んだ。その研究成果が、自信の遺伝性において新しい視点を与えるものだったことは、私たちにとっても幸運だった。たとえ人間の自信に基づく行動が、サルよりも複雑で多様化していたとしても。自身も内気ではにかみ屋なスオミは、私たちのテーマに若干の魅力を感じていることは認めた。赤ら顔で、穏やかな物腰の、心地良さそうな青いカーディガンを着た彼は、眼鏡の奥の目をつかの間自分の研究からそらし、私たちのほうへ向けた。そして自分が観察してきた、さまざまな種類の自信について説明しはじめた。

たとえば彼は、快活で不安の少ない性格になる遺伝子をもったサル（長い二本をもっているほう）が、ほかのサルと関わったり、リスクを負ったり、そしてグループのリーダーになることにも意欲的なことを発見した。別の言葉でいうと、彼らは行動のなかに自信を見せていたということだ。スオミが説明してくれるアカゲザルの複雑な社会構造は非常に興味深く、人間の社内政治にとてもよく似たパターンの行動もあった。リーダーは派閥を作り、いちばんいい土地を独占する――彼らの社長室は池のそばのトウモロコシの箱だ。彼らは権力のありかを、口を開いたまま静かに子分や挑戦者を見つめることではっきりさせる。頭のいい新人は、権力者にこびへつらう。最も効果的な服従の合図は、歯をむき出ししかめ面をするか、尻を宙でふることだ。ほかのバージョン（短いほう）のセロトニン遺伝子をもつサルは、うつ病というほど行動不能になるわけではない。だが、生まれたときから、あまり他者と関わらず、恐がりで、親にべったりくっついている。そしてリスクの高いことをやりたがらないサルに成長する。言い換えれば、彼らは自信がないように見える。興味深いことに、不安な気持ちと自信の欠如が、過活動や攻撃性となって現われるサルたちがいた。特にオスによく起こりがちな特徴だった。それも、私たち人間の世界と似ているように思えた。

自信と遺伝子

ということは、自信は私たちの遺伝子にコード化されているのだろうか？　イエス――少なくとも部分的には、そうだと言えるだろう。それはスオミだけでなく、私たちがインタビューした十数名以上の科学者たちも皆同じようにそう確信していた。私たち人間は皆、自信が多いか少ないか、どちらかの傾向をもってこの世に生まれてくるのだ。しかもその要因は、私たちとアカゲザルがもっているセロトニン輸送体遺伝子だけにとどまらない。「私たちのパーソナリティは、思った以上に生物学的に決定されています」遺伝子検査会社のパイオニア〈ジェノマインド〉の創始者のひとりでもあるジェイ・ロンバード博士は言う。「パーソナリティは明らかに、生まれも育ちもどちらも関係しています。遺伝子が、生物学的に脳にどのような影響を与えるのか、どんな性格を与えるのかを理解することが、優先順位の高い研究事項だとＮＩＨも考えているようです」

研究の規模とかけた時間の長さから見て、遺伝子と自信のつながりを調査した研究で、最も注目に値する研究に、ロンドンのキングス・カレッジの行動遺伝学者ロバート・プロミンが指揮しているプロジェクトがある。完全に隔絶されたスオミのサルたちのような生息環境を作ることはできなかったが、それなりに近いものを作った。しかも彼はそれを人間でやろうとしていた。

二十年前、プロミンはイギリス国内の一万五千組の双子に対する大掛かりな研究を行なうことを決めた。[*4]彼は双子の誕生から大人になるまでの経過を追った。そして、知能や疾患の傾向、男女の性差による違いまで、膨大なデータを取った。同じＤＮＡをもつ一卵性双生児と、普通の兄弟のように似たＤＮＡをもつ二卵性双生児を対象とした。双子の研究は、「生まれｖｓ育ち」という難題において、長いあいだ最も効果的な題材だった。

この双子たちの学業成績に関する調査で、プロミンは子どもたちが自分の能力をどのくらい信頼しているか調べることにした。七歳と九歳のときに、子どもたちは一般的なＩＱテストと一緒に、算数、作文、理科の三教科の試験を受けた。次に、子どもたちはそれぞれの教科に対する自分の能力にどのくらい自信があるか、数値で予測した。プロミンと研究チームは、教師からのレポートも考慮に入れた。すべてのデータを突き合わせたとき、研究チームはふたつの発見に驚いたという。子どもたちの自己能力評価《SPA》は、実際の試験の成果の、最も重要な予測因子だったのだ。IQよりも重要なものだった。簡単に言うと、自信は、成功を予期することにかけてはIQをしのぐということだ。プロミンと彼のチームは、キャメロン・アンダーソンが大人に対して発見したことを、子どもたちのなかにも発見したのだ。

また、自信度の数値を一卵性双生児と二卵性双生児とで分けてみると、一卵性双生児のほうが、より数値が近いことがわかった。プロミンの発見は、遺伝子と自信の相互関係がおよそ五〇%近くあるだろうということを示している。そしてそれは、遺伝子とIQの関係よりも近いと思われる。[*5]

自信のような形のはっきりしない特性が、知能とまったく同じように遺伝的なものだというのは、私たちにとっては信じがたいくらいの驚きだった。これは、パーソナリティの遺伝子に関する研究分野全体においても大きな発見だった。過去十年間における、行動遺伝学と生物学の分野での数えきれないほどのブレークスルーは、行動にまつわる心理を調査するより高度な方法を編み出した。DNAを配列し、検査する、もっと安価で効率のいいメソッドも生み出した。何百ものこれらの研究——遺伝子、脳、行動、そして神経画像研究を含む——は、私たちのパーソナリティの大部分は受胎時に形成されているという主張のゆるぎない証拠になっている。研究者たちは、内気さから、モチベーションから、犯罪行動から、プロのダンサーになる傾向のあるものから、何から何までそれぞれに影響を与えているであろう遺伝子を特定した[*6]（これは本当だ。巻末にはダンスＤＮＡに関する追加情報を掲載する）。

　私たちが話をした専門家のなかには、自信の半分は遺伝子によって決まるというプロミンの結論に同意しない者たちもいた。彼らは、「特性五因子論《ビッグファイブ》」と呼ばれる、もっと広範囲にわたるパーソナリティの特性の五〇％が遺伝子によって決まると言っている。それらは、「（経験への）開放性」「勤勉性」「外向性」「協調性」「情緒不安定性」の五つだ。そして、ビッグファイブに付随する一面とみなされている楽観主義や自信などの特性は、二五％ほどの遺伝性しかないとする。それでも私たちは驚いた。遺伝子から来ている私たちの自信が五〇％だろうが二五％だろうが、どちらにしろ私たちが思っていたよりもはるかに多かったのだ（妊娠した女性が、胎児のＤＮＡテストを簡単に受けられるようになり、子どもを産む前から、安全ロックとクッション壁にお金をかけるか、可愛いおもちゃと絵本にお金をかけるかを判断できる日がくるのも近いと私たちは推測した）。

　パーソナリティと遺伝子に関する科学は、ここまででもかなり興味深いし、多くの研究がなされはじめているが、それでもまだおよそ正確とは言えない。私たちの二万個の遺伝子を精査していくのは、とても時間がかかるようだ。遺伝子研究が始まってから二十年かそこらのあいだ、重点は病理学のほうにあった。健康と幸福の根幹となる遺伝子的要素よりも、身体的・精神的疾患にかかわる遺伝子研究が一般的だったのだ。だが、それが今は変わりはじめている。さて、ここで興味深い疑問が湧いてくる。心理学的に「強くて健康な人」の遺伝子はどんなふうに見えるのだろう?

当然のことながら、知能は最も多くの注目を集めているポジティブな特性である。世界中の研究者たちが、DNAとIQのスコアを比較して「知能遺伝子」と呼べるものを見つけ出そうとしている。[*7] 若い中国人の研究者、ツァオ・ボウエンもそのひとりだ。自動DNA配列解読装置《シーケンサー》をフル回転させ続け、世界の最も優秀な人々から集めたDNAサンプルを解析している。

だが、世界中の「最も自信のある」人々からDNAサンプルを集めて解析するプロジェクトを行なった人はまだ誰もいない。[*8] 私たちが話をした科学者たちは誰も「自信遺伝子」と呼べるものがあると信じてはいなかった。ほかの多くの複雑なパーソナリティ特性と同様に、自信も何十個という遺伝子に影響され、ホルモンや神経作用などが乱雑に入り交じったものになってしまうのだと、専門家たちは言った。さらに自信は、感情と認知の両方にも関係している(実際のところ、自信にはメタ認知的要素があるといえる。自分の脳の働きがどの程度なのかを自分が知っていることも、自信と関係しているからだ。言い換えると、単に自分にそのタスクができるかどうかということではなく、タスクをこなす能力があると自分を評価するかどうか、ということになる)。それでも今日科学者たちは、楽観主義や不安障害など、自信と関連するパーソナリティ特性を研究し、自信の周辺をくまなく掘り返している。彼らの研究をつなぎ合わせることで、自信に関する基礎的なことの全容が見えてくるかもしれない。

自信を与える遺伝子

「自信」というものの私たちなりの定義を、「行動のための燃料」と考えたとき、人の脳を「行動を起こす思考」にするのはなんなのかを知ることが、最もわかりやすいアプローチではないかと思った。

私たちは、脳のなかでポジティブなメッセンジャーとして働き、行動を起こす思考を作りだす、重要な神経伝達物質があることを発見した。セロトニンがそのひとつである。スオミがアカゲザルで研究している物質だ。

脳の前頭前皮質内のセロトニンレベルが健康的な値だと、私たちはより合理的な判断が可能になる。セロトニンには私たちを落ち着かせる効果があるからだ。前頭前皮質は私たちの脳の司令塔とも言える部分である――実行機能、合理的思考、そして意思決定をつかさどる。脳のなかのヨーダだと思えばいい。脳のその部分がセロトニンであふれていると、ストレスを感じにくくなるため、私たちの意思決定に対する自信は増幅する。

それはセロトニンに扁桃体を落ち着かせる効果もあるからだ。扁桃体は私たちの脳の原始的な部分である。直観力や恐怖心などと関連のある原始的な情動の中核で、私たちが強い感情にすばやくアクセスする必要があるときに働く。

これらの感情のほとんどが、ネガティブなものと関連している。たとえば、「闘争・逃走反応」のような、太古のサバンナで人間が生き延びるために必要とされた原始的な本能。そういった環境で生き抜くことが日々の切迫した懸念事項ではなくなった現代（常にそうとは限らないようだが）、扁桃体は心理的な脅威を強調し、うつや不安障害の一因にもなっている。扁桃体を落ち着かせ、合理性と恐怖のあいだに、神経科学者たちの言う「健康的なコミュニケーション」を作りだすのはセロトニンの役割だ。

オキシトシンも、直接自信に影響する別の神経伝達物質である。あなたも、「抱擁ホルモン」を刺激する物質があるというニュース記事をどこかで読んだことがあるのではないだろうか。科学者たちが言うには、オキシトシンは私たちの「抱擁したい」という欲求や、パートナーとセックスをしたいという欲求、友人に寛大でありたいという欲求、分かち合いたいという欲求、道徳的決定をしたいという欲求、そして誠実でありたいという欲求に影響する。[*9] 出産し、我が子を母乳で育てている女性は、オキシトシンが大量に分泌される。男女が愛を交わしているときや、運動をしているときにも出てくる。抱擁すればするほど、さらにオキシトシンが分泌され、さらに抱擁したくなるというホルモンの好循環が起こる。オキシトシン・スプレーを販売する企業も欧州にあるようだ。さらに、オキシトシンによって男女が浮気をしないようになるとする研究もある。[*10] これに関しては巻末の注記に載せてあるので、確認してみる価値はあると思う。

オキシトシンの研究をしている、カリフォルニア大学ロサンゼルス校（ＵＣＬＡ）の心理学者シェリー・テイラーは、オキシトシンが楽観性と深く結びついていることを発見した。彼女はまた、オキシトシンは自信には欠かせない役割を担っていると指摘する。オキシトシンは私たちに社交性を与え、他人や世間に対するネガティブな思考を抑えることで、行動し、リスクを負う道を開いてくれるという。楽観的な気分のとき、何かをすることはとても簡単に思える。

オキシトシンは脳のなかで、セロトニンと同じような働きをするのだ——高次思考能力と実行機能をつかさどる中枢である前頭前皮質の活動を助け、すぐに警報を出す扁桃体を落ち着かせる。

テイラーはオキシトシンの伝達をコントロールするＯＸＴＲ遺伝子（オキシトシン受容体遺伝子）を特定した。[*11] セロトニン輸送体遺伝子と同じく、彼女はこの遺伝子にもふたつのタイプがあることを確認した。一方をもっていると、社交的スキルに弱く、ストレスに対してより反応し、楽観性も自尊感情も低く、物事を習得する能力も低くなる傾向にある。もう一方のタイプは、より精神的回復力《レジリエンス》があり、リラックスしていて、社交的な行動をとる傾向にある。つまり、私たちは赤ちゃんを産んだり、抱きしめ合ったりしてオキシトシンの新たな供給ができるが、なかには生まれながらに他の人よりオキシトシンの伝達がうまくいっている人たちがいるということだ。そういう人たちは、自信を作り上げていくにあたってのスタート地点がすでに異なるところにあるのだ。

そして、ドーパミンも忘れてはいけない。

ドーパミンは、やる気や探究心を起こさせる物質で、好奇心を抱いたり、リスクを負ったりすることと関連している。ドーパミンの不足は、消極性や倦怠感、うつ症状につながる。ドーパミンのコントロールに関連する遺伝子はふたつある。ひとつはＣＯＭＴと呼ばれるもの、そしてもうひとつはＤＲＤ４と呼ばれるものである。このふたつの遺伝子には、異なる種類がある（この先の展開は、もう察しがつくのではないだろうか）。

DRD4は、ドーパミン受容体遺伝子のことで、そのうちのひとつ、DRD4-7Rは、かなりリスクを恐れない性質になる遺伝子だ。[12] よく「冒険遺伝子」と呼ばれている。スカイダイバー、または、スキャンダルを提供しがちな政治家などを思い描いていただくといいだろう。危険なスポーツをするアスリートはたいていもっているし、リスクを生き甲斐にする投資家たちにもあるという。自分の限界を押し広げるときに、彼らの脳は大量のドーパミンの上昇を必要とするのだ。

COMT遺伝子は、ドーパミンを分解する酵素がエンコードされた遺伝子で、俗に「戦士《ウォリアー》型／心配性型《ウォーリアー》」遺伝子と呼ばれている。複雑な遺伝子だが、自信には欠かせない。自分自身、戦うようにプログラムされているのか、[13] それとも心配するようにプログラムされているのかを推測しながら、その遺伝子が私たちにいったいどういう影響を与えるのか調べてみた。

COMT遺伝子の変異体のひとつは、私たちの前頭前皮質からすばやくドーパミンを分解し（戦士型）、もうひとつは中程の速さで（戦士型／心配性型の混合）、そしてもうひとつはゆっくりと分解する（心配性型）。通常、ドーパミンはいい物質だ。ドーパミンが前頭前皮質にできるだけ長くあるほうが、集中力も増す。注意欠如多動性障害《ADHD》の薬は、要はドーパミンを増やすためにある。だから、心配性型の遺伝子、つまり私たちの脳にドーパミンをより長くとどめておいてくれる遺伝子をもっているほうが、IQは高くなる。逆に、ドーパミンが少ない戦士型の人たちは、集中するのに困難を生じているということになる。しかしながら、ここにCOMTの難題がある。私たちの体は、ストレスを感じると、ドーパミンを分泌する速度が速くなる。すると前頭前皮質に氾濫したドーパミンは、私たちの脳を圧倒し、シャットダウンさせてしまうのだ。つまり、多すぎるドーパミンは、逆に集中力やリスク対応能力にとってあまり良くないということだ。突然、形勢は逆転し、ドーパミンを分解する速度が最も遅い心配性型が、良くないものになる。

つまり、ストレスのかかる状況においては、遺伝子の利点と欠点が逆転することがあるということだ。これは、集中力も責任感もある真面目な学生にかぎって、難しい試験やその他のハイリスクな状況に置かれると、緊張して失敗することが多いということの説明になるだろう。逆に、いつもは目立たない地味な人が、ある特定の状況でいきなり活躍することの説明にもなる。実際、彼らはその状況になるといきいきする。彼らはベストを尽くすのに、いくらかのストレスを必要としているタイプなのだ。白熱した試合でのみいい成績を残すスター選手がそうだ。またはもっと自分たちに近いところでいうと、締切間際というプレッシャーがないといい文章が書けないジャーナリストなど。

私たちは、このCOMT遺伝子が矛盾する行動を誘発するという現象を知り、すぐに自信との関連性に気づいた。特定の状況のみで発現する自信があるように見えるのはなぜかということには、実際に科学的背景があるのだ。たとえば、弁論趣意書などを準備するのは非常に得意だが、法廷で弁論を闘わせるのが苦手な弁護士。または、日常業務ではモチベーションが上がらず、ぐずぐずしているが、月例のプレゼンテーションの前にはすばやく行動に移り、徹夜もいとわず、すばらしいコンセプトを立ち上げてくるマーケティング部の幹部。彼らは、ある程度、もともとそういうふうにできているのだ。

私たちは、これらすべてのホルモンが、「自信」というものの下地を作ってくれているのだと理解した。私たちを動かすドーパミンが、精神を落ち着かせるセロトニンと、他者に対する温かい、ポジティブな態度を生むオキシトシンと交じり合うと、より簡単に自信を手にすることができるのだ。

調査のこの時点で、私たちキャティーとクレアは、自分自身の遺伝子について非常に興味がわいてきた。そして自分たちのDNAについてかなり非科学的な予想をしはじめた。私たちは長年、仕事における自分の行動の矛盾を解決しようとしてきた。たとえば、なぜ私たちは締切が嫌いなのに、いい仕事をするためにはそれを必要とするのだろうか？　究極のプレッシャーのもと以外では、集中力に問題があるタイプなのだろうか？　そうは言っても、私たちはいまだに、あらゆることをかなり念を入れて準備してしまうし、完璧主義に陥りがちだ。ということは、私たちは戦士型、心配性型、どちらなのだろうか？　そして、ジャーナリストというキャリアを積みながら、しかも自信に関する本を書きながら、いまだにインタビューをするときに大きな不安を感じるのはなぜだろう？　セロトニン不足なのだろうか？　それがわかったとして、どうすればいいのだろう？

クレアは自分が、オキシトシンが多いタイプだと予想した。キャティーもクレアの自己評価に同意した。「私は愛情やつながり、そして親密さを必要とするタイプだと思う。それに、自分のまわりの世界を、バラ色のレンズを通して見ていることが多い。そのせいでときどき判断力が曇ってしまうの」クレアは認めた。「だけど、セロトニン値は低いと思うわ。不安を感じることが多いから。何年もそれと格闘してきたし、両親もどちらもうつ病で苦しんだわ。私の全体的な性質としては、きっとあまりいい自信の遺伝子プロファイルにはならないわね。今わずかでももっているかもしれない自信は、遺伝とは関係なく、自分で培ってきたものだと思う」

そして私たちはふたりとも、キャティーは戦士型だろうということで一致した。特にクレアから見て、キャティーはリスクと挑戦を生き甲斐にしていた。「それと、セロトニンの値も高いと思う――そんなに不安を感じたりはしないから」とキャティー。「でも、温かくてほんわかしたオキシトシン遺伝子はもっていないような気がするわ。私はかなり事務的な淡々としたタイプだから」

私たちは数週間ほどこの調子で、調査を始めたときにはどちらも予期していなかった展開――自分たち自身の遺伝子マッピングをするべきかどうか――について堂々巡りの議論をしていた。実を言うと、私たちは自信が遺伝的で、生物学に基づいたものだと示す研究結果をこれほどたくさん目にすることになるとは予想していなかった。しかし今では、人は生まれながらに、緊迫した会議でいきなり立ち上がって発言できる傾向にあるかどうかが決まっているというアイデアに魅せられていた。検査は、自分にその傾向があるかどうか知る助けになるだろうか？　それとも、私たちをさらに自信から遠ざけてしまうだろうか？　最終的には好奇心が勝ち、私たちふたりは遺伝子検査を受けることに決めた。その検査が、自分たちの唾液サンプルを採って、遺伝子解析情報サービスを提供するふたつのベンチャー企業に送るだけでいいとわかったことも大きかった。その会社とは、〈23アンドミー〉と〈ジェノマインド〉だ。

〈23アンドミー〉（人間の細胞にある染色体対の数から命名された）は、グーグルの支援を受けた個人向けの遺伝子解析情報会社である。私たちがこの本の仕上げに入ったころ、突如、アメリカ食品医薬品局《FDA》との対立で世間を騒がすようになった。二〇一三年の終わり、ＦＤＡは〈23アンドミー〉に対して、遺伝子検査キットを規制当局の承認を得ずに販売してはならないとして警告書を出し、同社は販売を停止した。今はＦＤＡの承認を得るための交渉に努めている。個人向けの遺伝子検査について現在も続いている議論が、今後の新しい時代における個人の遺伝子情報や医療関連情報を明確に規定する助けになるだろう。

　とにかく、それだけの物議を醸すほど、〈23アンドミー〉はこれまでになかったユニークなサービスを提供した——幅広い個人の遺伝子情報解析を、医師を介さずに直接一般消費者に提供したのだ。それも、遺伝子検査キットをたったの九十九ドル（およそ一万円）という、かなり手頃な価格で。〈23アンドミー〉は、長期的な目標として、遺伝子解析データを科学的な研究推進のために提供するリーディングカンパニーになることを掲げていた。検査自体は広範囲に及ぶものではない——約三十億個ある私たちの遺伝子塩基対のなかから、検査するのは百万個ほどだ。だが〈23アンドミー〉の科学者たちは、健康リスク判定に有効だと思われる遺伝子に焦点をあてていた——たとえばアルツハイマーやパーキンソン病、そして乳がんなどをはじめとした病気に影響する遺伝子。検査結果はさらに、あなたの祖先に関する情報や、遺伝子プロファイルが示唆する潜在的な健康リスクについても詳細に取り上げている。FDAが問題としているのはそこだった。病気との関連において、決定的な科学的根拠がある遺伝子はまだ少なく、消費者が検査結果を軽視しすぎたり重視しすぎたりして、医師の助言なしに自分の健康を勝手に判断してしまうことを、彼らは問題視していた。

〈ジェノマインド〉の検査はもっと狭い範囲にしぼられているが、脳と神経精神医学の分野では非常に画期的だ。創立者たちは、より確実な治療のため、最先端の遺伝子科学で得た結果を、医師や精神科医たちの手にゆだねたいと考えている（〈ジェノマインド〉は、検査結果を医師と病院を通してのみ提供することで、FDAとの問題を回避した）。〈ジェノマインド〉の科学者たちは、すでに国の医療サービス従事者たちが行なっていた検査結果の解析データに裏づけされた、特殊な遺伝子検査キットを作った。医師が患者から症状を聞いて、試行錯誤しながら治療を施していくかわりに、遺伝子検査の結果はどの治療が最も有効かを提案してくれる。たとえば、あなたが抗不安剤治療の対象になっていたとしよう。もしあなたが特定の遺伝子プロファイルをもっていたら、あなたには効かない薬剤があるかもしれない。あなたの医師は、科学的見地に基づいて、別の薬剤から試すことができる。

〈23アンドミー〉と〈ジェノマインド〉どちらかだけでは、私たちが求めていた検査すべてをやってはもらえなかったので、両社の検査を受けることにした。そのころには私たちも、遺伝子がすべての決定要因となるわけではないとわかっていた。だが、それでも、検査を受けてみることは大切なことのような気がした。

検査は簡単すぎるくらいだったが（試験管につばを吐くだけ）、待つ時間は苦痛だった。なんというか、ＳＡＴ（大学に入るためのアメリカの全国統一試験）の試験結果が出るのを待っているときのような感覚だった。ジャーナリストとして、私たちはいつも、情報というのはどんなものでもいい情報だと考えていた。自分たちの「原料」が何かを知るのはとても有用なことのはずだ。それがまさにこの章のポイントなのだから。でも、もし……もし手に入れた情報があまり知りたくなかった情報だったら？　自分たちのネガティブな部分を強めるような結果が出てしまったら？　いえ、考えすぎてはいけない、そう自分たちに言い聞かせた。ただ待つしかない。

自信とエピジェネティクス

さて、もし自信の大部分が遺伝子によって説明がつくなら、「自信は自分の選択で身につけられるものかもしれない」という私たちの仮説はどうなるのだろう。それはどちらも可能だということがわかった。科学界においては、長年にわたる、「生まれか育ちか」の議論はもう古いようだ。

新しい研究は、「生まれと育ち」が相互作用し合ったときにどういうことが起こるか、というほうに移っている。本当に大事なのは、「生まれ」に「育ち」が与える影響で、それが私たちの在り方を決定する。「育ち」の影響力はとても強く、「生まれ」がもっている本来のプログラミングを変えてしまうことが多々ある。いわば、遺伝子のスイッチをオンにしたりオフにしたりするのだ。「感受性の遺伝子」を解明しようとしている科学者たちもいる。その遺伝子をもっている人は、他の人よりも環境の影響を受けやすいため、より「育ち」が重要になってくる。習慣的な思考の力が、脳内化学成分を変えて、新しい神経経路を脳のなかに作るということを発見した研究者たちもいる。[*14]つまり、人生における選択は、私たちが何をもって生まれてきたかと同じくらい、もしかしたらそれ以上に大切だということになる。

こんなふうに考えてみよう。あなたは新しく建てる家の設計図をもっている。そして基礎部分のコンクリートが流し込まれた。その基礎部分の上に立てるのが簡単な構造物もあるし、難しいものもあるだろう。あなたが幸運だったら、すでに三階建ての下支えができているかもしれない。だがもし基礎部分があまり強くなかったとしても、そしてもう少しセメントが必要だったとしても、あとから必要な階数を追加することはできる。さらなる努力が必要になるかもしれない。違う材料を使わなければならないこともあるかもしれない。大部分が外的な要因に左右されるかもしれない。どのくらいの頻度で嵐が襲ってくるだろう？　あなたの土地は地震多発地帯ではないだろうか？　それとも温暖な気候に恵まれた土地？　天気や地質的なコンディションが、基礎部分を動かしたり、違う材料を使ったりすることを余儀なくさせるだろう。だが、それにかけるあなたの時間や努力も同じくらい大切なのだ。

これは科学界でもかなり注目されている新しい方向性のようだ。地価が倍に上昇しつつあるマンハッタンのアッパーウエストサイドにある新しい建物を見たときに、その思いは確信へと変わった。私たちの「自信探求の旅」は、私たちをコロンビア大学の心脳行動研究所の本拠地となる建物の前に連れてきた。この研究所は、脳の研究に対する多角的なアプローチを創りだすために設立された。人間の行動から健康、そして感情にいたるまで、すべてのことに対する脳の機能や影響力の研究をここで行なう。科学者と心理学者だけでなく、歴史学者、芸術家、そして哲学者――すべての分野のトップの学者たち――が、このウエストハーレムにできた新キャンパスに集結していた。

この統合的なアプローチによって、科学と行動のギャップを埋める答えが、より早く見つかるのではないかと私たちは考えた。居心地の悪い自宅のオフィスやスターバックスでの思い出せないほどの執筆時間や、電車内での神経のすり減るようなインタビュー、そしてタクシーのなかで研究論文を読む日々を送っていた私たちは、妬ましさとともに、研究所の構造をためつすがめつした。建物は、軽快さと創造性をインスパイアする建築で有名な、数々の賞を受賞しているレンツォ・ピアノによる設計だ。地面から浮いているような外観で、すべてのフロアの真ん中にオープンスペースがあり、そこで交流やブレインストーミングを図れるようにデザインしてある。ラボは、アイデアのつぼみが開いたらすぐに使える状態になっている。

研究所の共同ディレクターである生化学と分子生物物理学の教授トム・ジェッセルは、もとも顕微鏡のなかに見える小さな世界の研究をしていた。現在の彼は、そこには収まらないほどの大きなものを見ている。彼は、自信について、私たちが想像もしていない方向から見ていた。

ジェッセルは、「自信」を細胞というミクロの視点から、それが世界にどんな影響を与えるのかということを研究していた。彼は私たちに、世界のある地域、個人の力という感覚をもてない人々が暮らしている地域について考えてみるようにと言った。彼は椅子から飛ぶように立ち上がり、興奮した様子で語った。「あなたが目にするのは、ひとつには、自信のなさが招いた結果かもしれない。だが、そこでは、自分のすることはすべて悪い結果しか招かず、何にも影響を与えない。その結果、『学習性無力感』と呼ばれる状態に陥る。アフリカにはその研究をしている社会科学者がいる」もちろん、貧困、気候、そして悪い政府が大きな影響を与えているのだと彼は言う。「だがもし、学際的な研究を通して、個人の自信の状態を変えるのに自分に何ができるか、無気力な状態から楽観的な状態に移行させるにはどうしたらいいか理解できるようになったら、世界的に驚くほど大きな影響を与えられるだろう」

コロンビア大学やその他の一流大学の科学者たちは、エピジェネティクスと呼ばれる画期的な分野を通して、マクロとミクロを融合させる研究の第一線にいる。エピジェネティクスは、人生における経験が私たちのDNAにどう刷り込まれるか、そしてエピジェネ、つまり私たちの遺伝子の外側をどう変えられるか、それが遺伝子の動向の変化にどう影響するかを調査する研究である。

ある種の遺伝的特性は、かなり固定的で、影響を与えるのは難しい――たとえば、身長や目の色などの特徴がそうだ。だが、「自信」のような性格的な特性は、もっと複雑で影響を与えやすい。一卵性の双子がエピジェネティクスの力を見るにはいちばんいい例だろう。彼らのDNAは同じなのに、健康状態やパーソナリティはたいてい違っている。なぜだろう？　それは、健康やパーソナリティに関わる遺伝子の「表われ方」による。ある遺伝子のスイッチが入っているときに、別の遺伝子のスイッチがオフになっているというような。それらのオン／オフ・スイッチは、外部環境に大きく影響される。

さらに、それらの変化は、私たちの子どもに受け渡される可能性もある。遺伝的変化は、ダーウィンが提唱したように何世代かをかけて起こるのではなく、ひとつの世代で起こすことも可能かもしれないのだ。

「私たちの一生における経験が遺伝できるかどうかという考えは、今、エピジェネティクス界では非常に注目されているトピックです」その分野の専門家でもある、コロンビア大学の心理学者フランセス・シャンペインは言う。彼女の研究チームは、出生前の出来事が、どのように長期間の影響を誘発するのか研究している。シャンペインは、非常に強いストレスのかかる出来事が、様々な形で、妊婦だけでなくその胎児にもエピジェネティックな影響を与えるということを発見した。彼女はストレスが男性と、その男性の将来の子どもに与える影響にも注目している。[*15] 他の研究でも、妊娠中に9・11を目撃した女性が、DNAを通して大量のストレスホルモンを胎児たちに受け渡していたことが明らかになっている。[*16] また、別の研究では、妊娠中にあまりビタミンを与えられなかったマウスの子どもは、他のマウスに比べ、肥満になる傾向にあることもわかっている。[*17] だからといって、たとえば、自信を身につけた女性が、その特性を子どもに引き継げるかどうか予測するのは、まだだいぶ早すぎる段階である。それでも、まったく不可能ということはないだろうと、シャンペインは言う。

敏感であることの強さ

スティーブ・スオミは、「生まれか育ちか」研究の新しい流れのなかにあって、ユニークなポジションにいた。スオミは、人間を研究対象にしている心理学者にはできない調査を、サルたちで行なうことができた。彼はどのサルが不安症タイプの遺伝子をもち、どのサルが自信家タイプの遺伝子をもっているかを調べた。そして注意深く彼らの環境を操作し、どのようなことが起こるか観察した。結果は衝撃的なものだった。「ある特性は次世代に受け継がれました」彼はゆっくりと笑みを浮かべながら言った。「だからといって、それが変えられないという意味ではありません」

スオミは、人間と同じく、アカゲザルたちにとっても、母親の存在は、子どもの態度や行動を形成するのに非常に重要だということを発見した。サルにとっては、生まれてからの六カ月間が絆としつけにとても大切だという。実際、どのくらい重要なのだろう？「たとえば、私たちは、遺伝子的背景が生まれつき不安症で怯えがちなタイプのサルたちを、いつも子どものそばにいて支えになるような性格の母親に育てさせたらどうなるか観察しました」彼は言った。「子ザルたちは、すばらしい成長を見せました。非常に社交的で、他者を助けようとする習慣をもつサルに成長し、最終的にはヒエラルキーのトップに立ちました」

つまり、観察の結果、次のことがわかった。自信家タイプの、精神的回復力《レジリエンス》の強い遺伝子をもって生まれたサルは、基本的にどんなタイプの母親に育てられても健やかに育った。不安症タイプの遺伝子をもつサルが、不安症の母親または面倒見の悪い母親に育てられると、不安症のサルのまま大人になった。そこそこきちんとした普通の母親に育てられても、どちらかというと不安症の大人になった。だが、すばらしい母親に育てられると、遺伝子的に不安症になるリスクをプログラムされていたとしても、健康的な大人に育った。母親の育て方が、子どもに、遺伝的な青写真を乗り越えさせたのだ。

さらに驚きの発見は、不安症タイプの「遺伝的に恵まれていない」と呼ばれるサルたちがすばらしい母親に育てられると、ただ健康的な大人になるだけではなく、非常に優秀なサルに育ったことだった。彼らは強くなり、仲間たちよりもずっと自信をもつようになった。スーパースターの母親に育てられたことで、彼らもスーパースターになるのだ。

つまり、いくつかの遺伝子は、サルや人間を環境に対して「脆弱」にするのではなく、「敏感」にするということなのだ。これは大きな違いだ。不安症タイプの遺伝子をもったサルたちは、自分が経験することのなかでも最悪のことを吸収するが、同時に最高のものも吸収するスポンジのようなものなのだ。スオミはそう見るようになった。

科学の分野では、この「敏感遺伝子」の提案はすぐに支持を得はじめ、最近では「蘭タイプ理論」とも呼ばれている。発達心理学者のブルース・エリスと発達小児科医のW・トーマス・ボイスによると、ほとんどの子どもは遺伝的に「たんぽぽタイプ」なのだという。たくましくて、いろいろな環境でよく育つ。[*18] 私たちは皆、何年ものあいだ、「たんぽぽタイプ」ではない子どもたちは「弱いほう」なのだと考えていた。だが、急速に増え続けているエビデンスをもとに、研究者は、彼らは「弱い」のではなく、「蘭タイプ」と見なされるべきだと提唱する。扱いにくく育てるのが難しいが、正しい環境で育てれば、しっかりしている「たんぽぽタイプ」の子どもたちをもしのぐ美しい花を咲かせることが可能になるのだ。

「敏感遺伝子」をもつ人々にとって、環境がとても大きい影響を与えることを裏付ける研究は、ほかにもある。[*19] ドイツで行なわれた、何千人もの幼児を対象にした研究だ。毎日のように泣き叫び、ひとつのことに集中することができない、問題行動の多い幼児たちを二年間追った。研究者たちは、親たちがどのように子どもに干渉しているかビデオ録画し、その後、子どもと交流するより良い方法や、子どもへの読み聞かせの方法などを指導した。その結果、すべての子どもたちの行動に著しい改善が見られた。最も勇気づけられる結果は、いちばん大きな改善が見られたのは、ADHDにつながるタイプのドーパミン遺伝子――「敏感遺伝子」のひとつかもしれない遺伝子――をもっていた子どもたちだったということだ。彼らにとって、ポジティブな親の干渉は、普通の遺伝子をもっている子どもたちが同じような干渉を受けたときに比べ、二倍の改善になった。

エセックス大学の科学者たちは、コンピューターゲームを使って、この理論を大人に対して実験した。そして、短い型のセロトニン輸送体遺伝子をもつ人たちは、ポジティブな情報、ネガティブな情報どちらにも簡単に影響されるということを発見した。科学者のなかには、彼らは人より敏感なだけでなく、実はより順応性があるのだと信じる者もいる。[*20]

つまり、この遺伝子をもって生まれてきた人は、成長過程において彼らが直面してきた問題や支えによって最も自信のない人々になるか、または最も自信のある人間になるか、変わるのだ。

「そして、もちろん」スオミは肩をすくめた。「どんな環境に自分が置かれるかは、時の運です」彼は幼少期以降にも、「敏感遺伝子」が特に影響するであろう重要な時期があると考えている。そして今はセロトニン遺伝子と思春期、出産、そして更年期の関連についての研究を始めている。

ところで、「蘭タイプ／たんぽぽタイプ」の仮説は、遺伝子検査の結果を待っている私たちの神経をさらに落ち着かなくさせた。私たちはたんぽぽタイプ、それとも蘭タイプだろうか？　キャティーは自分がたくましいタイプで、いろんな環境に適応できるし耐えることもできると推測した。クレアは今や自分の検査結果がどのように出てくるかまったく予想がつかなくなっていた。私の成長に過保護な母親は重要な役割を占めていたのだろうか？　それとも私の精神的回復力《レジリエンス》はＤＮＡに組み込まれていたのだろうか？　さらに彼女は自分の子どもたちのことで頭がいっぱいになった。「もっと気にかけてあげないといけないのはどちらだろう？　あの子たちにも検査を受けさせたほうがいい？　もしどちらかが蘭タイプだったら、その子のしつけに全エネルギーを使い果たしてしまって、もうひとりのためのエネルギーを残せなくなるんじゃないかしら？」

脳は変えられる

私たちの脳は「再配線」できるのだという、驚きの研究結果がある。しかもそれは大人になってからも可能だという。これは私たちの自信の暗号《コンフィデンス・コード》を解く鍵になると期待できる。蘭かたんぽぽか、いい母親かそうじゃないか――私たちが考え方を変え、新しいメンタル習慣を発達させたら、その努力は物理的に私たちの脳を変えることもできるのだという。

なぜほかの人よりもうまく挫折を乗り越えられる人がいるのか、なぜ彼らは大失敗したにもかかわらず自信を失わずにいられるのか。この精神的回復力《レジリエンス》に関する疑問が、レベッカ・エリオットの心を何年ものあいだとらえてきた。

マンチェスター大学の脳認知機能の画像診断研究の第一人者である彼女は、脳機能画像のなかに、そのヒントがあるのではないかと探している。精神的回復力《レジリエンス》はある部分、遺伝的なものかもしれない。ひょっとしたらあのセロトニン輸送体遺伝子によるものかもしれない。だがエリオットは、それは自分で作り出すことができるものだと考えている。彼女は、脳の可塑性についての話をしてくれた。極めて簡単な脳トレーニングや、思考のメソッドで、私たち大人の脳にも新しい「通り道」を形成することができるという。精神的回復力《レジリエンス》や、自信に満ちた考え方を励起する通り道もできるだろう。そしてそれはそのうち、もとから備わっていた配線のようになるのだ。[*21]

それは、脳の可塑性についての新しい研究データが、私たちには調べきれないほど膨大にあるとわかったときだったかもしれない。または、さらに新しい興味深い授業を、ギャローデット大学の革新的な認知神経科学者ローラ＝アン・ペティットから受けたときだったかもしれない——その瞬間を正確に特定するのは難しい。だが、脳の可塑性がもつ可能性を完全に理解したのは、私たちにとって重要な分岐点だった。私たちのプロジェクトに対する展望を変えたと言ったほうが正しいかもしれない。「自信の格差《コンフィデンス・ギャップ》」の原因を調べているあいだ、それを乗り越えるには何世代という時間がかかるかもしれないという考えに打ちひしがれたときもあった。実際、だからこそ、この本をハウツー本にして、読者にアドバイスしたりする気はなかった。ちゃんと姿勢をまっすぐ正したら自信はついてくる、というようなうわべだけの助言を超えたところに、これほどたくさんのものを見つけられるとは思っていなかったのだ。また、自信のかなりの部分が遺伝的なものだと知って動揺し、「ということは、自信に関して、私たちにはどのくらいの選択肢があるのだろう」と思い始めてもいた。私たちは、脳トレーニングのような直截的なものが、持続性のある行動の変化をもたらすとはまったく思っていなかった。

脳の可塑性は、「自信は私たち皆が選択できるもの」というアイデアの土台となるものだ。人が半永久的に自分の脳の性質を改善していくことができるのなら、自信の少ない遺伝子をもって生まれてきた人たちも、正しいトレーニングによって、強固な自信を身につけられるということだ。ノーマン・ヴィンセント・ピール（牧師。著書『積極的考え方の力』（ダイヤモンド社刊）は世界的ベストセラー）は時代のだいぶ先を行っていた。彼が言ったように、積極的《ポジティブ》な思考には力があった。それが科学的に証明されたのだ。

（脳の可塑性について調べれば調べるほど、あの遺伝子検査を依頼したことに対する不安は落ち着いてきた。どんな受け入れられない結果が出てきても、少なくとも改善しようとすること

はできるのだから）

子どももつ多くの親たちと同じように、私たちも脳の可塑性の概念については馴染みがある——十歳になる前に子どもたちにはいい事を全部詰め込まないと、脳が硬くなって吸収しにくくなってしまう、というような話を聞いたことがあるだろう。だが実際には、窓はもっと長く開いていたようだ。私たちの脳は、大人になってもやわらかさは残っているらしい。

エリオットは、特定の行動を変えることについての最も効果的なアプローチは、認知行動療法——人が新しい思考パターンを作れるよう手助けをする手法——だが、基礎的な「瞑想」も、脳の働きと構造を実際に劇的に変化させる効果があったと話した。

一定の瞑想期間の前後で、脳の変化を磁気共鳴画像《MRI》で調べたところ、平均八週間の瞑想を続けることで、恐怖中枢である扁桃体の活動が抑えられたという結果が出ている。[*22] 高いストレスにさらされているビジネスマンを対象とした最近の実験では、瞑想後、恐怖反応が減少しただけでなく、扁桃体そのものが実際に縮み、小さい状態を保ち続けたという。[*23] 逆に、落ち着きと論理性をつかさどる前頭前皮質が活性化した。

私たちキャティーとクレアは以前瞑想を試したことがあり、それが精神を落ち着かせてくれるものだというのはわかっていた。だが実際、物理的に脳を変えてくれるものだと知って、瞑想を毎日の習慣にしようと決意した。

さて、瞑想以上に効果を出しているのは、認知行動療法（認知に働きかけて気持ちを楽にする行動療法。考え方のバランスを取って、ストレスにうまく対応できる精神状態を作る）である。臨床医たちは、心的外傷後ストレス障害《PTSD》患者を、認知行動療法で治療し、驚くべき成果を上げている。PTSDは脳の活動を主に扁桃体に移してしまう。認知行動療法はそれを前頭前皮質に戻す療法である。[*24] ノースウェスタン大学の研究者たちは、クモを怖がる患者たちに対して、短い行動療法のセッションを行なった後、脳に物理的に大きな変化があったと報告した。彼らは十二人のクモ恐怖症の成人を研究対象にした。[*25] 治療の前に撮った脳のスキャン画像は、クモの写真に対して、脳の恐怖心に関連する部分、特に扁桃体が最も強く反応しているのを映し出した。それから彼らは二時間の認知行動療法セッションを受けた。このケースでは、生きたタランチュラに近づき、触るという行動が含まれていた（まさに「恐怖に直面する」とはこのことだ。公衆の面前で話すことに恐怖を覚える人に、本物の観衆の前で演壇に立って練習しろと言うようなものだ）。治療の最後にもう一度脳のスキャンをすると、扁桃体の反応は通常に戻っていた。逆に、前頭前皮質、物事を再評価し、理性的に見るのに関与している部分が、より活性化していた。そしてこれが最も重要なことなのだが――六カ月後にもう一度脳をスキャンしたとき、扁桃体はまだ沈静化していた。たった二時間のセッションで、六カ月経っても、彼らはまだ落ち着いてタランチュラを触ることができたのだ。

その行動療法で参加者たちは、クモに対する彼らの恐怖のほとんどが、根拠のないものだと教えられた。それまでは、クモが自分たちに飛びかかってくると思っていた人たちもいた。タランチュラが何か邪悪なことをしようとしていると思っている者もいた（気難しい上司や同僚に対する恐怖をどうにかするのにも役立つ話ではないだろうか）。参加者たちは、タランチュラ自身、最も興味があるのは、人間からいかにして隠れるかということなのだと教わった。彼らは自分たちが抱いてしまう最悪の考えを、もっと離れたところから大局的に見ることを学んだのだ。

認知療法は、脳に変化を起こそうと意識的に集中することである。脳の可塑性に影響を与えるもうひとつの要素は、私たちが無意識のうちに溜め込み、使っているもの――そう、記憶だ。記憶という人生経験の宝箱は、自信に関してはかなり影響力がある。考えてもみてほしい。過去はいつも私たちの脳のなかではプロローグだ。記憶は、人の自信のメカニズムをラットよりも非常に複雑にしているもののひとつだ。人が環境にどう対応するかは、世間が自分たちに何をするかという予測に基づいている。そしてその予測は、過去の経験の記憶に基づいている。私たちはそのビデオテープを繰り返し頭のなかで再生しているのだ。

重要なのは、私たちが無意識のうちにそのテープを再生しているかもしれないという点だ。コロンビア大学の神経心理学者ダフナ・ショハミーは、学生たちにある一連のテレビゲームをプレイさせ、その間、彼らの脳を機能的磁気共鳴画像法《fMRI》を使ってスキャンした。[*26] 最初のゲームは、どちらかに当たりがあるという条件を伝えてから、被験者にふたつの画像のうちひとつを選ばせるという単純なものだった。その後、別のゲームでは、特に当たりはないふたつの画像を並べていき、どちらかをランダムに選ばせた。被験者自身はふたつのゲームの関連性にまったく気づいていなかったが、全員が二番目のゲームでは、前のゲームで当たりだと言われた画像の隣に映っていた画像を選ぶ傾向にあった。無意識の内に、最初のゲームの記憶が彼らの脳に蓄積され、次のゲームのときにアクセスされたのだ。そしてＭＲＩ画像がそれを立証した。

記憶をつかさどる海馬が、二回目のゲームを行なっているときに光を放ち、記憶にアクセスされたということを示したからだ。

だが、あとで、なぜその選択をしたのかと聞かれたとき、学生たちには意識的な記憶がなかった。海馬が、脳の真ん中にある大きな部分が、記憶を集約する以上のことをするのだとヒトで実証されたのははじめてだった。それは、私たちが何かを選択するときに強引に大脳皮質へ向かい、押したりつついたりはするが、痕跡は残さないということが明らかになった。

私たちは直感的に、これが自信にどう影響するか理解した。記憶は、意識的にしろそうでないにしろ、私たちが次にどうしようとしているか通知してくれているのだ。四年前に同僚からミーティングで言われたネガティブなことの記憶が、いまだに私たちの口数が少ないことの一因となっているのかもしれない。逆に、大学時代にスピーチでちょっとした成功をおさめたことがあったら、その経験をすでに覚えていないとしても、それは会社の年次報告会で発表をする自信を与えてくれているかもしれない。

私たちは、自分の人生でも、このような記憶に埋もれた、でも影響力のある出来事はあっただろうかと考えた。キャティーは、まだ若いリポーターだったころ、日本からの生中継で完全にしくじったことを思い出した。これだけの年数が経ったあとも、テレビの生放送で少し不安になっているときはいつも無意識のうちにあの記憶が浮かび上がっているのだろうかと、不思議に思わずにはいられなかった。クレアは高校時代の演劇で、ある配役のオーディションを受けて不合格になったことがあったが、ひょっとしたらそれが今、演技をすることがあまり好きではないことに影響があるのかもしれないと思った。

誰も、拒否されることや、出番でしくじることのつらさから逃れることはできない。無意識の記憶として脳に焼き付いてしまうような経験を完全にコントロールすることもできない。だが、その無意識の記憶が自分の将来の行動にとってどれほど影響があるかを知ると、よりポジティブな記憶をたくさん積み重ねておいたほうがいいのだということはわかった。

ローラ＝アン・ペティットは、脳の可塑性についての研究は、この十年の神経科学界で最も大きなブレークスルーをもたらしたと言う。「たとえば」彼女は言った。「あなたの自信の欠如が、遺伝的なところからではなく、もっとフロイト的なものから来ているとしましょう。それは、ご両親がどんなふうにあなたを扱ったか、まわりの人がどんなふうにあなたを見ていたかという、子どものころのことが関係しているかもしれない。あなたの神経回路は、それに応じて脳内に記憶の道を敷いていきます。それを、将来的に、最初の反射的行動を起こす〝高速道路〟だと思ってみましょう。もし新しい記憶のネットワークで、その上に別の階層を作ることができれば、高速道路を別の経路に切り替えることができます。高速の上に橋をかけることもできます。最初の高速道路を撤去することはできないかもしれません。なぜならそれはかなり早い段階で建設されていましたから。でもまわりにいろいろ施すことはできます。文字どおり新しい道を敷くことだってできるんです」

これは「自信キラー」のひとつである「ネガティブ思考」の習慣を壊すには、とても効果的な方法だと言えるだろう。何がいちばん驚きかというと、とペティットは続けた。これらの変化を「見る」ことが、脳が別の道を作るのを観察することが、そして新しい神経回路が形成されていくのを目撃することが、現代の科学者たちにとって可能になっているということだ。

ＵＣＬＡの心理学者シェリー・テイラーは言う。「環境が遺伝子に作用する可能性は、人々がこれまで予測していたよりかなり高いと言えるでしょう。内気になる可能性が高いオキシトシン遺伝子をもっていたとしても、両親や友人、教師たちに正しい形で支えてもらっていたら、あなたは自分が内気などとは思うことすらないかもしれません。でも、もしあなたの両親も内気で遠慮がちだったら、そして教師や友人たちがあなたと適切なかかわり合いをもたなかったら、あなたは遺伝子が敷いた道をそのまま行くことになるでしょう」

ペティットは、環境が性質を修正することはあると同意するが、完全にではないと言う。たとえば、生まれたときから「覚醒レベルが高い」とか「集中力が高い」と分類される赤ちゃんがいる。「集中力が高い」子どもは、いつも自分を刺激できる子どもたちだ。彼らは退屈にならないでいようとする傾向がある。彼らはたいてい自分に自信がある。なぜなら、自分の能力が高いことを、外部から示してもらう必要がないからだ。

「覚醒レベルが高い」赤ちゃんは、いつも慰めを必要とし、注目を要求することが多い。彼らはトラブルを起こしがちなティーンエイジャーになるだろう。「彼らは危険なことに飛び込んでいくタイプで、リスクの高い危険が大好きです。修道女に育てられたとしても、危険を求めて歩く大人に成長するでしょう」ペティットは笑いながら言った。

私たちは再び、自分が娘たちのことを考えていることに気づいた。ときどき本当の男の子のように振る舞う彼女たちは、まわりにまったく注意も払わずに、結果に対する恐怖心も抱かずに、事にあたる。たとえば、ただ跡が残るかどうかを見るためだけにリビングの壁に汚いパテを塗り込んだり（そしてもちろん跡は残る）、衝突するのがどんな感じか知りたいというだけで、階段をそりで滑り降りたり（もちろん痛い）。家のなかで水鉄砲や水風船を使った合戦を始めたらどんな影響があるかという私たちの警告を無視することもある（一週間テレビ禁止――皆がイライラする）。

科学的な知識をおおいに仕入れた私たちは、自分たちの遺伝子の検査結果を、そしてベストな自分になるための環境をどう構築したらいいのかを想像しはじめた。私たちは子どもたちの遺伝子についても調べるべきか悩んだ。その結果によって、彼らを平等に扱わなくなってしまうことがあるだろうか？　だが、それはまだ先の段階だった。私たちはどちらも、自分たちがまだそこまでの情報に対して準備ができていないことを知っていた。自分たちの検査結果だけで、充分不安だったのだから。

神経科学分野の研究と遺伝子学上の発見は、私たちの探索において、非常に刺激的な情報を提供してくれた。自信の骨格が、人それぞれ生まれたときから決まっていたとしても、それは変えることができるのだということがわかってきた。私たちには選択肢があるのだ。だが、私たちはひとつ明らかにできなかったことがあると気づいた――男性には自信遺伝子への独占的なアクセス権があるのかどうか、という問いに対する決定的な証拠だ。男女の自信のアンバランスを、明白にきちんと説明してくれるものは何も見ていない。しつけと環境について、もっと精密な調査が必要だった。

第４章　男女間に自信の差が生まれる理由

メリーランド州アナポリスにある米海軍兵学校の男子学生たちは、女子学生たちをひそかにこう呼んでいる。ＤＵＢｓ――「頭の悪い醜いビッチ（Dumb Ugly Bitches）」。ええ、最低だ。私たちも、最近の卒業生たちに聞くまでは信じていなかった。だが彼らは、その呼び方は親愛の情であり、実際にとても浸透していて、女性で使っている人さえいるのだと無邪気に主張する。そんなふうに呼ばれる環境で生活し、頂点に登りつめようとする状況を想像してみてほしい。

海軍兵学校の世界を生き抜いていくことは、女性にとってはなかなか容易なことではない。ミカエラ・ビロッタはそこにいるあいだ、色々なことをあえて聞き流していた。だが、ＤＵＢｓは聞き流せなかった。彼女はそう呼ばれることを嫌い、彼女の前では別の言葉を選ぶよう言い続けた。ただ、そこで四年間生き延びなければならないことはわかっていたので、周囲にその呼び方への不満を知らしめてからは、つとめて礼儀正しくすることを心がけた。

我が国で最も尊敬されるべき機関で、このような粗野な言語が使われているということは、単なる醜い中傷以上の意味がある。それには今日の「自信の格差《コンフィデンス・ギャップ》」にもつながる、過去数世紀にわたる男女間の不均衡の残響が含まれている。遺伝子学は他の人よりも生まれつき自信のある人が存在する理由を説明してはくれたが、ジェンダーの差を充分に説明することはできなかった。私たちは女性が自分に何をして――または人から何をされて――自信の格差《コンフィデンス・ギャップ》を生じさせてしまうのかを知りたかった。

海軍兵学校の空気は、間違いなく「人から何かをされる」カテゴリーに入るだろう。もちろんこれは極端な例だが、そのような嫌がらせに対応しなければならないとなると、女性たちの多くが自信をもちにくいのも不思議なことではないだろう。

女性が初めて重役室の扉をこじ開けてから半世紀が経つが、いまだに私たちの目に映る職場環境は、男性の目から見るものとはかなり異なって見えている。よく知られている統計データもあまり心躍るものではない。男性が一ドル稼ぐあいだに、女性は平均で七十七セントしか稼げない。フォーチュン五〇〇社のCEOのうち、女性は四％しかいない。アメリカ合衆国の上院議員百名のうち女性は二十名だが、それでも割合は高いほうだと称賛されている。

今でこそ、この格差は能力の欠如によるものではないと、私たちもわかっている。過去五十年間でアメリカの女性は教育の格差を逆転させ、今では学士号も、修士号も、そして博士号さえも男性より取得者数は多い。ペパーダイン大学やIMFなどによる多数の国際研究で、女性を多く雇用する企業は競合他社と比べてすべての面において利益が上回っていることを示している。[*1]

女性は業績に対して正当な評価を得られれば、いい働きをする。クラシック音楽界の興味深い例を見てみよう。一九七〇年には、アメリカの有名なシンフォニー・オーケストラには女性演奏者は五％しかいなかった。一九九〇年代半ばには二五％になった。この増加は、オーケストラが新規採用の方法に、非常に単純な変化を導入したことによるものだった。オーディションのあいだ、受験者のアイデンティティを隠すためについ立てを設置したのである。選考員は音は聴こえるが、演奏者が男性か女性かはわからない状態であった。演奏の出来のみに基づいた審査によって、より多くの女性たちが採用されるようになったのである。[*2]

海軍兵学校からニューヨーク交響楽団までの例を見ると、女性に自信が不足している原因は環境によるところもあるといえるだろう。不平等がわかりやすく明白な場合もある。だが、多くの場合、それらは無意識のうちに差し向けられ、しかも大変効果的なのである。

「人生がひとつの長い学校だったら、女性が世界を征服しただろう」

小学校時代の教室でのことを思い出してみてほしい。そこですでに社会におけるジェンダーの不均衡の種がひっそりと蒔かれていたことに気づくだろう。なぜなら、まさにそこが、私たち女性が最初に、活発であることでも、やんちゃであることでも、強引であることでもなく、「いい子であること」で褒められる場だからだ。

学校では、女の子たちは大人しく勉強し、言われたとおりにするように期待されていた。私たちは野生生物のように廊下を走りまわることはなかったし、休み時間に喧嘩をすることもなかった。それは今日でも変わらない。女の子たちは、ストレス過多・過剰労働・薄給の教師たちのために、穏やかで信頼のおける生徒であり続けている。

ウェルズリー大学の〈女性のためのウェルズリー・センター〉副所長であるペギー・マッキントッシュは、女の子たちに従順であることを奨励するのは、長期的に深刻なダメージを与えると考えている。だが同時に、それを避けるのは難しいとも考えていた。実際、女の子のほうが、早いうちから脳が感情のシグナルを拾うので、男の子よりも「いい子」になるのは簡単なのである。女の子たちが行儀良くするのは、そうできるからだし、また、褒められるからでもある。先生や両親のためにそうすることもある。そしてすぐに、物事を正しく（きちんと、静かに）行なうと、いちばん褒められ、いちばん気に入られるということを学習するのである。そしていい子でいる自分を認めてもらいたいと思うようになる。そこには確実に、害となるものは何もない——やっかいごとを引き起こさない子どもを欲しがらない親がいるだろうか？

だが、その結果として、間違えることや、危険を冒すことなど、自信をつけるために重要な行動を、女の子は避けるようになったのである。調査によれば、男の子は失敗を努力が足りなかったのだと考えて受け流すが、女の子はその失敗が能力の欠如を表わしているのだと思い込み、自分をダメな子だと受け止める傾向にあるという。[*3]

ありがたいことに、クレアの娘デラは、そのように受け止めることはなかった。デラは自分の母親のように、完璧主義者で先生のお気に入りになるような子ではない。彼女はおてんばな、恐れ知らずの女の子だ。ドレスを着たり、きちんとした格好をしたり、髪の毛を整えたりすることを嫌い、最近では髪の毛を自分で切ってしまった。

「社会の期待に応えようとしない娘をもつと、控えめに言っても、大変なことがよくあるわ。いつも汚れていてうるさくて手に負えない女の子を、よしとする人はあまりいないから。でもあるとき、私が彼女のありのままの成長を邪魔しなければ、彼女は人生をうまくやっていくだろうと気づいたの」クレアはそう振り返った。「私は彼女に授業中には手をあげるようにとずっと言っていたの。授業に参加するようにって。その日、学校から帰ってきた彼女に手をあげたかどうか訊くと、彼女は『うん、ママ。あげたよ。というか、言うことがなくてもいつでもあげるようにしてるよ』って答えたの。最初、母親としては、指されたときのために準備しておくようにと言おうと思ったけど、これまで行なってきた調査のおかげか、『なんてすばらしいの！　これほどの自信についてのメタファーはないわ。何も言うことがないのに手をあげようと思うなんてとても男性的だわ』と思い直せたわ。

それ以来、私はこのすばらしい逸話をいろんなところで披露するようになったの。皆の笑いを誘ったし、褒められることもあったわ。だから、貴重な時間を使って私たちの原稿をすべて確認してくれたリチャード・ペティ博士が、デラの話を一般的な助言として使うことは、この本のなかで唯一の誤りだと思うと言ったときには、驚いたわ。公の場で、実際に言いたいことはないのに発言しようとするのは、自信形成に壊滅的な結果をもたらしかねないリスクを冒すことになる、と彼は指摘した。よく考えてみて、まったくそのとおりだと思い至ったわ。ありがとう、リチャード！　私はデラのリスクを恐れない勇気を受け入れようとするあまりに少し不用意な発言をしていたのね。本当に何も言いたいことはないのに、あえて話そうとすることは、逆効果となり得るわ。それでも私は、女性の手が自発的にあがる光景が私たちにもたらしてくれる元気やパワーを諦めきれない。デラや多くの女性たちが、壊れた自信メーターのせいで『何も言うことがない』状態なのに手をあげていると自分で感じても、実際に貢献できることはたくさんあるし、自分自身を驚かせることだってできる。いったん自分の手を空に向かってあげ始めれば、私たちはもっと簡単に自分の知識や英知を解放できるはずなの。私はそう確信してる」

デラのようなケースは特別である。私たちのほとんどが、いい子であるための学習をしすぎてきた。しかし、それは現実世界で活躍するための充分な準備にはならない。ベストセラー『「やればできる！」の研究――能力を開花させるマインドセットの力』（草思社刊）の著者であり、スタンフォード大学の心理学教授であるキャロル・ドゥエックはこのように喩える。「もし、人生がひとつの長い学校だったら、女性は誰もが認める世界の指導者になっただろう」

教室を支配し、校庭をスキップする

私たち女性のほうが秀でている実力主義のアカデミックな教室では、自己主張を強くもたねばならない競争社会の職場で、どう自信をもって関わっていけばいいかは教えてくれない。勉強でいい点をとることばかりに集中しているため、多くの女子生徒は教室の外にある本当に貴重な学習の場を無視してしまっている。「女子はいまだに競技スポーツに充分に参加していません。競争して勝利するということがどういうことか訓練できる場でもあるのに」政界に進出する女性を支援する団体〈ランニング・スタート〉の共同創立者であるスザンナ・ウェルフォード・シャコウは言う。

スポーツをするのが子どもにとっていいということは周知の事実だが、その恩恵がどれほどの広がりをもつのかということを知って私たちは驚いた。かつてアメリカ合衆国の公立の学校において、スポーツなどの教育プログラムに性別による差別があってはならないとする教育法第九条《タイトル・ナイン》が定められた。同条項制定の効果を評価する調査によると、団体競技に参加している女子生徒のほうが、大学を卒業し、仕事に就き、男性優位の産業で働くことができる傾向にあるということがわかった。[*4] 高校でスポーツをしていることと、その後の人生でより高い収入を得ることに、直接的な関連性があることさえわかった。スポーツを通して勝利や敗北を知ることは、仕事において成功と失敗に対処するためにも、非常に役立つ経験なのである。

第九条が制定されて以来、スポーツをする少女たちの数は激増した。大学における女性の運動競技への参加は、一九七二年から二〇一一年のあいだに六倍に増えた。[*5] 同じ時期に、高校では、スポーツへの女子生徒の参加が一〇〇〇%にも跳ね上がった。しかしそれでも、いまだに競技人口には差がある。男子よりも競技に参加する女子は少なく、そして多くが早い段階でやめていく。アメリカ疾病対策センターは、いまだに男子の六倍の女子がスポーツチームをやめる傾向にあることに警鐘を鳴らしている。[*6]

これらの数値は、私たち自身が十代だったころに経験したことを裏付けている。[*7] 思春期の女子は、男子よりも自尊心の大きな低下を体験し、その期間から立ち直るために長い時間がかかる。敗北に対応できるほどのしっかりとした自信がないため、チームスポーツをやめる傾向が高くなる。彼女たちは自信を失って競争することをやめ、そのため、自信を得るための最良の方法のひとつを自ら逃しているのである。なんという悪循環だろう。

その一方で、男性は競争を――上司の気を引くためのもの、同僚の憧れの対象となるためのもの、重役室を手に入れるためのもの、なんであれ――もっと自然に受け入れる傾向にある。フットボールのフィールドでは、彼らは勝利を味わったり、敗北を振り払ったりする術を学ぶ。教室のなかでは、答えを考えつく前どころか、質問を聞く前から手をあげる傾向がある。本質的に、彼らはすべてのことを競争に変えてしまうのである。彼らの行動は、教師たちを苛立たせるものばかりかもしれないが、その自信をうらやましく思わずにはいられない。

悪ふざけやからかい合いをしながら、男子は、精神的回復力《レジリエンス》をつけるとてもいい方法で、お互いを強化してもいるのである。多くの女性が褒められることばかり考えて行動し、批判を避けるのに対し、男性は人生において早い段階で他人の視線を気にしなくなるのだ。幼稚園時代以降、男子はずっとお互いをからかい合い、だめな奴だと言い合い、欠点を指摘し合って育つ。心理学者たちは、校庭の遊び場で培われた精神構造が、彼らがのちに他人からの厳しい意見を聞き流せるようにすると考えている。[*8] 世知辛い世のなかへと旅立つためには便利な能力である。

女子は、歴史やスペイン語の接続法などをぎっしりと頭に詰め込み、一生懸命勉強していい成績をとれる自分たちの能力を誇りに思って学校を卒業する。だが、教室からオフィスのあいだのどこかでルールは変わり、女子たちはそのことに気づかない。そして、完璧な綴りや上品な振る舞いができたからといって褒められたりしない仕事の世界に激突するのだ。成功に求められるものは変わり、彼女たちの自信は打ちのめされる。

仕事における成功は、政治的な機転が要求される。ある程度の狡猾さや、自己アピールの才能、「ノー」という否定の言葉に自分を立ち止まらせない力が必要とされるのだ。女性はたいていそれに居心地の悪さを感じる。たぶん、心の奥底で、こういった戦術をいいと思っていないのだろう。何が原因にしろ、私たち女性はこれらのスキルを習得するのがあまり上手ではなく、それが私たちを気後れさせていた。

ヴァレリー・ジャレットは、一緒に働く女性たちが、こういったことに対する不安を抱えているのをよく目にするという。オバマ大統領の上級アドバイザーであり、ホワイトハウスに勤める何十人もの女性たちの非公式なアドバイザーでもある彼女は、ホワイトハウスのなかでもトップの地位にいる女性のひとりだ。自分も、自己不信を乗り越えるために大変な努力をしたと率直に認めている彼女の言葉は、とても説得力があった。ある日の夕方、私たちはウェストウィング（ホワイトハウスの西棟のこと。日本で言う総理大臣官邸にあたる）にある彼女のオフィスを訪れ、女性の同僚何名かとともに会議机を囲んだ。紫と黄色の模様があるクリーム色のセンスのいいシルクブラウスを着たジャレットは（彼女はお洒落で有名である）、毅然とした威光と女性的な温かさを同時に醸し出すことのできる女性だった。一時間ほどの会話で気づいたが、ジャレットは自分に対するインタビューの時間であろうと、自分が話すのと同じくらい、他の人の意見を聞いたり求めたりした。この何年かでひとつ学んだのは、と彼女は私たちに言った。「特に大統領夫人付首席補佐官である友人のティナ・チェンを見ていて気づいたのだけど、自分の存在感をアピールするために、いつも会話を支配しようとする必要はないということ」

だが、ときには声をあげることが求められるときもある。女性はそれを区別できるようにしなければならない。「私たちは控えめな態度をとるように教えられてきたわ」彼女は言った。「女性たちは、何かを求める前に、自分がそれに対して準備ができていると確信できるまで待ったほうがいいと信じているのよ」

仕事の場で、確信が得られるのを待つことなく、何かを正々堂々と求めることを学ぶのに、彼女は十年かかったという。当時三十代前半だった彼女は、シカゴ市長の事務所で働いていて、不動産関連の業務を担当し、すばらしい仕事をしていた。あるクライアントは、ジャレットがスーパーバイザーがやるべき仕事までしていると言った。「彼女は私に『あなたがボスになるべきよ。昇進しなきゃ』と言ったの」ジャレットはそれを信じなかった。「私は彼女の頭がおかしいんだと思ったわ。でも彼女は顔を合わせるたびに言ってきた」彼女は顔をしかめながら言った。「何カ月も何カ月も何カ月も」ついに彼女はクライアントの助言を受け入れ、上司に言うだけ言ってみようと決めた。彼女はそのミーティングを昨日のことのように覚えているという。「とても不安だったけれど、なぜ自分はそれを受けるに値すると思うか、すべての理由を彼に伝えたわ。そしたら上司はびっくりするくらい簡単に、『オーケイ』って即答したの」目から鱗《うろこ》が落ちたような気分だった。背中を押されたような気分になって、彼女は自分のオフィスも要求した。上司は言葉を濁したものの、数日後、彼女は空いていた部屋に簡単に移動できた。それは彼女にとって「自信を得た瞬間」のブレークスルーだった。

数年後、彼女は、今では仲のいい友人となった前の上司に、なぜ一度も彼女に昇進を打診しなかったのかと聞いてみた。彼は、忙しすぎてそのことを考えたことがなかったのだと言った。「私たちは皆思い込んでいるのよ」ジャレットは言った。「何かしら理由があるんだって。『私は昇進に値しないんだ。だってもしそうなら、ボスは私の才能に気づくはずだもの。私のほうからそれを指摘する必要はない』って」ホワイトハウスでもそういう考え方をする女性たちをよく目にすると言う。ジャレットは彼女たちにそれを克服させたいと考えている。なぜならそれがキャリアにダメージを与えることを身を以てわかっているからだ。

ニューヨークで働く次のふたりの話を考えてみよう。私たちの女友達は、ふたりの二十代社員を指導していた。ひとりは女性で（彼女をレベッカと呼ぼう）、もうひとりは男性（彼のことはロバートと呼ぶ）だった。ロバートはその仕事についてたった数カ月だったが、すでに私たちの友人のオフィスにアポイントメントなしで立ち寄り、新しい広告キャンペーンを打診したり、ビジネス戦略について意見を述べたり、そして最近読んだという『エコノミスト』の記事について求められてもいない意見を述べたりしていった。最初は戸惑っていた友人だが、たびたび、彼のアイデアにダメ出しをし、誤解を正し、そしてさらなる調査をするよう告げている自分に気づいた。彼はいつも「おやすい御用です《ノー・プロブレム》」と答えた。時には反論することもあったが、たいていは彼はニヤリと笑って、肩をすくめながら自分のオフィスに戻った。

そして数日後には、さらにたくさんのアイデアを携えて戻ってきた。たとえ、「あの件に関してはまだやっている最中です」としか言うことがなくても、状況をアップデートしに来た。

私たちの友人は、ロバートがいかにたやすく、そして積極的に彼女と関わるようになったかに驚いた。また、その行動が、すでに数年、彼女と一緒に働いているレベッカとかなり違っていることに。レベッカは今でも彼女と話をするときは必ず事前にアポイントをとり、話すべき事柄と質問事項をリストにして準備している。こちらがフィードバックを求めるときちんと話はするが、外のクライアントとのミーティングではいつも静かで、メモを取ることのほうに注意を払っていた。レベッカは自分の考えを気軽に口にしたりしなかった。いつも、提案のプラス面とマイナス面に関する包括的な分析を添えて文書にしていた。レベッカは常にきちんと準備をしていたし、努力家だった。だが、それでも、私たちの友人は、ロバートの自己主張の強さにはたびたび辟易させられたものの、彼の行動力に感銘を受けずにはいられなかった。間違えることをいとわない彼の姿勢と、ネガティブな評価をされてもやる気を失うことなく受け入れるという能力に感心していた。レベッカは、ネガティブな評価を厳しく受け止め、時には涙で応対し、話の続きができるようになるまで、自分を立て直すためにオフィスに戻ることもあった。

友人は、レベッカを頼りにし、評価するようになっていたが、ふたりのうちどちらがもっと伸びるかと考えたとき、それはロバートだとわかっていた。彼のたくさんのアイデアのなかのひとつが正しい音を鳴らすのは時間の問題だった。そうなったらすぐに彼は本格的に動き出すだろう――同僚たちから尊敬されることを楽しむだけで、給与を上げたり、もっと責任をもったり、もっと重要な役についたりすることを避けているレベッカを、あとに残して（と、友人はすでに心配していた）。

企業におけるこういった現実を目の当たりにすると、私たち女性はときどきすべてを諦めて、私たちはこの世界には合わないのだと、これを我慢するには自分たちの精神や家族にかかる負担が大きすぎると決めつけてしまう。残ることを決めたとしても、そのせいで私たちのエネルギーは枯渇していく。毎朝、本当はよくわかっていないし好きでもないゲームに勝とうとして、私たちはオフィス用の鎧を引っ張りだして身につけるのだ。

同じゲーム、違う基準

ここに、イヤな疑問がある。もしレベッカがロバートとまったく同じように振る舞っていたら、彼と同様に自分に確信をもった行動をとっていたら、彼女の上司はどう思っただろう？たとえ上司が女性だったとしても男性だったとしても、レベッカはあまりうまくやっていけなかっただろうということを示す、多くのエビデンスがある。

女性にとって、ここが自信を得るための大きな難所となる。多数の研究が、女性が男性と同じようにアグレッシブに行動すると、社会的に、そしてときには職業的にも重い代償を払わされることになると明らかにしている。もし私たちが求められてもいない意見を言いに上司のオフィスに入っていったら、もし会議でいちばん最初に声をあげたら、社員としての階級を無視して、目上の人間にビジネスの助言をしたら、私たちは嫌われるか――まわりくどい言い方をするのはやめよう――「鼻持ちならない女《ビッチ》」と呼ばれるのだ。女性が成功すればするほど、批判は辛辣になっていくようだ。女性は、己の能力だけではなく、性格まで疑問視されるようになるのだ。二〇〇八年の選挙を思い返してほしい。出馬した二人の女性、ヒラリー・クリントンとサラ・ペイリンは、「頭脳明晰で冷酷」と「間抜けでかわいい」という形容詞に収められてしまった。誰も男性候補者に対してはそのようなことは言わない。このような中傷に対する恐怖が、女性を気後れさせ、過剰に慇懃な態度をとらせてしまうことになるのだ。[*9]

イェール大学スクール・オブ・マネジメントの、ヴィクトリア・ブレスコルは、女性は地位が上がるほど、自分の発言力を意識的に控えめに受け止めようとする、という仮説を検証した。彼女は男性のグループと女性のグループ両方にふたつの実験を行なった。[*10]

はじめに、彼女は二百六人の被験者の男女両方に、会議のなかで自分がいちばん上席かいちばん下の社員か、どちらかになってみたつもりで想像してみるようにと言った。それから、その想像上の自分が、会議でどのくらい発言しているか聞いた。自分が権力のあるポジションにいると想像した男性グループは、自分たちが若手社員だと想像した男性グループよりもより多く発言していると想像していた。だが自分が権力のある地位にいると想像した女性たちは、下の地位にいると想像した女性たちと、発言の量は変わらなかった。なぜかと聞かれた彼女たちは、「嫌われたくなかった」、もしくは「出すぎているとか支配的すぎるとか思われたくなかった」と言った。女性たちは自分たちで勝手にこの恐怖を作り出してしまっているのだろうか、それとも、現実にそう思われたりするのだろうか？

ブレスコルの次の実験では、男女両方の被験者たちに、他の人たちよりも多く発言する仮想の女性ＣＥＯを見せて、点数をつけてもらった。結果は――男女どちらも、この架空の女性ＣＥＯを、同程度の量の発言をした男性ＣＥＯよりも著しく能力が低く、リーダーには向かないと見なしていた。架空の女性ＣＥＯが他の人よりも発言が少ない人物として見せられていた場合、彼女の能力の印象は飛躍的に良くなった。

私たち女性は、よくしゃべる女性が嫌いなだけではない。男性が発言し、会話を支配することを積極的に望んでいるのだ。そして男性たちがそうしないと彼らを非難する。ブレスコルの女性被験者たちを見てもわかるように、私たち女性は、男性たちとまったく同様に、自分たち女性というものに対して偏見があるのだ。

トップは孤独だ

頂点にいる女性――タフで、差別のことで愚痴を言うのが嫌いな人たち――でさえ、日々の生活のなかで、言葉にはされない偏見をいまだに感じると言う。二〇一四年までの四年間、軍需・国防分野の国際的な巨大企業である〈ＢＡＥシステムズ〉のＣＥＯをつとめたリンダ・ハドソンは、数十年にわたってその業界を率いてきた人物でもある。その彼女が私たちにこう言った。「環境は大きいでしょうね。このポジションにいてもまだ、初めて会った人は、私にはこの仕事をする資格がないのではないかという印象をもつみたい」

「本当に？」あっけにとられて私たちは尋ねた。

「ええ」彼女は企業における男女の根本的な受け取られ方の差を説明した。「男性が部屋に入ってきたら、そうでないことが証明されるまで、その人はたいてい有能だと目されるの」でも女性の場合は逆なのだと彼女は言う。

ハドソンは、「固定観念に対する恐怖《ステレオタイプ・スレット》」の現実を語ったのだった。[*11] 味気ない、らしからぬ響きのある用語だが、その体験は「自信キラー」になりうるほどの孤独感をもたらす。この用語は一九九〇年代半ばに、心理学者クロード・スティールとジョシュア・アロンソンによって作られた。彼らは、なぜいまだにアフリカ系アメリカ人が、大学で白人の生徒よりもたいてい成績がよくないのか、探り出そうとしていた。その後、いくつもの研究が、科学や数学といった女性は得意でないという固定観念をもたれている分野において、実際に女性は出来が良くないという事実を明らかにした。第一章のハーバードでの実験を覚えているだろうか。数学のテストで、性別を聞かれた女性たちのほうが点数が良くなかったのを。あれも、「ステレオタイプ・スレット」の力のひとつの例だが、実際の問題はもっと大きい。これはある種、腐食性の輪なのである。私たちがある組織のマイノリティの一部だとして、そのマイノリティに付随する特性としてよく知られたステレオタイプがあるとしたら、私たちはそのタイプに合わせなければというプレッシャーを感じるのだという。

さらに、ダブル・マイノリティになると問題は大いに複雑になる。クレアの子どものころからのすばらしい友人、ターニャ・コークは、腕のたつ市民運動専門の弁護士で、アフリカ系アメリカ人女性だ。彼女はいつも、初めて会う人がいる部屋に入るときは、自分の印象がどう伝わるかを考えてしまうという。「相手と何か議論になることに対して不安があるというわけではないし、自分の能力に対する信頼の危機にあるというわけでもないの」彼女は言う。「私が部屋に入っていったときに人々が何を見るかということを意識してしまうの。実際に私を知るまでのあいだ、彼らが『この人で大丈夫なの？』と思っているのがわかるの。彼らが無意識のうちにそう思っているのだとしても、その思い込みと闘わなくてはならないとわかるのよ」ネガティブなステレオタイプを知ることは、やる気を起こさせるきっかけになることもある。「そのことが、意図的に自分のことをもっと強く見せようとする私の力になっているのかもしれないわ」コークが私たちに言った。「自分が立ち向かわなければならない問題はわかっているの」

ヴァレリー・ジャレットも同じことを言っていた。「女性であることを不利に感じたことは一度もないわ。アフリカ系アメリカ人女性であることも」そう言って、口をつぐみ、考えた。「でもその一方で、私の両親は私に、皆の倍以上努力すれば、すべてうまくいくと徹底的に教え込んだの」そして彼女は声をあげて笑った。「両親は、そのアドバイスが効くとは本当は思っていなかったんですって。でも、それくらいしか言えることがなかったから、言ったほうがいいと思ったんだってあとから教えてくれたわ」

また、マイノリティに対する法的枠組みは昔のままで、改善されていない。アメリカは、世界百九十カ国のうち、有給の育児休暇を国の政策で認めていないたった三カ国のうちのひとつなのである（他はアフリカのスワジランドとパプアニューギニア）。[*12] 母親になる人は十二週間の産休は保障されているが、その間の給与は支給されない。アメリカ例外論といえば聞こえはいいかもしれないが、働く女性にとってはたいてい、冷酷で、厳しい理論なのである。

世界経済フォーラムが毎年発表している『グローバル・ジェンダー・ギャップ・レポート』の最新版では、男女平等指数ランキングで、アメリカはトップどころか、トップ一〇にも入っていない。[*13] アメリカは二三位で、ブルンジの次だった。そして、女性の政治関与についてのスコアでは、六〇位という悲惨な結果だった。教育の実現に関するスコアは一位だったものの、男女間の賃金の平等性においては六七位で、イエメンよりも下だった。驚くほどの格差である。

これらの事実を並べて、女性たちが新しいことに挑戦できないことの言い訳にするつもりはない。事実がどうあれ、私たちはこの世界でやっていかなければならないからだ。たとえその世界を自分たちが変えようとしているのだとしても。ただ、何世紀も続いてきた慣習や伝統を無視して変えようとしても難しいだろう。ターニャ・コークがそうしたように、まずは自分が直面している挑戦や、ステレオタイプ・スレットを理解することが、私たちの闘うモチベーションを上げてくれるだろう。

自信と鏡

女性の自信について語るとき、鏡に映る自分のイメージを無視して議論することはできない。そこに映るものと私たちとは、非常に厳しい、距離を置いた関係にある。政治家を目指す女性を支援するＮＰＯ〈ホワイトハウスプロジェクト〉（現在は解散）を設立したマリー・ウィルソンが指摘するように、私たちは希望や自信をつけるツールとして鏡をどのように使ったらいいかわかっていない。そのなかに未来の上院議員は姿を現わさないからだ。ただ、どの年齢でも、身体的な見た目は、女性の自信に過度な影響を与えている。私たち女性は、男性よりもずっと早いうちから自分の見た目について批評するようになる。ここに衝撃的なデータがある。ある国際的な調査によると、すべての女性のうちのおよそ九〇％が、自分の容姿の少なくとも一部を変えたいと思っているという。また、十歳の少女のうち八一％が太ることを恐れている。そして実際に自分を美しいと感じている女性はたったの二％だという。[*14]

魅力と自信、どちらが先に生まれるのかはわからない。魅力のある人は、より自信を感じるものだろうか？　もしくは、自信があるから、実際よりも自分を魅力的だと感じている？　私たちにわかるのは、私たち女性は男性に比べ、仕事上でも人生においても、身体的な見た目をより厳しく批評されるという証拠があることだ。[*15]

肥満を例にとってみよう。職業上の不利益は男女でかなり違っている。ユタ州立大学のクリスティ・グラスは、特に教育水準と男女の肥満との関連について研究していた。彼女は、太りすぎの女の子は、他の女の子に比べて、クラブ活動に参加したり、スポーツチームのメンバーに選ばれたり、友人グループに入れてもらったりすることがとても少ないことを発見した。教師たちも、太っている女の子には、あまりいい成績を期待しない。だが、太った男の子は必ずしも同じというわけではない。彼らはスポーツチームにも入るし、デートもするし、影響力のあるグループにも属している。肥満の男の子は他の子たちと同様に大学に進むが、肥満の女の子の大学進学率は他の女子に比べても低い。このことは、太った女子にとって長期的な困難を意味する。「美の水準――社会的に見た水準――に達しない女性は、重要な社会的資質が欠けていると見なされるんです」グラスは言う。「他者とのつながりを拒否され、人々に期待されることも少ないんです」肥満の男子は、トニー・ソプラノ（『ザ・ソプラノズ 哀愁のマフィア』の主人公。太っている）効果で得をすることさえある。彼らは、権力があり、機転が効き、有能で知的だと見られることもあるのだ。だが女性が太っている場合、それはネガティブなしるしとしてとられる。その女性の身体的魅力だけではなく、知力においても。自己管理能力のない人、あまり有能でない人、そして自分をコントロールできない人と見なされる。

　女性の見た目の問題はあらゆる面で複雑である。ヤフーのCEO、マリッサ・メイヤーが二〇一三年にヴォーグ誌の見開きに写真を掲載されたとき、仕事の時間を削ってまで、ファッション誌のためのドレスアップに興じるべきではないという批判が起こった。美の基準に達していてもいなくても、女性には気の休まるときがないようだ。それはひどく不公平なことに思えた。

　私たち女性が、自ら状況を悪くしている面もある。容姿に対する自分自身の強迫観念が、私たちから自信を吸い取っているのだ。バーバラ・タネンバウムはブラウン大学の人気教授で、パブリック・スピーキングを教えている。彼女の「説得的コミュニケーション」のコースは非常に人気があり、毎回立ち見が出るほどだ。彼女の授業ではビデオが大切な道具になる。タネンバウムは、話し方の実技講座の際には、学生があとで自分たちのパフォーマンスを見直して批評できるように、いつもビデオ録画することにしている。伝えようとしている姿勢が充分に出ているか、アイコンタクトをきちんとしているか、聴衆とつながっているか、そういった点を見直すのだ。だが、最初のうち、女性は何ひとつ見ることができないのだと彼女は言う。なぜなら、彼女たちは自分がどう見えるかにばかり目がいってしまうからだ。「すごく太って見える、ブスに映ってる、ひどい髪型……それが彼女たちにとっては大きな問題なんです」タネンバウムは言う。「だから私は一緒にビデオを見ながら、彼女たちが自己批判をするのを止めなきゃいけない。赤ちゃんが自分をひっかくのを防止するのに、手に小さなミトンをはめさせるでしょう？　あれと同じです。私が彼女たちのミトンにならなきゃいけないんです」では、彼女のクラスの男子学生たちは？　と私たちは訊いた。彼らもたまに、自分のセーターが気に入らないとか、髪を切ったほうがいいなどと言ったりはするが、ただの他愛ないコメントで、そのせいで見るべき本質が見えなくなってしまうことはないという。

自信に自分で傷をつける

遺伝子、学校生活、しつけ、社会、容姿。これらすべてが、私たちの自信に影響する。自分が本当に望んでいるゴールにたどり着けず、手前で諦めてしまうことを、ただ肩をすくめてこれらすべての障害のせいにするのは簡単だ。簡単だが、あまり役には立たない。自分自身で障害を置いていることもあるからだ。私たちは気づかないうちに、自信をダメにしてしまうようなことを、自分に対してやってしまっている。習慣や性格のように自分のなかに植え付けられてしまっているものだが、変えられる可能性も高い。

仕事に対して女性が持ち込みがちな、役に立たない特性をいくつか見てみよう。私たち女性は、他人との関係性や、他人が自分をどう思っているかに対して、極めて敏感になれる。男性とは違い、女性はたいてい、尊敬されるよりも好かれたいと思う傾向にある。それが職場での交渉ごとを難しくしている。誰かを苛立たせることの精神的リスクは、私たちにとって大きすぎるのだ。クレアも、人から好かれることは自分にとって重要なことだと認めている。しかもその気持ちが自分でもどうにもならないと思っている。「ほかの人に自分をいい人だと思ってもらう必要がなぜあるのか、自分でもわからない。いつからそう思いはじめたのかも。でも、上司や同僚や友人が私に対して怒っているかもしれない、もしくはがっかりしているかもしれないという気配を少しでも感じたら、そこからもう何時間もずっと心配し続けてしまうの。この本の調査のおかげで、最近、そういうことを心配してしまうのは、自信がないからなんだとわかってきたわ」

(だが、同時に、『リーン・イン』のなかでシェリル・サンドバーグが述べているように、好感をもたれることは男女どちらにとっても成功するために重要だと示す調査結果もある。特に、実際に仕事場で「感じがいい」ことを「期待されている」女性たちにとっては。これは大きなジレンマだ。人に好かれることにフォーカスしすぎると、自信をダメにしてしまう。だが、人に好かれることは大切なことなのだ。でも、人に好かれようと努力すると、自分たちを前に進めてくれるであろうもっとアグレッシブな戦略から自分を遠ざけることになってしまう）

私たちの、「好かれたい」という欲求の不利益は、お金に換算すると実際いくらくらいになるだろう？　五千ドルからスタートしてみよう。まず、あなたは大学を卒業する、修士の学位も取る。そして名のある多国籍企業から内定をもらう。給与はあまりよくない。だが、まあ、あなたは若いし、まだ仕事も始まったばかりだ。結局のところ、あなたには何も経験がないし、内定をくれるところがあっただけでもラッキーだ。給与の増額を要求して誰かを怒らせたくはない……。あなたは笑うかもしれないが、それでもこれがまさに、仕事を始めたばかりの、多すぎるほどの若い女性たちの心の声だ。だがあなたの隣の席に座るだろう男性たちは、このようには考えない。それが、彼らがあなたより五千ドル多い給与をもらえる理由だ。

ラトガース大学が行なった最近の卒業生たちを対象にした研究によると、新卒の男女の卒業後五年間の給与合計額の差が、平均してそのくらいだという。[*16] これは私たちが第一章で取り上げた研究をも裏付けている。そしてこの格差は年々広がっていくという。なぜなら、女性たちがいつまでも給与の増額を求めないからだ。

もし私たちが、誰かを少々苛立たせるかもしれないという可能性を思っただけで、これほど不安定になるなら、批判されることにあれだけの恐怖心を抱くのも驚きではない。驚きではないが、非常に窮屈だ。批判されることに対して心の準備がなければ、大胆なアイデアを提案することからも尻込みしてしまうし、どんなことに対しても危険を冒そうとはしなくなる。少し上司に批判されただけで、自分の席で一生懸命涙を止めようとしていた広告会社のアシスタントのレベッカを思い出してほしい。

私たちキャティーとクレアも、これらの弱点に対して免疫がない。キャティーは、ネット上で批判を受けたとき、自分がいかにこういったことを受け流すのが苦手か気づいた。今やジャーナリストにとって、ツイッターをやることは、職務上必要なこととなりつつある。そのため、キャティーも自分のツイッターのアカウントをとったのだが、フォローしてきた人たちのレスポンスにショックを受けた。「ツイッターでは、皆、私を愛しているか嫌いかのどちらかのようだったわ。そして私を嫌いな人は、本当にすごくすごく嫌いなようだった。絶え間なく中傷を受け続けたわ。私を『アメリカの政治について何もわかっていないバカ』だと、そして『早くイギリスに戻ったほうがいい』と思っている人たちから。ある男性には、死んだほうがいいとまで言われたわ」最初のうちは、本当に動揺させられ、ほとんど降参寸前だった。「だけど、そのうちに慣れたの。たぶん、批判が多すぎたからね。私は分厚い面の皮を作ることができた。今では、逆に面白いと思えるくらい。『神経質なイギリスの左翼娘の考えてることなんて、ネズミの尻の穴ほどの価値もない』っていうツイートが今のところはいちばんのお気に入りよ！ソーシャルメディアのいい点のひとつは、全員を一度に喜ばせることはできないとすぐに学べるところね」

もうひとつの、私たち女性のほとんどがもっている役に立たない習慣は、「考えすぎる」というものである。女性は無駄な自己叱責《セルフリクリミネーション》で、自分を傷つけることに多くの時間をかけすぎている。これは自信の土台である「行動」を起こすことの逆になってしまう。この習慣は、専門用語で「反芻《ルミネーション》」と言う。女性の「反芻《ルミネーション》」は男性よりもずっと多い。自信をつけたいなら、私たちは自分の頭のなかから出てこなければならない。

イェール大学の心理学者スーザン・ノーレン゠ホークセマは、行きすぎた「反芻《ルミネーション》」の危険性について、長年言及してきている。[*17]女性は本能的に、問題を解決しようとするより、くよくよと思い悩む傾向にあると彼女は言う。なぜ自分はそんなことをしたのか、自分のしたことがどのくらいうまくいったか、（そしてそれよりも高い頻度で）どのくらいひどい出来だったか、そのことについて皆がどう考えているかを、ぐるぐると考え続ける。「考えすぎ」が限度を超えてしまうと、不安症やうつ病のリスクが高くなると彼女は言う。「過去四十年間に、私たち女性は、それまで考えられなかったような自立と成功の機会を手に入れた」ノーレン゠ホークセマは著書『考えすぎる女たち』（ソニーマガジンズ刊）のなかで書いている。「私たちはこの幸福をかみしめ、自信をもって生きていけるはず。ところが、あわただしい日常の合い間にほっと一息つく時間があると、なぜか心の中に心配事や雑念やどろどろとした思いがあふれてきて、感情やエネルギーをどんどん吸い込んでしまう。私たちは『考えすぎ』という病《やまい》にかかっているのである」

二〇一三年に亡くなる前、ノーレン゠ホークセマは、「反芻《ルミネーション》」を、女性が生まれつき、または社会学的に、人との感情的なつながりに男性よりも大きな比重をおく傾向があるという事実と結びつけていた。もちろん、他者との関わりに対する私たちの配慮は、私たちの最も大きな強みのひとつでもある。女性たちがとてもいい友人になりうるのは、そのおかげだ。だが私たちはそのポジティブな特性を、考えすぎることで、弱めてしまう。企業の管理職たちは、女性たちの考えすぎるという傾向は、本当に障害になっていると口をそろえる。〈BAEシステムズ〉を経営する立場にあったリンダ・ハドソンは、このことに果てしなく苛立っていた。何年ものあいだ、何千人と若い男女を指導してきた彼女は、ワシントン・ミスティックスのコーチ、マイク・ティボーが言っていたのと同じ現象を見てきた。「男性は物事を受け流し、自分で背負い込まない。でも、女性はもっと内省的になる傾向があるの。『ただ時と場所が悪かったんだ、次にいこう』と思わずに、『私は何を間違えたんだろう?』と考えてしまうのね」

これはキャリアに関する問題というだけではない。残念ながら、私たちも好きで「反芻《ルミネーション》」を癖にしてしまっているわけではないので、職場だけでなく個人的な生活の場でもそれが出てしまう。友人やパートナーとのあいだで、実際には確固とした揺るぎない関係だったにもかかわらずあれこれと悩んで精神的に疲弊したことはないだろうか? 次に髪を切る美容院はどこにしようかという簡単なことでさえ、何時間も悩んではいないだろうか?

まさにこの章を執筆しているあいだ、キャティーも「自己叱責」のループに入ってしまった。週末のシフトを断わったことで新しい上司を失望させたと確信していた。家に帰ってからも数時間どころでなく、数日間、そのことで悶々としていた。「私は一晩以上、ずっと起きて考えていたわ。『あんなことしなければよかった。あの電話は間違いだった。なんてバカだったの』って。でも、私はそれが吹けば飛ぶような小さなことだとわかっていた――上司は私がそのことで悩んでいるなんて思いもしなかったと思うわ。それに、仕事を断わる正当な理由ももちろんあったんだけど。それでも頭のなかのテープを止めることはできなかった。おかしくなりそうだったわ」

女性には、物事がうまくいかなかったときは自分を非難して、成功したときは、運や他の人など、自分以外の何かのおかげだとする傾向があることに気づいていただろうか。もしかしたら、逆のことを男性がするのには気づいていたかもしれない。自分の成功や失敗をきちんと自分に認識させることは、自己に対する信頼感の土台となる。

コーネル大学の心理学者デイヴィッド・ダニングは、失敗を過剰に自分個人のものと捉える性質が、女性の自信をどのようにむしばんでいるか、とてもいい例を教えてくれた。コーネル大学の数学の博士課程プログラムは、必ず途中で急激に難しくなる時期がある、と彼は言う。まあ何と言っても数学の博士課程なのだから、そういうこともあるだろう。ダニングが気づいたのは、そのことに対する男女の反応の違いだ。男子学生たちは、そのハードルをあるがままに認識し、悪い成績をとっても「うわっ、この課程は難しいな」と反応する。いわゆる外的帰属（失敗や成功の原因を、外的な事情や環境のせいにすること）として知られるもので、通常は精神的回復力《レジリエンス》が健康的な証拠である。[18]だが、女性は、「やっぱり、この課程でやっていけるほど私は優秀じゃなかった」という反応を見せるという。これは内的帰属（自分の性格や能力に原因を求めること）と言い、失敗に対してこの見方をすると、自分を消耗させることにもつながる。彼女たちの場合、話が自分の知性のことになってしまい、過程そのものや、自分たちがどのくらい一生懸命勉強したかということではなくなってしまうとダニングは言う。

イェール大学のヴィクトリア・ブレスコルは、同じことを、男女の就職活動の違いを研究していて見ることがある。男子学生は企業に応募して落とされると、「企業側が僕の応募書類をきちんと公平に見てくれていない」とか「今は就職活動をするにはとても厳しい時代だから」という反応を見せる。女子学生の場合は、無意識のうちに「ああどうしよう、彼らは私にこの仕事をやる能力がないと見抜いてしまったんだわ」と原因を自分のなかに求める。この両方のケースのうち、どちらがもう一度トライする気になるだろうか？　ダニングとブレスコルが観察した男性たちは、挫折と折り合いをつけるすばらしい道を見つけ出した。単に受け入れがたい現実を認めようとしない防衛反応以上のものではないかもしれない――だが、次に手の届かない挑戦に出くわしたとき、彼らはもっと強い心理的ポジションにいて、簡単に挑戦に立ち向かうだろう。一方、女性たちは、「きっと挑戦しても無駄だ。自分は力不足だと過去の失敗が証明しているのだから」と自分たちに言い聞かせるだろう。男性たちは失敗を、外的な要因による避けがたい結果だったと、自分の能力とはまったく関係ないと一蹴する。結果として彼らの自信は無傷のまま残る。

しかし最も自信をダメにする女性たちのゆがんだ習慣は、「完璧さを追求すること」だった。それこそが最も自信に打撃を与えることを、私たちは発見した。もし「完璧である」ことがあなたのスタンダードなら、もちろんあなたは完全に自信に満たされることはないだろう。なぜなら、ハードルはいつも不可能なくらい高い位置にあり、あなたは必然的に、常に自分を不充分だと感じるからだ。

そのうえ、完璧主義は私たちを「行動」から遠ざける。私たちは、自分の答えに完全に確信をもてるまで質問に答えない。レポートも、うんざりするほど何度も文字を統一したり、言い回しを整えたりしてからでないと提出しない。そして求められている以上に自分たちが速く、調子がいいと思えなければ、もちろんトライアスロンにだって登録しない。私たちは、自分が完璧に準備ができていて、完璧に資格があると信じられるまでずっと尻込みしたまま、男性の同僚が「踏み出す《リーン・イン》」のを見ているだけだ。

これがほとんど女性だけの問題だということを多くの研究が明らかにしていると聞いても、私たちは驚かなかった。[*19] しかも私たちはこの「完璧主義病」を、仕事だけでなく、自分たちの生活全般にも広げようとしているらしい。私たちは、家、学校、会社、そして休日やヨガのクラスにおいてでさえ、自分の出来映えが気になって仕方がない。母として、妻として、料理人として、姉として、妹として、友人として、そしてアスリートとして、あれこれ思い悩む。皮肉なのは、完璧主義が実際には達成を阻んでいるということだ。『The Plateau Effect』（未邦訳）（高原現象：学習や練習の量に関わりなく一時的に進歩が停滞する期間のこと）の著者、ボブ・サリヴァンとヒュー・トンプソンは、それを「『充分《グッド》』の敵」と呼ぶ。[*20] 完璧主義は、実際は、役に立たない未完成の仕事ばかりを生み、何時間もの無駄な時間の原因となると言うのだ。なぜなら、完璧を追求するにあたって、私たちは難しいタスクを後回しにし、自分たちの準備が完全に整うまで待つからだという。

この研究を熟知しているブレスコル教授でさえ、完璧主義に陥りがちな自分をコントロールするのに苦心しているという。学者は、審査のある一流の学術誌にどれだけ自分の論文を載せられたかで評価される。ブレスコルは、自分が男性の同僚よりも論文の投稿にかなり時間がかかることを打ち明けた。すべてが確実に正しい状態だと決断できるまで、送信ボタンを押せないからだ。ときどき彼女は目標を下げ、もっとランクが下の学術誌に投稿する。「自分の論文を提出するというリスクを冒す前に、すべてに確信をもたずにはいられないの。私の男性の同僚は、驚くほど簡単に色々送っちゃう。彼らはいちかばちかやってみるのよね。それが功を奏することもあるし、うまくいかないときもある」ブレスコルは言う。「でも結局、彼らの戦略のほうが効果的なのよ、膨大なデータによるとね」

自信を育てるのにこれほどの障害を自ら設けておいて、自分たちには全然自信がないと嘆くのも不思議な話だ。だが、変革はたいていとても単純なことで起こる。たとえば、ブレスコルが、強迫観念的な考えに取り付かれずに論文を出せば、何かは起こる。論文は受理されるか、もしくは、そうでなかったら、掲載不可の通知とともにくるフィードバックが、彼女に次にどうすべきか教えてくれるだろう。それによって彼女は修正をし、そしてまたトライすることができる。それが、私たちの限界を広げ、自己信頼を形成するのだ。

私たちの自信をダメにする原因の多くが、自分でコントロールできるものだったという、勇気づけられる結論に達したときだった。私たちは友人である医師に、予想もしていなかった方向に導かれたのだ。彼女は私たちに、脳生物学と、ジェンダーによる脳の働きの違いを調べるようにと薦めた。私たちは心のなかでうめいた。自信に対する遺伝的な影響の調査において、私たちは男女の明確な違いを発見することができないでいた。セロトニンやオキシトシンの伝達に影響を与える遺伝子は、どちらのジェンダーにも同じくらい分散していると教えられた。正直に言って、私たちはそこで調査をやめられるのが嬉しかった。男性と女性の脳が完全に同じようには機能しないという考えは、とても複雑で、重い問題も付随していたからだ。だがそれは否定できないことのようにも思えた。考えてみれば、私たちの脳は違うように働いているとしか思えない。この数カ月間、それを見てきたではないか。女性は反芻《ルミネーション》する。くよくよ思い悩み、すべてを正しくやりたがる。人を喜ばせ、人に好かれたがる。私たち二人は、自信というものの科学的背景を、もっと広く調査しなければならないと気づいた。ここまでは自信に影響する行動の違いを詳しく見てきた。だが、その行動をとっているとき、私たちの頭のなかでは実際何が起こっているのだろう？

脳《マター》みそが問題《マター》だ。*21

男女の脳が、それぞれ特有の構造と機能をもっているかもしれないという指摘は、長いあいだタブーとされてきた。その理由の大部分は、男女のいかなる違いも、私たちを攻撃する材料となるに違いないと、女性たちのあいだで考えられてきたからだ。そして実際、何世紀にもわたって、その「違い」（本物にしろ想像上のものにしろ）による攻撃は、私たちに対して行使されてきた。何の根拠もなく、女性たちは、耐えられないほどに軽い思考力しかもっていないと見なされてきたのだ。だからこそ、このテーマはいまだに私たちを身震いさせるものだった。二〇〇六年には、当時ハーバード大学の学長だったラリー・サマーズが、科学分野における男女の功績の差は、先天的な違いによるものではないかと発言し、論争を巻き起こした。最終的に、その発言に対する長引く非難によって、彼は辞任に追い込まれた。

ここではっきりさせておこう。男女の脳は、違うところよりも非常によく似ているところのほうが多い。ふたつの脳のスキャン画像を見比べて、どちらが男性でどちらが女性かをはっきりと識別することはできない。[*22] また、知力のアウトプットという観点から見たら、違いはとるに足りない。しかしながら、まったく違いがないというわけではない——違いはあり、構造や物質、化学的性質におけるいくつかの違いが、男女特有の考え方や行動を促すのだ。そしてそれは、明らかに「自信」にも影響を与えている。

単純に脳の大きさという観点から見れば、男性のほうが女性に勝っている。男性の脳のほうが、彼らの体の大きさに比例して実際に大きい。[*23] それは男性の脳のほうが優秀だということになるのだろうか？　いや、ＩＱテストでは、基本的に男女間の差はない。だが、見方によっては、男性のほうが数学や空間能力に関してより高い点数を取る傾向にあり、言語科目では女性のほうが男性をしのぐ。[*24]

ハーバード大学の研究によると、私たちの脳は神経細胞のある部位においてはっきりとした違いがあるという。[*25] それは情報を処理するメソッドの大きな違いを示していた。[*26] 女性は神経細胞の集まりが論理的思考をつかさどる前頭前皮質にあり、感情をつかさどる大脳辺縁皮質にもあるという。男性の場合、前頭前皮質にある神経細胞は女性の半分以下で、それよりも脳全体に広がっている傾向があるという。

実際には、脳神経細胞には、灰白質と白質の二種類がある。男性のほうが灰白質が多く、独立した問題を扱うことに長けている。女性は白質、情報をまとめて処理するのに有効な部分が多い。進化が私たちの脳を、まったく違う道筋で、平等に複雑な目的地につくようにデザインしたかのようだ、と神経学者で学習障害の専門家フェルナンド・ミランダは私たちに言った。〈ジェノマインド〉の神経学者、ジェイ・ロンバード博士は、男女の脳には物理的に違いがあるとする最も有力な証拠を、拡散《D》テンソル《T》画像《I》技術を使った研究で見つけた。[*27] このスキャン画像は、神経繊維の連絡を可視化できるので、脳の動きを調べるのに非常に有用だと見なされるようになってきている。基本的に、ＤＴＩは神経繊維の走る白質の統合的な解析ができる。それらの研究によると、女性のほうが、白質や、右脳と左脳をつなぐ脳梁などの重要な部分の機能性が高い傾向にあるという。[*28] ロンバード博士は、それが、女性が左右両方の脳をよりスムーズに使えることの説明になるかもしれないと考える。一方、ミランダは、なぜ女性が幾人もの人と精神的なつながりをすぐに作れるのか、また、なぜ同時に色々なことができるのかということの理由が、この白質にあると考えている。「この分野の研究はまだ初期の段階にあります」とロンバードは言う。「でも、そこに大きな違いがあることに、疑問の余地はないでしょう」

精神分析医ダニエル・エイメン博士は、四万六千枚もの脳SPECT画像をくまなく調査し、男女の脳の活動に差があることに気づいた。SPECTは、単光子放出断層撮像法と言い、脳内の血流量と部位ごとの値を測れるものだ。[*29] エイメンもかねてより男女のあいだにいくつかの注目すべき違いを見つけていて、『Unleashing the Power of the Female Brain（女性の脳のパワーを解き放とう）』（未邦訳）という著書を出した。ちなみに、エイメンは、脳に関しての理論を一般にもわかりやすく普及させた立役者でもある。三十作以上もの著書を出しており、そのうちの何作かはベストセラーにもなっている。彼はまた、テレビの健康バラエティ番組『ドクター・オズ・ショー』のレギュラー出演者でもある。彼が自分の発見を誇張しすぎていると批判する人たちもいる。私たちは彼の研究を他の研究者たちの研究と注意深く比較し、さらに何人もの専門家とそのことについて話した。そして、彼を中傷している人たちでさえ、彼の研究は重要だと信じていることを知った。その研究のうちのいくつかは、私たちの調査と非常に関連があった。

エイメンが発見したのは、女性の脳のほうが、すべての領域において男性の脳よりも活動的であるということだ。私たちが先に述べたふたつの領域、前頭前皮質と大脳辺縁皮質においては特に。ある研究は、女性のニューロンは常に、男性のそれに比べて三〇％多く活動していると指摘する。「脳のその領域の活動は、女性の強みである特性に関連しています。共感力、直感力、協調性、自制心、そして適度な心配などです」エイメンは私たちに言った。「ですが、その反面、女性たちは、不安や落胆、不眠、痛み、そして自分たちの思考を止められないことに対して、より脆弱です」言葉を変えると、脳SPECT画像は、私たちの「考えすぎ」や「反芻《ルミネーション》」が進行している、まさにその瞬間を物理的に捉えているということだ。「女性にはよくあることですが、前頭前皮質が活発に活動しすぎると、常にサイドブレーキがかかっているような状態になります」エイメンが説明する。「何かを心配したり、誰かを恨んだりといった感情や行動にひっかかってしまって動けなくなるんです」エイメンは、自分の研究が、女性たちが実際にほとんどの男性に比べて、より多く思考しているということのエビデンスになると考える。それは私たちが、色々なことを同時に行なうのが得意であることの理由にもなると彼は言う。だが一方で、ネガティブな思考と不安を雪だるま式に大きくしてしまうこともある。「適度であれば、とてもいい特性なのですが」とエイメン。「そのうち、気も休まらないほどの心配とストレスになるときがくるんです」まさしく自信キラーである。

　私たちはさらに、原始的な恐怖中枢である扁桃体についても学んだ。まず、私たちは扁桃体をふたつもっている。そしてそれらはそれぞれ違うことをする。ひとつは、ネガティブな感情の結果としての対外的行動をとらせる働きをする。そしてもう一方はストレスに対して、私たちに思考や記憶で反応させる働きをする。そして、そう、ご推察のとおり、男性は行動を伴うほうの扁桃体がより活発で、女性は思考／記憶を伴うほうの扁桃体がより活発になる。[*30] それは、男性は困難や脅威を感じる場面では行動で反応し、女性は考えることを好むという、よくあるイメージを反映している。

それに加えて、モントリオールのマギル大学の新しい研究では、女性は男性よりも脳で作り出すセロトニンが五二％も少ないという結果が出ている。覚えているだろうか、不安と扁桃体をコントロールする助けになる、重要なホルモンだ。[*31] 私たちは女性とセロトニンの分泌量についてさらに踏み込んだ。そしてあまり耳にしたくなかったことを知った。例の短い型のセロトニン輸送体遺伝子をもって生まれてくるのが、女性のほうが多いということはない。だが、その遺伝子をもって生まれてきた場合、男性と女性では違う反応を示すということがわかったのだ。女性が短い型をもって生まれた場合、男性よりも、より不安症の行動をとるようになるという。ドーパミンをコントロールするCOMT遺伝子と女性の関係についても同様の研究結果が出ている。「心配性」のほうの変異体をもっていた場合、私たちはより深刻に不安症になる傾向があるのだ。

もうひとつ、女性の思考が自己信頼を作り出すにはまったく頼りにならないということを決定づける、特にいまわしい物理的な違いが明らかになった。私たちの脳には、「帯状回」と呼ばれる小さな部位がある。外界からの刺激に対する認知機能をつかさどり、選択肢を比較したり、間違いを認識したりする。「心配中枢」と呼ぶ人もいる。そして、もちろん、その部位は女性のほうが大きいのだ。[*32]

すばらしいじゃないの、と私たちは思った。「心配」なんていうとても役に立つ習慣のための特別な部分を自分たちがもっているなんて。たびたび夫たちに非難されてきたとおり、自分たちが口うるさい心配性だったと証明されるのは非常に癪《しゃく》に障る。だからこそ、私たちの脳の振る舞いには、ポジティブな側面もたくさんあるのだと強調したほうがいいだろう。進化の面から見て、私たちは注意深い「心配性」になる必要があった。脅威をいち早く見つけるべく、常に地平線を見渡していたのだ。私たちの脳は、そのためには非常によく作られている。しかしながら今日では、その特別なスペックもそれほど役に立つ訳ではないし、楽しめるものでもない。

だが、私たち女性が、左右両方の脳を男性よりもスムーズに使える傾向にあるのは、近代生活のなかにあって明らかな強みである。ローラ＝アン・ペティットは、両方の脳をスムーズに使えるということは、実際、より高度な認識力があるということだという。私たちはそのニュースが気に入った（だが、家で話題にするのはやめようと決めた）。

人生を決定づけるこれらの脳の違いは、私たちが生まれる前から形成され始めているという。イスラエルの研究者たちが、子宮のなかにいる胎児の脳を超音波を使って検査したところ、男女の脳の違いは、すでに二十六週目から明らかであることがわかった。[*33]

また、国立衛生研究所《NIH》の発表によると、子どもの脳の発達において現在進められている最も大きな研究のなかで、思考だけでなく、実際の能力においても、男女のあいだには十一歳までに大きな隔たりができるということがわかった。[*34]基本的に、幼少期の男子は、言語能力と感情処理能力において、同年の女子に大きく遅れをとっているが、女子は空間認識能力において男子に大きく遅れをとっている。[*35]だが、この能力における解剖学的な差異は十八歳ごろまでには通常解消している。しかしそのギャップを永久的なものだと誤解していたら、色々と吸収しなければならない大切な学習年齢のころに、簡単にステレオタイプに感化されてしまう。十六歳で女子が自分は数学に弱いと結論づけてしまうのはなぜか、または男子が自分には一生シェイクスピアは理解できないと断言するのはなぜか、想像に難くないだろう。だが本当は、十代後半や二十代になってホルモンが落ち着くのをただ待っていれば、数学とシェイクスピア両方に必要な脳の機能は、男女どちらのなかでもネットワークに接続されるのである。

テストステロンのリスキーなビジネス

私たちは、テストステロンとエストロゲンが本質的なジェンダーの違いに大いに関係しているのではないかとずっと考えていた。そもそもそれらが、男女の違いに関係していることは、ほとんどの人が知っているだろう。

だが私たちは、それらが「自信」という複雑なものを作り出すことにまで、大いに関与しているとは思っていなかった。自信の違いはそんな基本的な要素から生じるはずがないと勝手に思っていたのだ。だが、それらのホルモンは、かなりの役割を担っているようだった。特にテストステロンは、典型的な「男性的自信」の燃料となるようだ。思春期を過ぎると、男性はそれまでに比べ十倍ものテストステロンを分泌するようになり、それはスピードや力、筋肉量、そして闘争本能に影響する。[*36] テストステロンは、人と理解し合ったり、協力し合ったりすることよりも、試合に勝ったり、力を誇示したりすることを優先させるホルモンである。[*37]

テストステロンは危険を冒すこととも、大きく関係している。最近の研究の多くが、高いテストステロン値と、危険に対する忠告を聞き入れない傾向とを結びつけている。[38] 前著でも取り上げたのだが、ここにひとつの興味深い例がある。ケンブリッジ大学の科学者たちが、ロンドン証券取引所の十七人の男性トレーダーに対して調査を一週間行なった。男性トレーダーは皆大きな取引を行ない、多くが五百万ドル以上のボーナスをもらう高給取りだった。研究者たちは、一日の始まりと終わりに彼らの唾液を採取し、テストステロン値を測定した。トレーダーたちが高いレベルのテストステロン値で一日を始めたとき、彼らはよりリスクの高い取引を行なった。[39] そしてそれがうまくいったとき、彼らのテストステロン値はさらに急上昇した。ひとりのトレーダーは、倍の額で取り引きを終えたとき、それと同時にテストステロン値も倍になったという。テストステロンは、リスクを冒すことを後押しし、そして勝利がさらなるテストステロンを生む。「勝者効果」と呼ばれるこの力は、危険にもなりうる。戦いに勝った直後というのは、生き物は非常に攻撃的で自信過剰になり、致命的なリスクを冒してしまいがちだ。たとえば、何もない、ひらけたところに無防備に立ってしまい、他の動物に自分を襲うことをうながしてしまうとか。

　高いテストステロンの値は、自分に力《パワー》があるという気分につながる。女性が、男性の座り方を真似て、脚と腕を広げ、よりスペースをとって座っただけで、テストステロン値が上がるという調査結果もある。この「パワーポーズ」は、コミュニケーションの授業ではよく使われる題材である。ブラウン大学のバーバラ・タネンバウムも講義で使っている。彼女はいつも、男子学生たちには女性らしく座るように、女子学生たちには男性らしく座るようにと言って授業を始める。それを何年も続けた彼女は、ふたつの観察結果を得た。まず、その課題にはいつも笑いが起こる。ふたつ目に、誰も彼女にそれにどういう意味があるのかを聞かない。皆、知っているのだ。たいてい男性たちは、体を内に縮めるようにして脚を組んで座るのは、とても居心地が悪いと言う（タネンバウムはいつも、スパンクス（補整下着）を着て、ヒールを履いてやってごらんなさいと皮肉る）。逆に女性は、馴染みのないポーズに解放された気分になるようだ。ある日タネンバウムは、この講義をインドの高校で行なった。ひとりの女子生徒が、膝を開いて、椅子の背もたれに深々と寄りかかり、「王様になったみたいな気分！」と声をあげた。そう、「王者の自信」――それが私たち女性たち皆にあげたいものなのである。

　確かに、テストステロンには不都合な部分もある。この自己中心的なホルモンは、客観的な視点で物事を見られなくしてしまう。大量のテストステロンが分泌しているとき、人は他人を理解したり、まわりと協力し合ったりすることにあまり興味がなくなってしまう。[*40] それは、他者とのコミュニケーションにかなりの重きをおいている現代社会でのビジネスでは、あまり褒められたことではない。ある実験では、女性がテストステロンの危険性の犠牲になることもあると明らかになった。[*41] 実験では、三十四人の女性が二つのグループに分けられ、ペアになっていくつかのコンピューター画像の鮮明さを調べるようにと指示された。明らかに鮮明な画像と、そうでもないものがあった。どちらの画像がより鮮明かということで意見が割れた場合は、パートナーと協力し合って、最終的にどちらが鮮明かを決めなければならない。片方のグループの女性たちはテストステロンのサプリメントを与えられていた。もう一方のグループは与えられなかった。推測するまでもないだろう――テストステロンを与えられた女性たちは、うまく協力できなかったうえに、より多くの間違いを犯していた。

一方、主要な女性ホルモンと言われるのは、もちろんエストロゲンだ。テストステロンとはだいぶ違った本能を刺激する。[*42] エストロゲンは、人との結びつきやつながりを促し、私たちの脳の、社交スキルと観察力に関係する部分をサポートする。衝突やリスクを回避させようとする作用があるので、行動を起こすことを妨げる場合がある。

だがエストロゲンにもいい面はあるし、テストステロンによる決断がいつもいいとは限らない。大きなリスクは結果として壮大な失敗につながる。これまでの世界経済危機を見てもわかるように。実際に、女性のヘッジファンドマネジャーの戦略についての、いくつかの研究を見ると、長期的な視野をもって小額で運用することは利益を生む。ある研究によると、過去五年間、女性のヘッジファンドマネジャーたちによって運用された投資は、男性たちに比べ、三倍の利益を出していたということがわかった。そして二〇〇八年という悲惨な年に、女性たちが失った額は男性たちよりも圧倒的に少なかったということも。[*43]

では、私たちがより大きな自信を身につけたいと願うなかで、この脳に関する調査はいったい何を教えてくれているのだろう？　そこにはいいニュースと悪いニュースがあった。悪いニュースとしては、リスクと衝突を回避しがちな女性ホルモンは、用心しすぎるという結果につながる。そして、私たちの脳の面倒な処理メカニズムは、考えすぎと優柔不断のせいで、大洪水になる可能性があるということだ。

一方で、脳科学は、女性にも成功する能力があるということを示唆している。女性の脳の構造は、私たちが物事をきちんとするのが好きで、判断力があって、悪い衝動を最小限に抑えることができるということを表わしているのだ。感情という分野に優れている私たちの脳は、問題を把握したり、ほかの人の問題を理解したりすることに長けている。そして、調整と解決に向けて動くことを得意とする。また、私たちが右脳、左脳両方を統合的に使えるということは、私たちが大量の情報を取り込み、すばやく処理することができるということを意味している。こうして見てみると、自分の行動と一致するものばかりではないだろうか。私たちはたった今、自分の行動の舞台裏で何が行なわれていたのかを知ったのだった。

だが、まだこれらすべての、ジェンダーの違いに関する根本的な答えは出ていない。つまり、男性と女性の脳は、このように発達するようにプログラムされているのかという疑問が残る。ひょっとしたら、育てられ方の違いの結果かもしれない。女性が成長の過程で、脳のその部分をよく使いながら育つため、人との結びつきが強くなる白質部分が大きくなるのかもしれない。または、何世紀ものあいだ女性たちがその部分をより多く使い続けてきたから大きくなったのだろうか？　科学者たちはまだ答えを見つけていない。だが、覚えているだろうか。脳の可塑性に関する多くの研究結果が、私たちの脳が環境に対応して、確実に変化することができると証明していた[*44]。また、私たちは、男性のテストステロン値が、子どもと過ごす時間を長くすると下がるということを明らかにした研究結果も見つけた[*45]（これが意味するところは、さらなる研究の価値がある）。

第５章
自信は身につけられるもの？

登校初日、ジェーンは母親と一緒に歩いて学校に行った。ジェーンの首には、家の鍵をぶら下げた紐がかかっていた。帰りには、来た道をひとりでたどって帰り、自分で鍵を開けてアパートに入って、お姉ちゃんが帰ってくるまで一時間半待たなければならない。ジェーンは恐怖でいっぱいだった。何か恐ろしいことが起こりそうな予感がして泣いたことを覚えている。しかし彼女はやり遂げ、そしてその初日以来、彼女の一人旅は続いた。そのとき、彼女はたったの四歳半だった。

「六歳のころには、私はガールスカウトに入っていて、自分がリーダーになるだろうってわかってたわ。もうすでに大変な経験はしてきてたから」当時を振り返ってジェーンが言う。「私の母は、心配している様子はまったく見せなかった。ただ、『あなたならできるとわかってた。ひとりで家まで帰れるとわかってたわ』とだけ言ったわ。こういう小さなことを何百個も乗り越えて、私の自信は作られてきたんだと思うの。自信はもって生まれるものじゃない。少しずつ作り上げていくものだと思うわ。私はその自信を自分自身で築き上げてきた」

　最初にその話を聞いたとき、私たちは非常に驚いた。ひとりで、ですって！　四歳半で！　何が起こるかわからないのに！　なんていう子育てなのかしら？　いえ、ひょっとしたら正しい子育て法なのかもしれない。本物の自信を手に入れるためには、自分たちにも、子どもたちにも、抜本的に新しい育児方法が必要なのだと私たちは気づき始めていた。ただ褒めたり、愛情を注いだり、抱きしめたりするだけではない。彼らのために（そして自分たちのために）物事をやりやすくしてあげることでもない。いい成績を取ることや、何かを完璧に仕上げることを追求させるのでもない。それらのどれも功を奏していないし、特に女の子たちには確実にうまくいっていない。ジェーンの話の結論は、彼女の母親が結果として彼女にとてもいいことをしたのかもしれないということを示唆している。

　ジェーン・ワーワンドは、すっかり成長した現在、化粧品会社〈ダーマロジカ〉の創設者となった。イギリス人の彼女は、ほとんど誰の助けも借りず、ひとりで多くの決断をしながら、この会社をアメリカで大きくした。今は夫と、ティーンエイジャーの娘ふたりとともにロサンゼルスに暮らしている。二十年前、どこからもローンを断わられ、それまで貯めてきた自分の貯金一万四千ドルを会社設立につぎ込むというリスクを冒すことができたのは、その自信のおかげだった。会社は今や世界的なブランドとなり、数百万ドルの利益を生み、世界五十カ所以上にオフィスを置くまでになった。ワーワンドが笑みを浮かべながら言う。「イギリスの小さな町からやってきた、美容学校の卒業証書しかもっていない女の子にしては悪くないでしょ」

幼いクリスティーヌも、同じようなチャレンジと、さらに大きな責任を与えられた。四歳のころから彼女は弟たちの子守りをしていたのだ。一家は北フランスの町ル・アーブルに住んでいた。両親に町を出るような用事があったときは、両親はただ「私たちは出かけるから、ほかの子たちの面倒をお願いね」と言って出かけた。ある晩、両親は十一時に戻ると言って、コンサートに出かけた。約束の時間が過ぎても両親は戻らない。クリスティーヌは怖い気持ちをふり払うため、家中の明かりをつけてから、二階に行って赤ちゃんの様子を確認した。ようやく家に帰ってきた両親は、クリスティーヌが弟の部屋で丸くなって本を読んでいるのを見つけた。パニックになる理由などなかったはず、と両親は思っていた。彼らはただ単に、コンサートのあとに少し食事に行こうと思っただけだ。何が悪い？　四歳のクリスティーヌが言ったのは、「まあ、ちょっと遅かったね」だけだった。

国際通貨基金《IMF》の専務理事、クリスティーヌ・ラガルドは、小さな女の子に子守りを任せて出かけていた両親の愚行を思い出して笑った。だが、世代も文化も違う、この放任主義の子育て法が、私たち現代のアメリカの干渉主義よりも役に立ったということに、ほとんど疑問の余地はないだろう。そうすることで両親は試練、責任、そして成功というサイクルを作り、それが、今の彼女が臆することなく世界のステージに立てる自信を構築するのに役立ったのだと、ラガルドは心から確信していた。それは単に子守りでは終わらなかった。クリスティーヌが十六歳のとき、彼女の母は、車から彼女をハイウェイの道端に降ろし、六時間離れたリヨンにいる友人に会いに行くのにヒッチハイクをさせた。二十歳のときは、航空券とグレイハウンドバス

（長距離バス）の料金だけをもたされ、アメリカにひとりで行かされた。「それと、『あなたならできる』という意識も母はもたせてくれたわね」そして彼女はそのとおりやってのけた。

私たちは、子どもの「ホームアローン」方針を推奨しているわけではない。本音を言えば、どれほど自信が身につくとしても、四歳の子どもに子守りを任せて家を空けるという考え方を諸手を上げて受け入れることはできない。だが、言いたいことはわかっていただけるだろう。この話をあなた方と共有したのは、新しい子育てについての詳細に入る前に、衝撃に対する心の準備をしてもらいたいと思ったからだ。なぜなら、永続的な自信を身につけさせるための子育ては、もっとタフでなければならない。温かくてふわふわしたイメージを振り落とさねばならないのだ。

つまりはこういうことだ。過去二十年間、「自尊感情」推奨ムーブメントに基づいて、親たちが言われ続けてきたことは間違っていた。それは過度に薄っぺらな自尊心と薄っぺらな自信を生み出したにすぎない。子どもたちは、成果に対する正当な評価ではなく、何はなくとも、どんなことでも褒められた。自己不信を抱きがちな女の子や女性たちだけでなく、現代の子育てはどちらのジェンダーにとっても中身のない自信を作りだした。子どもたちに少しの責任しか与えず、たくさんの褒め言葉とご褒美ばかり与えて。彼らは困難に立ち向かうチャンスと、失敗するチャンスを奪われたのだ。ラガルドやワーワンドのような女性を作り上げた子育て法とは真逆のやり方である。

見せかけの自信は、ともすると、中身のない自尊心よりももっと危険である。自信は能力と

「習得」の問題だからだ。もし「自分にはできる」と思っていたことが、実際にはできなかった場合、すでに過保護な環境にある子どもではないあなたにとって、現実との衝突は苦痛でしかないだろう。これは、キャメロン・アンダーソンが言っていた、「少し自信過剰になること」と同じことではない。ここで話しているのは、現実に問題となりうる能力との大きなギャップのことだ。[*1]

多くの雇い主たちが、最近の新卒について同じような感想を抱いている。彼らは大学を出てすぐに世界を動かせると思っているし、やりたいと願う仕事はすべて自分たちにその資格があると思っているし、また、福利厚生に関しても、自分には人一倍資格があると思っているようだ、と。だが、少し深く掘り進めて行くと、彼らの自信がじつはとても脆《もろ》いことがわかる。現実社会における経験が圧倒的に少ないからだ。彼らは何でも知っているようなことを言うが、ちょっと突いただけで、すぐにぼろぼろに崩れてしまう。そして彼らの親が、そのことに対する責任の大部分を負っているのだ。[*2]

「昔は、試行錯誤《トライアル・アンド・エラー》を繰り返して、人はだんだんと『自分はだいたい正しかったんだ、自分はできるんだ』と自信をつけていったんです」心理学者のリチャード・ペティが言う。今日では、大切な子どもを、負けたり、失敗したり、リスクを冒したりすることから守り、ことあるごとに褒めることで、自信がつくような子育てをしていると思っている親が多い。それが、子どもをただ甘やかすことになっているだけだと気づかない。だがいつか、どこかの時点で、厳しい現実が介入してくる。たいていそれは、子どもたちが過剰に保護された巣から出て、広い、冷酷な仕事の世界に入ったときだ。「物事が客観性を伴うようになり、まわりもあなたが間違いを犯したら指摘するようになります。現実は楽しいことばかりではないとそこで気づくのです」ペティは言う。

困難と根性

では、私たちはいったいどうすればいいのだろう？　少なくとも、私たちの遺伝子に入っていない部分に関する限り、自信とは、努力を要し、相当なリスクを伴い、ねばり強さ、そしてときには苦い失敗を必要とするものだ。自信を作り上げるには、日常的にこれらのことすべてに自分をさらすことを要求される。

仕事にしても何にしても、自分で自分の背中を押すか、人に背中を押してもらってでも踏み出さなければ、先の人生、深い人生は経験できない。自信を得るということは、自分の快適ゾーンの外に出て、挫折を経験し、そして、覚悟をもってもう一度自分を立ち直らせなければならないということでもあるのだ。

たぶん戦後、ベビーブーマー世代以降の私たちは、皆少しやわに育っているのかもしれない。そろそろ、たくましくなって、もっと精神的回復力《レジリエンス》をつけてもいいころだろう。ここまでの調査で、人生の早い時期に困難に耐える経験をすることが、最も効果的な自信への道だとはっきりとわかったのだから。

ミシガン大学の心理学者で、楽観主義《オプティミズム》についてのエキスパートでもあるナンスーク・パークは、一般的に、子どもに自信をつけさせるための適切な方法は、リスクに対して「段階的暴露」を行なうことだという。[*3]「子どもたちはリスクを取ることを学ぶべきですが、気をつけて行なわなければなりません。ただ彼らを湖の真んなかに落とすのではなく、彼らにどのようにやるのか教え、それから機会を与えるんです」そう、トラウマを与えることがゴールではない。「そして彼らが助言を必要とするときには、そばにいてあげましょう。彼らが成功したときには、一緒にお祝いし、うまくいった要因はなんなのか話し合ってみる。もし失敗したら、彼らがうまくやれた部分について話してみる。彼らが行動を起こしたという点を強調してあげましょう。それと同時に、次にやるときにはどうしたらもっとうまくできるかを話し合うことが大切です」

　失敗。やはりそこに戻る。それは非常に恐ろしいものだが、同時に、自信の最も重要なパートナーでもある。失敗は、リスクを冒す際には避けられない結果であり、精神的回復力《レジリエンス》を作るのにも重要だ。だが、ペティは、最近では子どもたちが失敗する機会は充分にはないという。「『アメリカン・アイドル』を観てください。歌が上手じゃないのに自分たちは歌えると思っている子どもたちが大勢いるでしょう。たぶん、まわりがいつも彼らに『まあ、とても上手ね！すばらしいわ』と言っているからでしょう」

　やはり成功の秘訣は、実際に失敗することなのだろう。それも若いうちにたくさん失敗することによって、私たちのなかに抗体ができ、その後も訪れるであろうもっと大きくて大変なリスクに備えることができる。

失敗は、しかしながら、前向きな形で扱われなければならない、とミシガン大学で以前パークの同僚だったクリストファー・ピーターソンは私たちに説明した。「学生のひとりが、都心のかなり荒れた高校で教えている、彼の同期のことを話してくれました。彼がクラスに向かって言ったことについて自慢げに教えてくれたんです。『おまえたちは五歳児よりも頭が悪い』と。私はそれは最悪なメッセージだと思いますね。『あなたはちゃんとできていない』と言うだけでなく、『あなたは絶対にうまくやることはできない』と言っているも同然です。もっといいメッセージは、『オーケー、あなたは間違いを犯した。成功しなかった。原因はきっとこうだ。ひょっとしたら他の戦略を考えたほうがいいのかもしれない』と言うことです。自信はそこから生まれてくるんです」

もちろん、リスクや失敗は、子どもだけでなく、親たちをもあまり快適でない状況に押しやることになる。多くのアメリカ人にとって、それは新しい試みになるだろう。だが、アジアではこれが標準的な子育てなのだ。アジアでは「グリット」が非常に重要視される。ポジティブ心理学の分野では、「グリット」は困難に対するねばり強さや忍耐、意志力を表わす最新用語として注目されている。[*4] 日本語では昔からそれに対する言葉まである――「根性」だ。大雑把に訳すと、「挑戦し続ける」という意味で、よく使われている。

元労働長官のエレイン・チャオは、子どものころに家族とともに台湾からアメリカに移住してきた。彼女は、西洋の人々は、困難を受け入れるという概念を東洋から学ぶべきだと考えている。「アメリカ人は、自分たちの『強み』においてのみ、大いに能力を発揮します。それは

『神から与えられた才能は、最大限に向上させなければならない』という彼らのキリスト教的部分からきているのでしょうね。彼らと話をすると、『私は数学は全然ダメなの。だから文章を書くほうでいくわ』と言うのをよく聞くわ。だけど中国人の傾向は違う。親は子どもの弱点を克服させようとするの。もし子どもが数学ができなかったら、その教科を上達させようとするのが一般的な考え方ね」

移民として、チャオは平坦ではない子ども時代を過ごした。彼女は六人姉妹の長女だった。共産党が国を支配したときに彼女の父親は中国の小さな村から逃亡し、彼女たち一家は台湾に引っ越した。そこで父親はアメリカに行く奨学金を得た。彼が家族全員を呼び寄せられる資金を貯めるまで、三年もの月日がかかった。そのあいだ、母親はシングルマザーも同然だったため、長女のエレインが色々と手伝うようになった。「私は生まれた順というのがとても重要だと思うわ。私は子どもたちのなかでいちばん年長だった。だから、アメリカに来たばかりのころは、とても厳しい環境を生き抜かなきゃならなかったわ」彼女は私たちに言った。「両親は私に頼っているし、妹たちも私に頼っていた。何があっても平気な顔を装って、物事を成し遂げていく以外、選択肢はなかったの」

八歳でニューヨークのクイーンズ区にやってきたとき、エレインはひと言も英語がわからないまま、地元の小学校に三年生として入った。思いやりのないクラスメイトたちの只中に。「一九六一年のことで、アメリカは今ほど多様化されていなかったの。基本的には白人と黒人だけだったわ」英語を話さない中国人の女の子は、格好のからかいの対象となった。彼女は今でも、自分の状況をさらに困難にした男の子を忘れられない。「イーライという名前の男の子がいたの。私にとって悩みの種だった。私は英語がわからなかったから、「エレイン」と「イーライ」がうまく聞き分けられなかったの。違いがわからなかった。だから彼の名前が呼ばれるたびに、私も間違えて立ち上がってしまって、皆に笑われたわ」

学校にはうまくとけ込めず、家の状況も厳しかった。お金はほとんどなく、他に親類もいなかった。家族は孤立した生活を送っていた。エレインは長女として、自分のためだけでなく、五人の妹たちのために身を粉にして働くことを期待されていた。彼女は、あの日々のおかげで、今の自信が身についたのだとする。「子育てにいい環境かどうかはわからないわ。でも、ある程度の困難は、それがあなたを壊してしまうようなものでなければ、あなたを強くしてくれる」

すべてそのとおりだと思えた。彼女のアドバイスは、リスクと失敗、グリットと人生の苦労を受け入れるということすべてを教えてくれていた。私たちも頭では、彼女のアドバイスを信じていた。だが心のほうが、協力を拒んだ。これだけの証拠を集めておきながら、実際に「厳しい愛情」バージョンの子育てに着手することに、私たちはまだ苦悩していた。たいていは母心が勝ってしまい、子どもたちの世界がまた平穏になるようにと、物理的に介入してしまう自分を止めることができない。親というのは、女の子に対してより過保護だと思われがちだが、実際は、男の子のほうを過剰に甘やかしてしまうというデータがある。特に男の子が第一子だった場合、キャティーの父親が言うところの、「ネグレクトが不充分」ということになりがちだ。[*5]

クレアは、スポーツを愛する子どもたちの母として、失敗の美学を受け入れることを強制された。彼女自身、何か言えるほどのスポーツ競技の経験もなく、そして失敗することもあまり好きではなかったため、それはきつい経験だった。彼女の息子のヒューゴは野球少年だった。最初のころ、クレアにとっては、彼の打席ひとつひとつが拷問のように苦しくてならなかった。ヒューゴ自身が感じている以上の緊張を感じてしまい、ほとんど見ていられなかった。そんな彼女が、皮肉にも、ほかにできる人がいないという理由で、娘のサッカーチームのコーチをやらなければならなくなった。「すでにこの本のための調査を始めていたし、デラはとてもスポーツが得意だったから、やってみてもいいかと思ったの。それに、彼女たちにチームが必要なことはわかっていた。だけどびっくりするくらいストレスだったわ。デラが敵にゴールを許した自分に腹を立てるたびに彼女の心配をし、チームが負けたらチーム全体のために心配になった。私は失敗をそのまま手放すことができなかった。そのせいで、うまくいったことにはほとんど目をやることができなかったの」結局、もうひとりのコーチがクレアに、ただすべての経験を――敗北、困難、すべてを――受け入れればいいのだと指摘した。「それからは、チームのミーティングで、女の子たち皆のどんな小さな成果も取り上げるようにした。皆喜んだわ。私自身のためにもなった。その年の終わりごろには、チームはその地域ではかなり強いチームになったわ」クレアはまた、息子が何カ月ものあいだ、バッティングの自主練習をし、それからトライアウトを受け、入りたかったチームの一員になったのを見た。「私は子どもたち以上に、失敗と苦労と習得について学んだわ。明らかに私には必要なことだった」

パティ・ソリス・ドイルは、リスクと失敗が恩恵を与えてくれるのは、子ども時代だけではないと言う。七年前、彼女は大きな賭に出た。長年ヒラリー・クリントンのもとで働いていた彼女は、ヒラリーの大統領選の選挙対策本部長を命じられ、イエスと言ったのだ。彼女はそれがとても厳しい戦いになるとわかっていた。まったく報われない可能性もあるし、ひょっとしたら悲惨な結果になるかもしれない。政治の選挙キャンペーンではよくあることだ。だが、それ以上に、選挙対策本部長という地位にあまり女性はいなかったし、なにより大統領選においては初めてのヒスパニック系の選挙対策本部長だったのだ。小さな賭ではない。

一年後、得票数が目標に届かず、彼女は更迭された。彼女は免職にひどく傷ついた。何カ月ものあいだ、もう二度と働けないだろうと確信していたが、起こった出来事をゆっくりと受け入れ始めた。

「振り返ってみて、私はあのリスクを冒したことを良かったと思っているの」彼女は私たちに言った。そして、そのころの思い出に頭を振りながら笑った。「仕事を失ったばかりのころは、絶対にこんなことは言えなかったでしょうね」それから、ソリス・ドイルはエレイン・チャオと同じことを言った。「あなたを壊してしまうほどのことでなければ、挫折はあなたを強くするんだってわかってきた。たくさんのことを学んだわ。ネガティブな結末とどう折り合いをつけるかも学んだわ。負けても前に進むことはできるんだということを」

その後、彼女は各方面との政治的な関係を修復し、負債を州政府から買い上げる金融系の新規事業を始めた。彼女自身、その分野での経験者ではないが、挑戦してみようと決めたのだという。なぜなら、自分が成功と同じくらい失敗にもうまく対処できるとわかったからだ。つい最近、彼女はその会社を大企業に売却し、莫大な利益をあげた。

才能についての神話

リスクや失敗、忍耐、そして究極的には自信に至るまでの道のりのスタート地点は、「考え方」にある。これには、スタンフォード大学の心理学教授のキャロル・ドゥエックが「成長する思考習慣」というすばらしい定義を授けている。彼女の著書を何でもいいので読んでみてほしい（邦訳に『「やればできる！」の研究――能力を開花させるマインドセットの力』草思社刊がある）。彼女は、人生で最も成功し、満足している人たちは、常に自分は成長できると、さらに学ぶべきものがあると信じている人たちだということを発見した。ここで、女性と男性の数学の能力に対するアプローチの例に戻ってみよう。ほとんどの女性が、自分たちの能力はすでに決まっているものだと思っている、とドゥエックは私たちに言った。得意か、まったくできないかのどちらかだと思っているのだ。同じことが、女性がチャレンジすることの少ない分野のほとんどに対して言える。リーダーシップ、起業家、講演活動、給与アップの交渉、財政投資、そして車を駐車するという程度のことに関してさえ。多くの女性が、これらの分野では自分たちの才能はすでに確定していて、限界があって、それが変わることはないと思っている。逆に、男性は、ほとんどすべてのことを学んで身につけられると思っている、とドゥエックは言う。

自信は「成長する思考習慣」を必要とする。[*6] なぜならスキルは学んで身につけられるものだと信じるのは、新しいことを始めることにつながるからだ。それはリスクを冒すことを推奨し、私たちが失敗したときには精神的回復力《レジリエンス》をサポートする。ドゥエックは、「成長する思考習慣」は、特に思春期の女子の自信度を高めるということを発見した。

この「成長する思考習慣」は、失敗を大事な「学習経験」に書き換える手助けをしてくれる。キャティーはすぐにドゥエックの考え方が、自分自身に足りなかった要素だと見抜いた。「私はいつも自分には得意なこと（語学、子どもの育成）と、そうじゃないもの（ビジネス、運動、マネジメント、ボールを使うすべてのこと、楽器の演奏、コンピューター――長い長いリストになる）があるんだと思っていたの。いちばんの後悔は、起業家にならなかったことね。自分でビジネスを興してる人にずっと憧れていて、自分でも起業してみたいと思っていた。でも挑戦してみる自信がなかったの。うまくできないだろうと思ったからじゃない――ひどいことになるだろうと確信してたからよ。私は生まれながらのビジネスパーソンじゃないから。毎晩、何百万人もの人たちに向けてライブでニュースを読むことに関しては、かなり自信はある。でも、ビジネスを立ち上げるとなると、もう完全にパニックになるに違いないと思ったの。でも、これまで行なってきた調査から、私が必要とする自信を手に入れるたったひとつの方法は、挑戦することだったんだって気づいた。ドゥエックの研究で、これは生まれつきもっているとかもっていないとかではなく、上達させていくことができるスキルなんだと思えるようになったの」

「成長する思考習慣」を作り上げる鍵は、小さいところから始めることである。いつも自分が、自分自身や子どもの何を褒めているか考えてみよう。もし「とても頭がいいわね」とか「とてもテニスが上手ね。生まれながらのアスリートなのね」という褒め方をしていたら、それは、「固定された思考習慣」を促してしまう。

だが、「テニスの練習がんばったものね。特にバックハンドを一生懸命やっていたわね」と言えば、「成長する思考習慣」を促すことになる。

才能と努力に区別をつけるのは大切なことである。もし私たちが、自分ではコントロールできない才能を何かしら与えられて生まれてきたと信じているとしたら、自分の弱い分野を改善できると心から信じることはできない。だが、成功の尺度が、努力と向上で測られるなら、それは私たちにもコントロールできるものとなる。向上させたいかどうかを、自分で選ぶことができる。それは習得を促す。実際のところ、これはアジアの「根性」アプローチの一部でもある。確かに、全然上達しないものに対して一生懸命努力させられるのは、子どもにとっては大変なことだろう、とチャオも認めた。だが、そうすることで、自己に対する信頼をコントロールできるようになる。自分がもって生まれたものに対する自信はどんどん小さくなり、逆に、自分が作り上げてきたものに対する自信がどんどん大きくなっていく。

チャオは、自分には手が届かないと思っているような仕事に就けるよう人々の、特に女性たちの背中を押すことで、それを証明している。女性たちにもリーダーシップが取れることを信じてほしいと思っている。トップの地位を要求するのはとても手強いことだが、同じところを惰性で進んでいるだけでは、私たちの自信は成長しない。次のレベルに上がるのは大変なことかもしれないし、不安になるかもしれないが、コツは、その不安に行動を抑制させないことである。「すべてのリーダーシップへの道は、今あなたがいるところから伸びているの」チャオは自分の経験を踏まえて言う。「誰も自分を生まれながらのリーダーだとは思わない。あのリーダーのポジションが自分にはぴったりだ、などとは思わないでしょう。そこに向かうひと続きの道が伸びているだけ。若い女性たちの目の前の道がもっとそこに向かって伸びていくように、勇気づけていきたいと思うわ」

やわらかい兵器

「私はいつもどこか変わっていたのよね」目の前に座る、パステルカラーの服を着て、大きな笑みを浮かべた小柄なブロンドの女性が言った。彼女のオフィスの内装は、やわらかな花柄だったが、よく見ると、置いてあるアート作品は兵器の破片からできていた。リンダ・ハドソンは、型を破ることに関しては、かなりの経験があった。彼女は大手の軍需会社のトップをつとめた最初の女性だった。〈ＢＡＥシステムズ〉のＣＥＯになる前は、〈ジェネラル・ダイナミックス社（世界有数の総合軍事会社）〉の史上初めての女性社長になった。〈マーティン・マリエッタ（航空機メーカーで、現在はロッキード・マーティン）〉の初めての女性副社長にもなったし、〈フォード・エアロスペース（航空宇宙防衛、ハイテク産業関連事業）〉の初の女性マネージャーにもなった。フロリダ大学の工学部では、クラスでたったふたりの女性のうちのひとりだった。となると、彼女が高校時代、機械製図のコースをとった初めての女子生徒だったというのも驚きではない。

彼女は、ユニークでいることに居心地の悪さは感じなかったが、それでもその道が楽なものだったという意味ではないので誤解しないように、と私たちに言った。最も男性的な産業の男性的な職場で、必要以上の孤独を味わったと明かした。彼女は、その持ち前の率直さで、辛辣に言った。「結局のところ、私たちは、戦車やら兵器やら、そういったものを作っているんですものね」

人と違うというのは、大きく成功している女性たちの物語にはだいたい出てくる話である。なぜならそもそも、トップの地位についている女性の数自体が少ないからだ。私たちは、人と違うと言われることに憤慨することもできるし、それを恐れて自分たちの可能性を狭めてしまうこともできる。もしくは自分のユニークさを受け入れ、勲章として身につける選択もできる。目立つということのリスクを早めに学んでおくことで、緊迫した交渉の場で自分のために立ち向かうこともできるし、男性同僚に取られがちな大きな仕事を自分がやりたいと要求することもできる。大人しい、いい子ちゃんの典型にはあてはまらないすべてのことをできるのだ。

自信と楽観主義について研究している心理学者のキャロライン・ミラーは、「人と違っていたい」という思いは自信にとってとても重要なことだという。「リスクと失敗もとても重要だけれど、それだけでは足りません」彼女は言う。「自信は、あなたが快適ゾーンから踏み出して、社会によって決められた目標ではなく、自分自身が価値を見出した目標に、自分が必要としている目標に向かって努力することから生まれます」それに気づいたことが、ミラーの人生を変えた。若いころ、ミラーは過食症に悩んでいた。ハーバードで最も優秀な生徒だった彼女は、その後ウォール街で実入りのいい仕事についており、しばらくのあいだ自分の秘密はうまく隠していた。だがついに、危機的状態に陥り、彼女は助けを得ることになった。そして、その体験を『My Name is Caroline（わたしの名はキャロライン）』（未邦訳）という本に書いて、自分の病気の厳しい状況を赤裸々に公開した。その後すぐに彼女はペンシルベニア大学のポジティブ心理学センターから修士の学位をもらい、新しいキャリアをスタートさせた。

早い段階で私たちが子どもに教えられるのは、単なる達成感ではなく自己意識をもつことである。リンダ・ハドソンの両親は、女の子らしい娘をもつことはできなかった。だが、大事なのは、彼らはそういう女の子を作ろうとはしなかった、ということだ。ハドソンは自分を、女の子とバレエをするより、男の子たちとバスケットボールをすることを好んで育った、ストリート・ファイターだと称する。好きな教科は数学だった。両親からは、彼女自身がなりたいもの以外になれというプレッシャーは一度も感じなかったという。ハドソンは、人に好かれることに興味をもったことは一度もなかった。それよりも尊敬されたいと思っていた。彼女はそのことについても両親に感謝していた。彼女の両親は教師で、あまりお金はなかったが、意欲的な娘に学ぶことの価値を教え、大きな夢をもつ自信を与えてくれた。それ以上にありがたかったのは、挫折に直面したとき、彼らが自分を現実世界に引き戻してくれたことだったという。

子どもに努力をさせ、リスクを冒すことを教え込むために、母トラのように吠える必要はない。ハドソンの両親はそれを、愛情と、偏見のない広い心で行なった。ハドソンがタイトなスケジュールのなかから二時間ほどやりくりし、私たちのために、「初の女性云々」を積み重ねてきた自身のキャリアについて話してくれているうちに、私たちに見えてきたのは、男性の世界にいるタフな女性という単純なステレオタイプよりももっと複雑な絵だった。彼女は、自分の成功に関しても弱点に関しても、拍子抜けするくらいに率直だった。彼女は、仕事において自分がどれほど優秀かこともなげに口にするし、自分がもっと成長させなければならない部分についても（「話すのを控えて、もっと耳を傾ける」という部分）同じくらい楽しげに語る。そして、個人的な後悔についてもオープンだった。

ハドソンは人と違うことにプライドをもっていた。そして一度だけ、人に合わせろというプレッシャーに屈したが、うまくいかなかった。「大学を出てすぐに結婚したのだけど、それは大部分、まわりから結婚するように期待されていたからなの。名前も変えるように期待されていたから姓を変えた」そして二十五年の結婚生活ののち、彼女と夫は離婚した。彼女は物憂げに言った。「できれば自分の名前を取り戻したかったわ」しかし、そのころには彼女も二十五年分のキャリアを積んでいた。「私には今の名前についてくる仕事の評判がある。だから、もとに戻すのは難しかった。それに、そこまでする意味があるとは思えなかったから」

インタビューをした他の成功している女性たちもそうだったが、ハドソンのおおらかさも、彼女に自信のオーラを与えていることに私たちは気づいた。きっと、正真正銘の自信のある女性たちは（そして女性以外も）、自分に隠すことは何もないと感じているのだろう。彼らはただ、ありのままの自分たちでいるだけだ。もしあなたがそれを気に入らなかったり、弱点を見せるのは弱さだと思ったりするなら、非常に残念なことだ。なぜなら、この野心的な女性たちは、自分の弱さをさらけだすリスクを冒したが、それはまったく彼女たちを成功から遠ざけてはいないからだ。実際のところ、彼女たちの成功の理由の一部でもあるかもしれない。彼女たちは、人と違うだけでなく、自分自身でいる、という勇気があった。

称賛されたい誘惑を抑える

自分の仕事や、着ている服、髪型などを褒められたとき、どれほどいい気分がするか考えてみよう。たいていその場では急激な気分の高揚があり、のちに私たちは、その愉悦感をもう一度味わうべく、そのときの瞬間を思い返したりする。お世辞や褒め言葉は、砂糖のように甘くて危険だ。少しだけならとてもいいが、過剰だと不健康なくらいに中毒性がある。

オハイオ州立大学の心理学者ジェニファー・クロッカーは、自分の価値や自信を、他者が自分をどう見ているかということに基準を置く人は、メンタル面だけではなく、身体的な犠牲をも払うことになると発見した。六百人の大学生を対象にしたクロッカーの研究では、他者の承認に頼る人間――見た目や成績、選択、何もかも――は他の人よりも多くストレスを感じ、薬物中毒や摂食障害になる確率が高いということがわかった。自尊心や自信を自分の内的なものに頼る人――高潔であるべきだとか、厳しい道徳律をもっている人――は、他の人よりも、試験でいい成績をとり、薬物、アルコールどちらの依存症になる率も低かった。男性は女性よりも、自信を感じるために他者の称賛に依存することは少ないと指摘する研究もある。[*7]

他人の称賛に依存した自信は、自分自身の成果や達成感によって築かれた自信よりも壊れやすい。どんなに成功している美しい著名な人間でも、絶え間なく称賛やポジティブな批評を受けたりするわけではないのだ。

コンサートピアニストが、自分を他のピアニストたちと比べないと考えるのは非現実的だが、その自信が、マスコミの好意的な批評や、ファンからの崇拝の言葉だけに頼っていた場合、それらが少なくなっていったらどうなるだろう？　憧れのオーケストラの一員になって、世界最高の音楽家たちの隣で演奏するために、自分が大変な努力をしたという確固とした内なる自信を確立したほうがずっとマシだ。

私たち自身、いい成績やいい給料、上司からの褒め言葉には自然に満足を感じるが、それよりも仕事をうまく成し遂げたことに対する自身の喜びを大切にすることが肝心である。外的な尺度を自信のベースにしていると、行動を起こさなくなるという非常に大きいリスクが生まれる。称賛にかげりが見られると感じたら、私たちはリスクを避けるようになるのだ。永続的な称賛を追いかけることは、自己破壊行動にもつながる。子どもたちが自分のなかに内なる基準を育てるのを手伝わず、常に私たちの褒め言葉を求めるように育てると、のちに彼らを消耗させることになる。

たとえば、キャティーは、いちばん上の娘のマヤが、人を喜ばせることばかり考えていて、いい子すぎるのではないかとずっと心配していた。マヤはとても責任感が強く、家族皆が彼女に、子守りや、料理、手伝いをしてくれることを望んだ。そして礼儀正しく、勤勉であることを求めた。マヤは一度も文句を言わなかった。だが、十代のいつからか、彼女の性質は花開き、自分が求めているものをはっきりと言うようになった。でもキャティーはそれがいいことなのかどうか理解するのにしばらくかかった。マヤは健康的な、しかしたまに腹が立つほどの、頑固な性質を発達させていた。「今年の夏なんて、十月半ばに締切の、大学の応募書類の作文を早く書き始めるようにせっついていたのに全然書こうとしなかった。夏休みに、同じ大学の同じ課程を受けた従兄弟にアドバイスをもらったりできたのに。まだ時間に余裕があるあいだに、私たちや叔父や叔母、皆でアイデアを出し合って協力することだってできたのに。でもマヤは頑なに九月半ばまでは始めないと言い張って。彼女のなかでは自分自身のタイムテーブルがあって、揺らがなかった。私はものすごくイライラしたわ。なぜ彼女は単純に私たちの提案どおりにしないのかしらって。でも、九月半ばになったら、マヤは作文を書き始め、ぴったりスケジュールどおりに書き終えたの。彼女は自分がどうしたいかはっきりとわかっていて、四人の大人たちが違うことをやれとせっついても、考えを変えなかった」キャティーは今では、マヤがまわりの大人を喜ばせようとしないのは、彼女の強さの表われだと見ることができるようになった。マヤはまわりを恐れずに自分自身の意見を優先させる、という自信を身につけたのだ。

アメリカ上院議員会館の大理石の廊下は最近、音が違う。磨かれた床にこだまする、ハイヒールのコツコツという鋭い音が増えているのだ。女性議員は現在二十名で、過去最も多い。それはグレーの髪の男性たちがひしめくこの良識の府が、ゆっくりと女性化されてきているということだ。ラッセル上院議員会館の長い廊下の端にある議員室四七八号室で、私たちは新しい議員たちのひとり、ニューヨークから来たカーステイン・ジリブランドと会った。

ジリブランド議員のすべてから自信の香りがした。彼女は物腰やわらかく、洗練されたマンハッタン仕込みの、非の打ち所のない身なりをしていた。そのブロンドの髪さえも、スタイリッシュなだけでなく、乱れないように訓練されているかのようだった。彼女はすでに注目されている法案の提出で名を知られていたし、よく知られたテレビ番組に出演もしていた。彼女を知る人は、彼女には大統領にふさわしい素質があると言う。ふたりの子どもの母親でもある四十八歳の彼女は、民主党のスターだった。三十八歳のとき初めて議院に出馬したジリブランドは、落ち着いた淡いブルーの色合いのオフィスで、昔からこんなふうだったわけではないと告白した。

「十年前、他の人の選挙をボランティアで手伝うまで、自分で出馬する自信なんてまったくなかったわ」彼女は笑いながら言う。彼女を尻込みさせていたのは、例の自己不信の質問群だったという。「私の能力は充分だろうか？　私は充分タフだろうか？　頭は充分にいいだろうか？　それだけの資格はあるだろうか？」

軍の上層部と軍内の性暴力に対する法制度改革についての審議を闘ったこの女性が、自分に根性や賢さが欠けていると思っていたとはとても信じられなかった。だがジリブランドはそれから、議会に出馬する自信を築くためにしてきた努力を、すべてリストアップした。数年間の無給のボランティア、夜間と週末に通った授業、そしてボイストレーニング。その後すぐに、彼女が自分の自己不信と対決することにしたのは明らかだった。

ジェーン・ワーワンド、クリスティーヌ・ラガルド、そしてエレイン・チャオは、彼女たちの小さな肩に大きな責任を負わせていた両親たちから、無意識のうちに自信のレッスンを受けていた。だが、自分自身でそれを行なうのに遅すぎるということはない。パティ・ソリス・ドイルやキャロライン・ミラー、ジリブランド、そして私たちが話したたくさんの女性たちがそれを証明していた。彼女たちは、私たちが本書に書いてきたのと同じ方法を使ったのだ――リスクを負い、粘り強く努力をし、失敗もした。そしてそれでうまくいったのだ。遺伝もされず、子どものころに吸収することもなかったものを、彼女たちは自ら作り上げた。

この本を執筆するにあたって行なった調査で、私たちは多くの啓示を受けた。私たちは自信に、これほど明確に遺伝的な関連があることを発見するとは思っていなかった。自信の格差《コンフィデンス・ギャップ》が現実的にこれほど大きいとは思っていなかったし、男女の脳が生理学的に少し違う働きをするかもしれないということも考えていなかった。それどころか、私たちが確信をもっていたこと――自信は大部分が子どものころに習得したものだということ――は間違いだったということがわかった。そして、自分の子どもたちのなかにうまく自信を育てるためには、親としてつらい思いをすることもあるなんて、考えてもいなかった。

最も勇気づけられた発見は、自信はかなりの程度まで自分たちでコントロールできるという点だ。私たちは皆、ジリブランド議員のように、人生のどの地点においても、自信を身につけることを決断できる。新しい行動や考え方が、私たちの脳に影響し、文字どおり脳を変化させるという注目すべき科学的な研究結果もあった。ローラ＝アン・ペティットは、遺伝子による動かせないコンクリートの高速道路のまわりに、新しい横道や橋を作ることが可能なのだと教えてくれた。

キャロライン・ミラーやほかの心理学者は、自信のような特性に対して自分の意志が介入できるのは、五〇％程度だと強く主張する。[*8] それは、私たちが、すでに大人であっても、自信に満ちた人間になろうと決断し、努力し、結果を出すことができるということだ。

自信が選択できるという考え方は、すべてのことに対して扉を開く。「私では力不足だ、私にはできない」と言いたい誘惑は、いろんな場面で出てくるものだ。皆、どこかで「お母さんが私を充分に褒めてくれなかった」とか、「うちの家族は誰も自信のある人がいないから」と誰かが言っているのを聞いたことがあるだろう。だが、自信を、純粋に遺伝的、もしくは環境に決定要因があると決めつけてしまうのは、私たちの人生を変えるかもしれない可能性を断ち切ってしまうことになる。私たちはあの自己不信のパターンのなかで立ち往生する必要はないのだ。無行動から行動に向けて、自分の背中を押せばいいのだ。

だがここで道は険しくなる。ただ単純に自信を選んで、何も考えずに自分の人生に奇跡が訪れるのを待つことはできない。「自信」の脇にある空欄をクリックして、自分の特性のリストに加えられるほど簡単なことではない。面白いほど簡単にすぐ効く処方箋などないのだ。私たちが「自信は選択できる」というとき、それは、行動することを、または決断することを、選択しなければならない、という意味である。自信には慎重さと大変な努力が必要なのだ。それでも私たちは実行可能だということを疑っていない。だがもしあなたが手を抜いたら？　自分の自信を伸ばすためにできる限りの力を発揮しなかったら？　例の鏡——男性には簡単に自分たちの見たいものが見える鏡——に映る私たちのイメージは、永遠にぼやけたままだろう。

もう一度、ミラノ大学のザッカリー・エステスの研究を考えてみよう。コンピューターでの空間認識テストを男女に対して行なった心理学者だ。彼の研究結果は、これ以上ないほど明快で、まさに私たち女性の問題そのものを表わしていた。女性を尻込みさせていたのは、テストをやり遂げるための彼女たちの実際の能力ではない。彼女たちは男性と同じだけの能力があった。彼女たちを押し止めていたのは、挑戦しないことを選んだ彼女たち自身の選択である。質問が難しくて自分自身を信用できないとき、彼女たちは引き下がった。男性たちに、そういった内面的な逡巡はなかった。彼らはただ先に進み、自分たちのベストを尽くして質問に答えた。

もしあなたが行動しないことを選んだら、成功するチャンスはとても小さいものになるだろう。逆に、もし行動することを選んだら、あなたは自分が想像していたよりも、もっと頻繁に成功することができる。失敗するかもしれないと思ってやらなかったことが人生でどのくらいあるだろう？　失敗は本当に、何もしないことよりも悪いのだろうか？　ただやってみるだけで実際に成功したかもしれないことが、どのくらいあっただろう？

もう一度よく自分のことを見てほしい。たいていの場合、実際に能力が欠如していることが、その選択をすることから私たちを尻込みさせているのではない。自分たちの能力に対するゆらがんだ認知が障害になっているのだ。自分に何ができて何ができないかということに関してネガティブな考えに屈してしまうと、簡単に扱えるはずの挑戦を受け入れることもできなくなってしまう。私たちは自信を無意識のうちに、簡単に作り上げることはできない。だが、行動を起こす選択をすることはできるし、リスクに対する自分たちの認識や欲求も再調整することはできる。

だからこそ、シェリル・サンドバーグが言っているように、私たちは一歩踏み出さなければならないのだ。尻込みしていないで、行動を起こさなければならない。そしてそれは、自分の最も本能的な部分がたびたび試される状況に、少なからず準備ができていなければならないという意味でもあると、今の私たちにはわかっていた。

第6章 自信を自分のものにするための戦略

親しい友人（男性・インターネットの天才・そして起業の達人）に、女性が自信を身につけるためにはどうしたらいいと思うかと聞いてみた。すると彼は、次の言葉を私たちの行く手に投げてきた。「早めに失敗すること」

私たちは笑った。このやりとりがあったのは、私たちの「自信巡礼の旅」の最初のころのことだったので、まさかそんなはずはないだろうと思ったのだった。「失敗」は、女性たちが気楽に、自然にできるものとはまるで逆のものに思えたし、私たちは言うまでもなく失敗を忌み嫌っていた。それを早いうちにやれ、ですって？　それは私たちが全力を尽くしていないか、自分たちの仕事を完璧にこなしていないことを意味していた。その言葉を聞いたとき、実際に身震いしたような覚えがある。

だが、彼は冗談を言っていたのではなかった。「早めの失敗」、それはコンピューター業界の専門用語だったが、今では最も注目されているビジネス戦略でもあった。たくさんの試作品を手早く作って展開し、うまくいったもの以外はすぐに撤退する、というやり方である。今や、世間は完璧なものを待っていてはくれないし、製品を永遠に改良し続けるのもただ高くつくだけだ。早い失敗は、常に調整が可能で、テストもでき、そして何が実際にうまくいくのかをより早く突き止めることができる。早く失敗すると、失うものが非常に少なくてすむというところが利点だ。たいてい小さい失敗ですむからだ。そして、失敗からはたくさんのことが学べる。まず、「早めの失敗」は、女性の自信を構築するための理想的なセオリーのように見えてきた。まず、それは普通の失敗よりも魅力的に思えた。青汁のクッキーが健康的だというのと同じように（ぞっとする）、失敗するのが「健康的」というわけではない。実際に、今や先端的な考え方で、しかも利益をもたらす可能性がある。そして一口サイズの失敗だったら、私たちにも扱いやすいだろう。私たちは、自分のＤＮＡの一部になるくらい、何度も何度も失敗を繰り返さなければならない。そして、小さく失敗することで忙しくなれば、自分にはどんな欠点があるかあげつらったり、最悪の事態のシナリオに思いをめぐらしたりすることもなくなるだろう。見込みのある計画について、穴や裂け目ばかり分析するのではなく、行動を起こすようになるだろう。もし私たちが失敗を前進だと受け入れることができるようになれば、今度は、「習得」というほかの重要な自信のスキルに時間をかけられるようになる。

早めの失敗は、私たちが自分の時間をどう使うか、選択の幅を広げてくれるのだ。もうすべてを正しくやろうとする必要はない。多くのものが、ゴミの山に行くことになるだろう。最終的に生き残るのが最も強い生物というわけではないということを、私たちは記憶に刻むことができるだろう――生き残るのは最も順応性のある生物なのだ。

そのインターネットの天才と会ったあとすぐに、クレアは試しに失敗してみることにした。「昔からやってみたかったことがひとつあるの」彼女は言った。「即興でスピーチをすること。メモなしで皆の前に立って、ただしゃべる。オプラ・ウィンフリーや、エレン・デジェネレス（アメリカのコメディエンヌ、女優。トーク番組のホストもつとめる）や、ビル・クリントンみたいに。私の直感が、私はもっと影響力のあるいい話し手になるはずだと言っているの。もっと聴衆とつながるために、自分のエネルギーを使えるはずだって。早めに失敗するという考え方が、私の背中を押してくれたわ。もちろん、大きく失敗するのはイヤだったから、スピーチのメモの後半を書かずにおくことにしたの。スピーチの最中、何も書いていないページに行き当たったときはショックだったわ。そして正直に言って、あまりいいとは言えないスピーチだった。なんとかやり終えたけど、必要な話というよりは、とりとめのない話が多くなってしまったわ。『ええと』ばかり言っていた。自分が正しい話をしているのかも確信がもてなくなってた。でも、学んだことがあったわ。完全にまっさらなメモは、私には有効ではないということ。次回は、自分をガイドしてくれるキーワードのリストをもって話す、昔ながらのＣＮＮの生放送用の技で挑戦するわ」

これまで私たちが何度も言ってきたように（少なくともここまでで五十回以上、そしてこの先ももう少し出てくるはず）、自信とは、行動のことである。自信はまた、繰り返し挑戦することを必要とし、リスクを取ることも計算しなければならず、考え方を変えることも必要とされる。私たちがどのように自信を身につけていけばいいのかということに対して、最新の研究は、これまで言われてきたことや経験してきたことと相反する、興味深い結果を生み出した。これまで聞いたことがないようなアドバイスが、そして率直に言って、やってみるまではうまくいくとは信じられなかったアドバイスがたくさんあった。でも、実際それでうまくいった。私たちは特に、毎日の生活に役立つと思える際立った情報を集めてみた。あなたの心に響くものを、ここからつかみとってほしい。

快適ゾーンから出よう

もしあなたがこの本からひとつだけ覚えておくことがあるとすれば、これにしてほしい――「疑わしいときは、動く」。

私たちが学んだ研究ひとつひとつ、行なった取材の一件一件、すべてが同じ結論に結びついた。行動のように自信を育ててくれるものはほかにない。その行動がリスクと失敗を含んでいるときは特に。リスクはあなたを人生のきわどいところに置く。それはあなたをいつまでも成長させ、進歩させ、自信を育ててくれる。逆に、結果が確約されているゾーンで生きることは、人生を平坦でたいくつなものに変えてしまう。行動は、大胆さと臆病を分けるものなのである。

簡単なことから始めてかまわない。初対面の人との交流に自信が抱けないなら、小さいことから始めよう――パーティで人に食べ物をまわすだけでいい。サルサ＆チップスを渡しながら自己紹介をしてみよう。もしくは、クリーニング屋かどこかで、見知らぬ人と目を合わせて世間話をしてみるのでもいい。もしパーティにひとりで行く自信がなかったら、次のことを試してみるといい。知り合いがいるとわかっている少人数の集まりに行くことから始める。後戻りできないように、すぐに行くと返事をしよう。その次は、仕事関係のレセプションに出てみよう。最後の最後で参加を取り消したりしてはいけない。そして会場に行ったらすぐに、二、三人でいるグループを見つけて、自己紹介し、彼らの日常について質問してみよう。彼らの答えに集中し、その会話にしっかり絡むのだ。そうすることで、自分がその会場にひとりで来たという事実は頭から消えるだろう。また、もし昇進の交渉をする自信がなければ、信頼できる友人に協力してもらって、自分の主張を述べる練習をしよう。友人に、自分のいる部署に対して自分が貢献したことを五つ話してみるといい。これらの小さなステップが、あなたにもっと意味のあるリスクを取る心の準備を与えてくれる。これはエクスポージャー法（暴露療法）と呼ばれるテクニックだ。

多くの女性にとって、リスクははっきりとした形を伴わないことがある。それは、自分たちに完璧でないことを許すことだったり、権威のある人や最愛の人の不満に果敢に立ち向かうことだったり、注目の的になっても心地よくいる方法を学ぶことだったりする。だが、これらを一度マスターしたら、もっと大きなリスクに対する対応力が身につくはずだ。プロジェクトに対する同僚の意見に反論し、反撃されてもすぐに降参しないとか。演劇のオーディションを受けたり、手の届かなそうな仕事を引き受けたりするなど。

時に、最も重要な行動とリスクは、ミーティングで発言したり、新しい仕事に応募したりすることとはまったく関係ないこともある。大きいことにしろ小さいことにしろ、時期を逃さずに決断し、そしてそのことに責任をもつという能力は、自信にとっても、リーダーシップの表現としても、重要なものである。私たちがインタビューした、最も自信のある女性たちはそう口を揃える。リンダ・ハドソンは、こう言っていた。「もしあなたが間違った選択をしたとしても、決断はしなさい。行動をしないよりはよっぽどいい」と。

では、快適ゾーンを出ることで起こる最悪の出来事とはなんだろう？　そう、私たちはまたそこに戻る。「失敗するかもしれない」ということだ。

ベス・ウィルキンソンは、すばやい決断力とリスクを冒す勇気をもった人物だ。そして、私たちが知るなかでも、最も自信をもっている人物のひとりだ。連邦検事補である彼女は、ティモシー・マクベイ（一九九五年オクラホマシティの連邦政府ビル爆破事件の主犯）の起訴を担当したこともあり、法廷で着実に勝利をおさめる能力は、彼女をアメリカで最も人気のある検事補にした。そんな彼女でさえ、時たま失敗はある。本当のところ、自分は小さいことで早めに失敗しておくプロだ、と彼女はある土曜の朝のスターバックスで私たちに打ち明けた。それは多くの意思決定を素早くしていくことの副産物なのだ、と。彼女は肩をすくめた。「たいていそこから学べるのよね」と笑いながら言う。早めの失敗のひとつが、彼女の試金石となった。

それは彼女が初めてひとりで担当した訴訟でのことだった。最初の冒頭陳述を完璧にしたかったため、ウィルキンソンはそれを書いた紙を暗記するかわりに、一語一語すべてを読み上げていったのだ。後に、彼女は同僚がそのことを陰で批判しているのを小耳に挟んでしまった。彼女は落ち込んだ。だが、くよくよする代わりに、そのことについて熟考し、そして同僚が正しいということに気づいた。「それが私のターニングポイントだったわ」彼女は言う。「すべてのことを完璧に話すよりも、陪審員と心を通わすほうがよっぽど大切なのよね。その裁判はたくさんのことを私に教えてくれたわ。そして最後の論告では、もう絶対に紙を読むことはしなかった」これは、「成長する思考習慣」を伴う「早めの失敗」の、ほぼ完璧な例だ。やってみて、学び、そして前に進む。

つまずきは実際に、成長を早める機会を提供する。「自慈心」という、私たちが第二章で取り上げた、あの性質も取り込むことができる。自慈心は、頑丈な、感情の安全網《セーフティネット》を提供してくれる。それは昔ながらの「自尊心」の考え方よりもずっと強い。覚えているだろうか。自慈心は、私たちの弱さを受け入れることに重点を置く。「私は出来損ないじゃない」と言うよりも、「そう、ときどきは私も失敗する。私たち皆失敗する。それでいいんだ」と言うほうが役に立つ。自分たちの欠陥を受け入れることで、いつも友人たちに簡単に提供している「思いやりと寛容性」を自分たちにも与えることができるのだ。

大きなリスクを負い、それを切り抜けることは、人生を変えることさえある。「私がいちばん自信をもてた瞬間は、いちばん自信がもてなかった時期に来たの」ジェーン・ワーワンドは言った。というのも、当時、自分の自信をむしばんでいる結婚生活から飛び出すために、彼女は大きな自信を必要としていたからだ。彼女はまだ若く、自分の家族から遠く離れた南アフリカに住んでいた。時代も環境も、まだ離婚に対しては眉をひそめるころだった。この結婚生活の安定を捨てたら、社会的にも経済的にもどうなるのか彼女は不安だった。だが、夫との関係は彼女をとても不幸にしていた。何十年も経った今でも彼女はいまだに、立ち去るための自信と勇気をかき集めた日のことを覚えている。そして夫が彼女の服を詰め込んで、アパートの窓から放り投げた安っぽいビニールの買い物袋のことも覚えている。「もって出たものはそれだけだったの。ビニールの買い物袋ふたつ。友人の家に車で向かいながら、『もう二度と自分をこんなに弱い立場の人間にはしない』って思ったわ。私にとってはそれまでにやったことのなかでも、いちばん大変なことだった。でも同時に、すばらしく自信を高めてくれるものだったわ。だって、『あれをやり抜いたんだもの、なんだって切り抜けられる』って思えたから」

反芻《ルミネーション》はしない——配線し直そう

女性の脳は、こと自信に関しては、まるで友好的になってくれない。私たちは考えすぎる。しかもたいてい間違ったことを考えている。でも、どんなに考えて考えて考え抜いても、私たちの問題は解決しない。考えすぎは、私たちに自信をつけてはくれないし、確実に意思決定をフリーズさせる。行動は言わずもがな、だ。覚えているだろうか、女性の脳は、男性の脳とは違う働き方をする。私たち女性は、男性よりも色々なことを同時に行ない、自分のまわりで起こっていることすべてをもっとしっかりと認識している。そして、それらすべてが私たちの思考を煮詰めてしまう材料の一部になるのだ。反芻は、私たちから自信を奪っていく。問題解決の仮面をかぶったネガティブな考えや悪夢のようなシナリオは、エンドレスなループを描く。そのうち、私たちはそこから逃げ出したくなったり、自分の本能を信じられなくなる状態になったりする。自分たちの人生や仕事から、徐々にすべての自発性を搾り取ってしまう、非常に有害な思考にとらわれるからである。私たちは反芻するのをやめなければならない。

それは簡単なことではない。神経科学者でさえ、自分自身を止められないという。ローラ＝アン・ペティットは、その分野の第一人者である。彼女は言語の起源について多くの重要な発見をしており、ギャローデット大学（ワシントンDCにある聴覚障害者のための大学。連邦議会よる多額の助成で成り立つ）と国立衛生研究所《NIH》の支援を受ける、脳と言語発達について研究する高名な研究室をもっている。彼女はまた、「教育的神経科学」という新しい領域を作り、二十以上の国際的な賞を受賞している。ニムという名のチンパンジーとともに行なった彼女の先駆的な研究についてのドキュメンタリーは、オスカー賞にもノミネートされた。研究室を訪れた私たちを喜んで迎えてくれた彼女は、洒落たオレンジと紫のワンピースに身を包んだ、ダイナミックなエネルギーと、好奇心の塊のようだった。彼女なら絶対に自信をもっているだろう、と私たちは想像した。だが、ペティットは、自分が充分有能なのはわかっているが、いまだに自分の弱点について思い悩むことがあるという——たとえば、公の場で話をすることの恐怖。そして彼女には、自分を消耗させる長年の癖があった。ラボからの帰り、家に向かうバスのなかで、自分で気づいた失敗の長いリストを作ってしまう癖だ。それが彼女の精神の標準仕様《デフォルト・モード》だった。「もっとうまくやることができたのに」彼女は自分に向かって言う。「満足できるレベルまでにならなかった。皆の前で話すことにそんなにナーバスになるべきじゃなかった」

最近、彼女はそれを変えようと誓った。このネガティブなパターンを断ち切るために、自分がうまくやれたことを三つ思い返すことで、対抗しようと決めたのだ。今では、ネガティブな反芻《ルミネーション》が始まると、彼女は意識的に自分が成し遂げてきたことや成功させたことのリストを振り返るようにしている。彼女の現在の内なるモノローグは、こうなっているだろう。「私が書いたあの論文はとても良かった」、「研究レポートを予想より早く終わらせた。新しい大学院生といい議論ができた」

こういった思考の練習は、脳の配線をし直し、ネガティブなループを断ち切ってくれる。すぐに効果は現われないかもしれないが、思考には確実な変化をもたらし、それから数週間で行動も変わることがある。そのためには、自分の思考、感情、そして振る舞いの関係性を、互いがどう影響し合っているかを、鋭く観察しなければならない。これは認知行動療法の基本である。ここに、自分でできる、思考と行動のリンクに意識的になれるエクササイズを挙げてみる。

まず、仕事でひどいことが起こっているという状況を考えてみよう。あなたがプレゼンをしていて、同僚や上司が呆れて天を仰いでいるところかもしれない。自分がどう感じ始めているか意識してみよう。不安、ストレス、怒り。いい気分ではないはずだ。次に、逆のことをしてみよう。オフィスで何かすばらしいことが起こったと想像してみよう。予期せぬボーナス。プレゼンが大成功。さあ、自分に押し寄せる感情に注意を向けてみよう。

私たちが何を考えるかは、私たちがどう感じるかに直接影響する。実際に何も起こらなかったとしても。私たちの思考は常に働いているのだ。

自動ネガティブ思考（ＮＡＴｓ）をやっつけよう

ＮＡＴｓは、自信に攻撃を加える最前線を受け持つ部隊である。そして、同じ発音の「ｎｕｔｓ（イライラさせる奴）」と同じように、どこをとってもうっとうしい陰湿な奴らだ。それは、自動ネガティブ思考《ネガティブ・オートマティック・ソーツ》という。残念ながら、それはポジティブな思考よりも頻繁に私たちを取り囲み、光の速さで増殖する。次のいずれかは、あなたにも馴染みがあるのではないだろうか？

〝あのワンピースは高すぎたわ。なんで私はお金を無駄にしちゃったんだろう？〟

〝仕事に行っても、きっとまたソフィーのほうが私より早く来てるに違いないわ〟

〝このプロジェクトを終わらせることは永遠にできないわ。私にそれだけの力がないのはわかってたのよ〟

〝このプロジェクトを今夜中に終わらせることができなかったら、上司への心証が悪くなるし、昇進もできないに違いない〟

残念なことに、これらのＮＡＴｓをスプレーで簡単に消すことはできない。だが、ＮＡＴｓに立ち向かい、ロジックや別の解釈で、ねじ伏せることはできる。最初のステップは、ＮＡＴｓを認識すること。面倒でも日記をつけて、それらのことを書き記しておこう。それがいちばんいい方法なのだ。とりあえず、数日間つけてみよう。ベッドサイドに置き、自分の頭のなかで巡っていることを、走り書きでいいので毎晩書く。私たちキャティーとクレアのノートはこんな感じだ。

キャティーはある晩こう書いた。

お給料をあげてもらうことを真面目に考えなきゃいけないけど、会社に怒られるかしら？あまり傲慢に見られたくない。

夕食のときにかかってきたＢＢＣからの電話はなんだったんだろう。本の締切に追われてたから、本業がおろそかになってると思われているのかも。折り返し電話すべきだった。

家の裏壁の塗装に、あんなにお金をかけるべきじゃなかった。誰に見えるわけでもないのに。

マヤは大学の応募書類を書くのにストレスを感じてるみたい。でも私があれこれ言ったら、彼女はきっと信用されてないと思うだろう。

私はもっと食べたほうがいいの？　食べないほうがいいの？

次の三週間ずっと家を空けるのは、家への負担が大きいかしら。もうひとりシッターを頼んだほうがいいかも。

クレアは夜明け前にこう書いた。

どうして着陸前の飛行機はいつも朝の五時半にうちの上を旋回するの？　今度こそ自治会に

電話して苦情を申し立てなきゃ。

学校――子どもたちは宿題を鞄にちゃんと入れたかしら。ヒューゴが入れるのは見なかった気がするわ。

どうしていつもすべてのことをちゃんと終わらせる時間がないの？　今ABCではパートタイムで働かせてもらってるし、子どものことも本の執筆も、ちゃんとやる時間は充分にあるはずなのに。私は本当に効率が悪い。何がいけないいんだろう？

本を書くのに、四時半には起きないと。

また二の腕がたるんできてる？

夫がいつ、あのものすごくストレスのかかる仕事を辞めるのかが気になる。辞めてくれたらすごく助かるのに。私たちの休暇のための飛行機のチケットを取る担当になってくれるだけでいいの。私にはその時間がない。

デラがサッカーをしているあの写真、とても気に入った。すごく強そうに見える。でも、充分に練習してるのかしら。

うちに常備してるライスクリスピーがもうなくなってしまったような気がする。

（私たちは互いのノートを比較し、恥ずかしさを感じながらも、大笑いした。私たちの頭のなかに渦巻いているものは、人に見せるにはとても見苦しい、きまり悪いものに見えた。だが、最終的には皆さんにお目にかけることにした）

NATsを始末するのにいちばんいい方法は、それをもっている自分を責め立てないこと。それはただ不安を大きくするだけだ。もっと効果的で、驚くほど簡単な解決策は、別の視点で見てみることだ。たったひとつの別のポジティブな解釈が（もしくはニュートラルなものでもいい）、自動的に起こるネガティブな思考を再構成し、自信に対してのドアを開いてくれる。自分たちをモルモットとして差し出している以上、ここに私たちの試みをいくつか挙げてみよう。

〝私は本当に効率が悪い。私の何がいけないんだろう〟は、〝たぶん私はどちらかというと、いろんなことのバランスを取るのがうまいんだわ〟に。

〝なぜBBCは電話をしてきたのかしら？〟は、〝きっと彼らは私をもっと出演させたいんだわ。そしてそれはいいことだわ〟に。

〝家の塗装にお金をかけすぎた〟は、〝傷んでいたから、これで問題なくなるわ。そもそも、だからやったんだもの〟に。

ふたつ目の考えのほうは、最初の考えが間違っていたということを証明しなくてもかまわない。これは最初の考えの効力を弱めるために、別の説明を考える時間を作る、というメンタル・エクササイズなのだ。徐々にこの思考の再構成は習慣になっていく。もしポジティブな別の見方ができなくて困っているというなら、同じようなネガティブな思考を語る友人に、自分がなんというか想像してみよう。これは「自慈心」を行動に変えていることになる。驚くほど早く、あなたを消耗させていた感情を小さくしてくれるだろう。他の人のためにやるのは簡単だが、私たちはいまだに、自分たちの脳内には奴ら《NATs》を自由に歩きまわらせているのだ。

リチャード・ペティの研究は、自分の思考を物理的に形にして処理することも、NATsをやっつけるのに有効だと明らかにした。[*1] ペティと彼の共同研究者たちは、被験者である生徒たちに、自身に対するネガティブな考えを紙に書き出すように指示した。それから、その生徒たちを三つのグループに分けた。ひとつのグループは、自分たちが書いた紙をポケットに入れ、持ち歩くように指示された。別のグループは、書いた紙を破いて捨てるように、三つ目のグループは、書いた紙をそのままテーブルに残していくよう指示された。

「この、思考に対する象徴的な行為が、人がその思考をどれだけ正しいと考えているかということに影響した」とペティは言った。紙を持ち歩いた人々は、そのネガティブな考えについて、より懸念するようになっていた。あたかもその紙に、いくばくかの価値があるかのように。紙を破いて捨てた人々は、自分たちのネガティブな考えの妥当性について疑問を抱くようになり、すぐに、その思考は彼らを悩ませなくなった。そしてテーブルに紙を残していった人々は、そのふたつの中間くらいの状態だった。

これらの戦略は、有害な思考を食い止める防護壁を作るのに役立つ。もしあなたが何かを却下されたり拒絶されたりしたとしても、それはあなたが永遠に成功しないということにはならない。もしあなたがやった仕事やタスクに対して、否定的なフィードバックがあったとしても、次に改善すればいいのだ。大事な面接の前にナーバスになっていたとしても、最悪の結果をあれこれ思い悩んで、この仕事に就けなかったら二度とこの業界では働けないかもしれないなどという結論に飛んだりしないようにしよう。新しい武器をもって、その思考に立ち向かおう。事実をもって、それらに反撃しよう。そして、それらのネガティブな考えを脇に捨てる——それが時に、私たちがあなたにつけるようにと言った日記を、ゴミ箱に捨てるということを意味していたとしても。

私たちの注意力は、パワフルな力となる。それを、自分たちに有益になるように使うことは意外と難しいことではないとわかった。ジョージ・ワシントン大学の神経科学者サラ・ショームスタインは、考える（もしくは集中する）というごく単純な行為だけで、人はそちらの方向に向かって行動を起こす傾向があると教えてくれた。それはほぼすべてのこと——欲しいと思っている新しい車のことや、運動、プロジェクトなどなど——に対して言えるという。私たちは思考を味方につけなければならない。

「私」から「私たち」へ

自分自身にもっとフォーカスすることが、自信への自然な足がかりになるとあなたは思うかもしれない。自分に満足したり、成功したりするためには、すべてのことを自分たちのこととして捉えることが必要なのでは？　と。本当のところ、真実は逆である。特に女性にとっては。自分の気持ちや能力について考えたり、自分自身を評価したり、自分をメロドラマの主人公にしたりするのは、私たちの動きを抑制し、無力化させる傾向にある。次のことを想像してみてほしい。そうすれば私たちが言わんとしていることがあなたにもわかるだろう。たとえば、子どもが危機的状況にあったとき、あなたはどんな行動をとるだろう？　不安になったり、自分の行動を逡巡したりする時間はないはずだ。通りに飛び出す前に心肺蘇生法《CPR》のコースをもう一度取り直したほうがいいだろうかと考えたり、自分に充分な資質があるだろうかと問いかけるために立ち止まったりはしないだろう。あなたの注意はすべて、危機を回避することにのみ向けられているはずだ。そして、一瞬の疑いも抱かずに、事をやり遂げるだろう。

　さて、その同じ考え方を、自分自身の挑戦にあてはめてみよう。たとえば、何か大きなイベントが迫っているとする。最初のうちは、それについて考えに考え、状況をありとあらゆる方面から検討し、すべての起こりうることに対して準備をするのは、自然だし、むしろ役に立つ。しかし、自分が何を言うべきか、何を着るべきか、すべての不測の事態に自分はどう対処するか、ということは、長期的に見てあなたにとっては意味があることかもしれないが、いい仕事のやり方ではない。それよりも、準備をしたあとは、自分の注意力を、チームや会社をどれくらい助けられるかということに向けたほうがいい。そうすることで、注目すべき点も変わるし、もっと大胆で積極的に行動できるようになる。

　オハイオ州立大学の心理学者ジェニファー・クロッカーは、女性は「私たち」という考え方をすることでうまくいくことが多い、ということを発見した。自信のぐらついている若い大卒の女性たちが、どうしたら自分の価値を証明できるかということを考えるのをやめて、同僚や会社のために動くようになったら、皆驚くほど自信の増加を見せるようになることを明らかにしたのだ。[*2] 彼女はその研究をもとに、人前で話すのが苦手な人たちのためのすばらしい解決策をあみだした。頭のなかのセリフを再構成しよう、というものである。自分は、自分のためではなく、チームを代表して、または組織や、他の人の利益のために話しているんだと自分に言い聞かせるのだ。必要なら、自分のいつもの言葉遣いを変えてもいい。自分にあたっていたスポットライトを移動して、他の人にあてることで自分に自信を与える、極めて有効的で簡単な方法である。

カースティン・ジリブランド上院議員も、女性たちに選挙に出るように説得するとき、似たような手法を使う。彼女はいつも、これはあなたたち自身のことではなく、保護が必要な人たちを助けるためなのだと言い聞かせる。「自分の権力を拡大するためにやっているのではないのだと気づくとすぐに、特に女性候補者は、それまでより強くなり、もっと目的意識をもって行動するようになるわ」と彼女は言う。

個人的なことにしない

他人が実際、四六時中あなたのことを考えているわけではないと気づけば、「私」から「私たち」に移行するのはずっと簡単だ。見当違いのナルシシズムに陥ると、自分のやったことはなんでも――それが勝利だろうが失敗だろうが――皆の注目の的だと考えてしまうが、そんなことはない。ほとんどの人は、自分の人生に起こっている出来事を心配するのに忙しく、あなたがどうしているかなど気にしている暇はない。あなたが他の人たち皆の世界の真んなかにいると想像するのは馬鹿げているし、あなたの自信を殺してしまうことになる。あなたが学級委員長の選挙に落ちても、クライアントとの打ち合わせでミスをしたとしても、皆が一週間ずっとあなたのことを陰で噂しているなどと考えないほうがいい。噂していないからだ――皆、ずっと前に次のことに移っている。

もしあなたが仕事で問題に直面したら、「これは仕事なんだ」と自分に思い出させよう。あなた自身のことではないのだと。もし上司が、あなたが進めているプロジェクトには改善の必要があると言ったら、それを個人的な攻撃だと見てしまわないようにしよう。もし同僚が、笑みひとつ浮かべずに週末がどうだったかと訊いてきても、暗にオフィスにいなかったことを非難されているというわけではないのだと気づこう。たとえば、こういう考え方をしているときの私たちは、エゴイズムの極みにいる。

〃彼女は絶対に私に怒っている。彼女が提案してくれた点を追加しなかったから〃
〃あのミーティングの調整がまだできていない私のことを、彼が間抜けだと思っているのはわかってる〃

ここで、例の別の解釈を仕事にも取り入れるといい。

〃まあ、でも彼女／彼は、今日四つもミーティングを抱えている。そっちのほうが大変で、私のことなんか考えてもいないわ〟

確かに、他人の意見や批判が、個人的な意味合いをもつこともある。専門分野によっては、常に批評にさらされることもある。たとえば、パフォーマーたちは、普通の人とは別のレベルで精査されて生きている。

「劇場のなかでは、頭のてっぺんから爪の先まで、眉毛から耳たぶまで、衣装からメイクアップまで、すべてが批評の対象になるの。気が狂いそうになるわ」オペラ歌手でボイスコーチでもあるクリセレーヌ・ペトロポウロスは言う。「絶対にいいことは言われないから。いつもひどいことしか言われない。私は、よく息ができなくなって倒れたわ。言われたことすべてを個人的に受け取ってしまっていたから。指揮者が近づいてきて『あなたは歌い方を知らない』とか『まるで象のように見える』とか言うのよ……あああああ！って叫びたくなった」

ストレスが声帯に与える影響を勉強し始めたペトロポウロスは、愕然とした。自分の評価の受け止め方が、自身のパフォーマンス・スキルを壊していることに気づいたのだ。ペトロポウロスは、批評は彼女のスキルに対して向けられたもので、彼女個人の価値に対して向けられたものではないと学んだ。

今日、彼女は声楽の教師として非常に人気がある。彼女のレッスンは発声法と同じくらい自信をもつことに重点を置いている。彼女は、長いリストの受け答え集を生徒たち――主に子どもたち――とともに稽古し、生徒たちが批評にうまく対応できるようにしている。

批評：あなたの今日の髪型、ひどいですね。
返事：そう言ってくれてありがとう。もしくは、ご指摘ありがとう。
批評：また鼻にかけて歌っているよ。やめさない。ひどい声だ。
返事：教えてくださってありがとう。もっとうまくやれるようにがんばります。
批評：その衣装は似合わない。
返事：では、どんな格好をしたらいいと思われますか？　または、どういうふうに変えたらいいと思いますか？

これらの受け答えを聞いてクスクス笑う生徒たちもいるが、長期的に見て、ネガティブな情報をどう受け止め、自分のなかでどう処理するかについて、彼らはより気を配るようになるとペトロポウロスは言う。クレアも、自分が批判されたと感じたとき、何かしら反論する前に、「ありがとう」と思うことで、批判を個人的に受け取らずにすんだという。あなたも自分のニーズに合わせて、自分用の受け答え集を作ることができる。「フィードバックをありがとう」、「ご意見、感謝いたします」など。
批判を個人的に受け止めてしまう習慣を断ち切れないようであれば、もう一度まわりを見回し、現実を見てみよう。多くの人たちが、あなたが直面しているのと同じハードルにぶつかっているということを思い出してほしい。そして多くの女性にとって、自分たちではコントロールできない「大いなる力」がキャリアに影響していることを。「自分が経験してきた障害がなんなのかようやく理解できたことが、私の自信にとっては、本当に助けになりました」ユタ州立大学のクリスティ・グラスが言う。「それは『私にスキルがないからこの仕事ができないということじゃない。この仕事をするために必要な資源が、私には与えられなかったというだけ。いつも私に積極性が足りないせいばかりではないし、私個人の失敗のせいというわけでもない』ということだったんです」

彼女は、職場における偏見が実際にあると気づくことが、自己不信の強力な解毒剤になると言う。特に若い女性にとっては。だから、今度あなたが重役会でプレゼンをすることになり、キャティーが最近経験したように、十四人の男性と二人の女性がテーブルについているのを見たら、その「大いなる力」によって、自分の自信がスランプに陥る可能性があると気づいたほうがいい。それを認識するだけでも、あなたが前進するのを、そして不安になっている自分を責めないようにするのを助けてくれる。世の不公平さについて思い悩みなさいと言っているわけではないし、もちろん、長々と愚痴を言ったり、あきらめたりするべきではない。だが、組織の背景や力学を理解することは、あなたの問題や失望を客観的に捉える助けになるはずだ。

主役になるタイミング

女性はたいてい、スポットライトを悪いほうにあてがちである。自分の失敗や、不安、そして自分が必ず失敗するであろう突飛な理由の数々に強い光をあてたがる。逆に、自分の手柄による勝利や成功を喜ぶべきときには、影に踏み込み、自分の達成したことを、まるでこれまで見たこともないもののように、不信の目で見る。「私たち」から「私」に戻るべきとき、フォーカスを自分自身にあてるべきときはたくさんあるのだ。私たちは、会社に対して、自分の価値を正しく認識させなければならない。そのためには、そう、ときには自慢することも必要になる。それは職場でのあなたの立場を助けてくれるだけではない。自分が実際に成し遂げたことを自分で耳にし、きちんと認識するだけで、あなたの自信にとって大きな支えになるのだ。

ほとんどの女性にとって、自虐的なほうが、ことさら自慢するよりもずっといいように思えるだろう。だが、それはあらゆる場面で裏目に出る。自分の業績を他人に対してただ単純に謙遜しているだけだとしても、本質的に私たちは自分自身をダメにする話をしているのだ——自分たちが本当はその業績には値しないという話を。それは私たちが自分をどう見ているかということに影響するだけではない。他の人たちが私たちをどう見るかにも影響する。上司というのは、勝ち組に部下になってほしいのだということを忘れてはいけない。彼らは、私たちがうまくやったことを知りたいのだ。それ以上に、自分が成し遂げたことを、自分自身に対してさえ低く評価することは、今後のハードルを越えようと努力する可能性も低くなるということだ。

賛辞を素直に受け入れ、成功体験を自分のものとする道を探さねばならない。幸運のおかげにしたり、自分を卑下したりする代わりに。難しいなら、簡単にしておくことだ。褒められたら、「ありがとう。そう言ってくださって嬉しいです」と答える。それだけでいい。その言葉を発するだけでもたらされる感情は、驚くほどパワフルだ。

この自己卑下に関して、自分たちの例として、どのエピソードを紹介しようか私たちは迷っていた。すると編集者のホリス・ヘイムバウチがすぐに最もふさわしい例に気づいた。そう、本書の原稿にでさえ、私たちは、さまざまな余談を使って、自分たち自身を自虐的に書く衝動を抑えられなかった。自分たちの科学にたいする知識のなさ、ビジネスセンスのなさ、そして組織的能力の欠如はすべて対象となった（それを私たちは、謙虚でいいことだと思っていた）。あまりに深く染み込んだ習慣で、自分たちはまったく気づきもしなかった。運良くホリスが気づき、鋭い指摘をしてくれた。私たちがこのテーマで講演もしているプロで、何年もかけて研究、執筆をしているという事実は、私たちが自分たちに向けた辛辣な言葉をまったく信憑性のないものにしている、と。

繰り返し、繰り返し、繰り返し

ミカエラ・ビロッタは、自身の力強い上腕二頭筋で、つらい懸垂ひとつひとつと共に自信を積み上げていった。鋼のような屈強な肉体にならなければ、アメリカ海軍兵学校を卒業することはできない。それはビロッタにとっては大変なことではなかった。猛烈なトレーニングで目標を達成してきた——懸垂以外は。ビロッタは懸垂が嫌いだった。そして、懸垂を何回続けてできるかで、同期のなかでの自分の位置を確認していた。「あの人は二十回できます」ビロッタはクラスメイトについて言う。「彼女はすごいです」

懸垂を習得するために、日々、何時間もの努力を五年以上続けた。そして、それは報われた。今では、十四、五回できるようになっていた。ビロッタはその回数を誇りに思い、そして自分の能力に自信ももった。「十四回できるようになるまでは、努力して努力して努力しなければなりませんでした。でもその努力をする気がなければ、この仕事を選んではいけないんです」

それは自信でも同じことだ。練習をしなければ身につかない。なぜなら、自然に発生した私たちの自信はすべて、努力から、特に習得から来ているからだ（もう一度注意しておきたい。ここで言う「習得」は、完璧主義を助長するものではない。自分にとって新しい分野を征服するのには「充分にいい」くらいで考えるようにしよう）。

ワシントン・ミスティックスのクリスタル・ラングホーンほど、「習得—自信」の法則のいい例はないだろう。「最初の年は、まったく試合に出られなかったんです」彼女は言う。「それに、うまくプレーすることもできなかった。シーズンの終わりには、バスケが自分に合ったスポーツなのかどうかもわからなくなっていました」プロとしての経験のなかでいちばんつらかったときのことを思い返し、彼女はしばし押し黙った。辞めるかわりに、と彼女は私たちに言った。彼女は別の計画を思いついた。もっと練習することにしたのだ。少し練習量を増やすといった程度ではない。オフシーズンにリトアニアでプレーしているあいだは毎日、通常の練習が終わったあとに何時間ものシュート練習をした。彼女は自分のシュートフォームを徹底的に改良しなければならないとわかっていた。そして彼女はそうした。

その変化は目に見えるものだっただけではない。並外れていた。クリスタルは戻って来たとき、リーグのなかで最も成長したプレーヤーに送られる、最優秀躍進選手賞を受賞した。その年以来、毎年オールスター選手に推薦されている。彼女は文字どおり、自分の人生に大変革《チェンジ・ゲーム》を起こしたのだ。何度も何度もバスケットに向かってシュートをし続けることで。

練習。学ぼうとする意欲。それが今、試合のときに彼女を支える自信につながっている。「努力をしたことで、『私にはできる。努力したんだから。練習でずっとやってたんだから』と思えます。それが私に自信をくれるんです」成功する人々が、生まれつきの才能がある人々とは限らないと思い出させてくれる、いい事例だ。彼らは天才ではない。実行家なのだ。

はっきり大声で話そう（でも語尾を上げずに）

知らない人の集団に向かって話すことを考えると、ほとんどの人は、自信の上に暗雲が漂い始めるだろう。大勢の前で演説をすることは、女性の自己信頼にとっては象徴的な挑戦である。政界に出ようとしている若い女性たちを支援する団体〈ランニング・スタート〉によると、女性を選挙政治から遠ざけるいちばんの要素は、人前で話すことの恐怖だという。だが、ほとんどの人が、遅かれ早かれ、いつかはやらなければならないときがくるのだから、これに取り組む価値はある。読書会か、会議か、結婚式のスピーチか、どこかの局面で自分の考えを皆に聞いてもらわなければならない場面が出てくる。そしてそれは、自信をもって、公の場で話さなければならないという意味である。他の多くのことと同じように、これも学ぶことができるスキルである。たとえ基礎的な部分だけだったとしても、それを習得できるとわかっていれば、意味のある自信を手に入れることができる。

年次会議を例にしてみよう。あなたは何千人もの同じ業界の人々と、満席の会場で基調講演を聞いている。四十五分の講演の最後に、あなたはどうしても質問したいことが出てくる。だが、講演者が何か質問はないかと聞くと、女性の手はひとつとしてあがらない。男性たちが自信満々で、質疑応答の時間を独占する。女性がそこに座って、無言で考えているあいだ――いったい何を？　自分たちが馬鹿に見えるんじゃないかとか、無知だと思われるんじゃないかとかいうことを？　言葉に詰まってしまうんじゃないかということを？　皆に注目されてしまうかもしれないということを？

これは作り話ではない。第一章で取り上げた研究のことを覚えているだろうか。男性が多数派の場合、女性は通常より七五％発言率が下がるという、あの研究結果だ。私たちは、キャティーもクレアも講演をするので、その状況をよく目の当たりにする。聴衆のほとんどが女性だった場合、それは変わる。女性はたいてい、ほかの女性の前で発言をすることに不安は抱かない。だが、男性ばかりの聴衆だったり、男女半々だったりすると、女性はいつも発言するのに苦労しているように見える。キャティーは、超自信家の妹ジジでさえも、そのひとりであることを知って驚いた。ジジは世界的に活躍している獣医で、ロバとラバを専門にしている数少ない獣医のひとりだ。ウマ科の動物に関する彼女の仕事について講演をしてくれと頼まれることも多く、彼女自身、それを楽しんでいる。だが、最近、奇妙なことに気づいたという。ほかの人の講演に出かけ、質問をする段になると、彼女の頭のなかでは自分が専門家ではないという意識が働き、とても緊張して、手をあげるのに大変な力が必要になるというのだ。まったく理屈に合わない。

私たちは最近、あるディナーの席で知り合った若い女性の自信に、非常に驚かされた。それまで和やかだった会話が、宗教における女性の立場という、とても曖昧なトピックが持ち出されたとたん、闘争的な議論に変わった。テーブルの端にいる男性がずっと、自分の意見の正当性を主張し続けていた。他のゲストたちは、ひとり、またひとりと、彼との議論をあきらめていった。だが、二十八歳のその女性は、屈するのを拒否した。男性は彼女のほぼ倍ほどの歳だったが、彼女はそのことに怯まなかった。女性は社交的な場面では、専門的な場にいるときよりも、会話が困難になりそうな最初の兆候で引き下がることが多いものだが、彼女は議論することをいとわなかった。そして自分の信念を守った。彼女は無礼な振る舞いはせず、実際、とてもチャーミングな女性だったが、降伏もしなかった。その姿に、私たちは非常に感銘を受けた。

オフィスやディナーの席など、小規模な場で自分たちの主張をする能力は、多数の聴衆の前で話す必要があるときや、重要な相手と交渉をするときなど、大切なときのための準備をさせてくれる。

どんな場であろうと、効果的に自分の主張を伝えようとするのは、自信を試されることになる。たいていの場合、心を鋼にし、生来の自意識をなんとか乗り越えて、自分の意志に従うよう、声帯に命令しなければならない。だが、よく考えてみよう。それで実際に何が起こる？　最悪の場合、赤面して、言ってることがごちゃごちゃになり、脇の下に汗染みができるかもしれない。だが、地面に穴があいて、あなたをのみ込んだりはしないし、頭の上に空が落ちてくることもない。そう、あなたはまだそこにいて、無傷で、生きている。人前での話し方に関しては、すばらしい本がたくさん出ているので、ここで助言をするのはやめておこう。だが、自信発掘中に私たちが見つけた、役に立ちそうな新しいポイントをいくつかここで分かち合いたい。

まず初めに、自分のスタイルを使おう。何もフルシチョフを真似て、演説中に脱いだ靴で机を叩いたりする必要はないのだ。ウェルズリー大学の教授ペギー・マッキントッシュは、女性たちが本当に自分の力が行き届いていると実感できる状態を「家庭での自分」と呼んでいる。私たちがそれと同じレベルの自信と、同じスタイルを、仕事の分野にも持ち込むことができたら、女性はもっと影響力を発揮できると彼女は考える。それがあまりビジネスライクなスタイルではなくとも。

ふたつ目に、自分は皆の代表となって話しているのだと考えよう。オハイオ州立大学の心理学者ジェニファー・クロッカーが発見したように、そうすることで私たちは力を得る。自分の意見を作り上げる際に、その手法を使ってみよう。もっと大きな目標や、チームの成果に対してフォーカスすることで、あなたのパフォーマンスに自然に使命感が満ちていく。

そして最後に、「語尾上げ」をやめること。ミシガン大学で心理学を教え、その優れた教育活動に対して、ゴールデンアップル賞を受賞しているクリストファー・ピーターソンは、生徒たちにとても愛されていた。彼はまた、ポジティブ心理学の創始者のひとりでもあった。二〇一二年の終わりに突然逝去されたが、私たちは幸運にも、少し前にしたインタビューで、彼の英知を少しばかり分けてもらうことができた。ピーターソンには、どうしても苛々してしまうものがあったという。

彼は、自分のところにいる多くの女子大学院生たちの話し方が非常に気に入らなかった。自分の講義で、若い聡明な女性たちが、彼の言う「語尾上げ」で質問に答えるのを幾度となく耳にした。きっとあなたもすでに気づいているであろう、あの癖だ（あなた自身もひょっとしたらそれに苦しんでいるかもしれない）。文章の最後で声のトーンを上げ、自分は何かを宣言しているのではなく、本当は質問をしているのだと示すような話し方のことだ。これを声に出して読んでみよう――「映画に行って、それからアイスクリームを食べた」。それからこちら――「映画に行って？　それからアイスクリームを食べた？」もしくは、もっとひどい例。こちらを試してみよう――「我々はオンライン・マーケティング戦略を進めたほうがいいと思います？」そう、ひどいものだ。言語学者たちが、この語尾上げは南カリフォルニアの女性たちのあいだで最もよく使われていると報告しているが、何も驚きではない。でももうヴァレー・ガール（ロサンゼルス郊外のサンフェルナンド・ヴァレー出身の女の子たちの話し方が一時期流行したことから、ヴァレー・スピークという言葉もできた）は過去の流行だ。研究者によると、女性たちは明らかな目的があって、質問風の話し方をするという。それは、心理的なセーフティネットのためだ。相手に遮る気をなくさせ、同意を促すことでの安心感を得る。だから、私たちが自分に確信がもてないときは――その知識がないからではなく、あえて危険を冒すのを不安に思っているから――無意識のうちに自分の発言が質問のように聞こえるようにして、批判をそらそうとしているのだ。

語尾上げはピーターソンをうんざりさせた。それは、学生たちに自信が欠けているという証拠で、会話においてリスク回避をしているように聞こえたからだ。彼はそれはこういうことなのだと言った。〝私の言うことに異議を唱えたりしないで。だって私は実際には何も言っていないもの。ただ、質問しているだけだもの〟

彼は、この大学院生たちは皆すばらしい潜在能力をもっているのに、語尾上げが進歩のさまたげになっていると言った。リスク回避をしているように聞こえるということは、彼女たちの意見から妥当性が損なわれているということだからだ。

ピーターソンによれば、男性にはこの傾向はないという。男子学生たちはどちらかというと、自信過剰な表現に偏っていた。ぶっきらぼうで、遠慮がなく、人を諭すような話し方をする傾向がある。彼はこの問題をそのままそっとしておいたほうがいいかとも考えたが、それが女子学生たちの進歩を阻んでいること、また、実際、簡単に修正できる問題でもあることから、指摘することにした。語尾上げは、結局のところ、女性のDNAに生まれつき備わっているものではないのだ。そこで彼はいつも語尾上げで話す女性たちに、優しく文句を言うようにした。

ここにピーターソンが亡くなる少し前に語った、とてもいいアドバイスがある。「自信をもって言いなさい。あなたの言葉が自信に満ちて聞こえなかったら、誰があなたの言葉を信じる？」インタビューのあと、私たちは自分自身が、たまに語尾を上げて話していることに気づき——しかもそれまでは、自分がそんな話し方をしているなんて、まったく意識してもいなかった——また、自分の娘たちの会話のなかにもそれを聞き、ぞっとした。しかも息子たちの会話には、まったくなかった。「心を込めて言いなさい」は娘たちと私たち自身の合い言葉となった。

自信が身につく簡単な習慣

自信が身につく代表的な習慣は、さらに自己信頼を高める処方箋をも与えてくれる。それらを自分のものにし、確実で永続的な自信を身につけられるように、あなたは脳の配線をし直すことさえできる。だがときには、手早い処置が助けになることもある。私たちは、分かち合う価値のある小さな知恵や、ちょっと変わったヒント、そして避けたほうがいい古い教えも発見した。

●瞑想する：落ち着いた状態の脳は、究極の自信ツールである。そして瞑想はとても効果があることで知られている。軍の基礎訓練コースにも取り入れられている。瞑想中の脳がどれほど健康的に見えるか書いた箇所を覚えているだろうか。文字どおり脳の配線が再編成されるのだ。

また、恐怖心を感じる中枢である扁桃体が小さくなる。感情をコントロールする能力が増加し、明確な目標をもち、冷静に対処することができる。クレアは習慣的に瞑想を行なおうとしているが、たいてい失敗している（ここでいう「失敗」は私たちがこれまで言及してきた類の失敗とは違う）。だが、やったときは、いつもいい結果を得ている。「暴れまわる私の思考を覆うように、静かなパワーがみなぎるのにはいつも驚くの」

●感謝する：感謝することが、幸福と楽観的な思考の鍵だと研究が示している。[*3] 小さいことにそれを見つけよう。ほかの車に道を譲られたら、まずそのことに気づこう。そして先を急いで次の操作のことばかり考えるのではなく、感謝しよう。ただ「ありがとう」と言うだけでもいい。自分に向けられたいい言葉を信じて、感謝しよう。それはあなたの気分を変えるし、ただ「ありがとう、感謝します」と言うだけで、相手の気分も良くする。

●小さく考える：物事を小さく分解していくことで、圧倒される気分と闘おう。まず、問題を個々のパートにほぐしていく。その十分の一を達成しただけでも、あなたの自信は増加する。「私はとても論理的な人間なの。システム・エンジニアリングで学位を取っているのだけど、それはまさしく、複雑な問題をひとつひとつの構成要素に分解していく作業そのものよ」とリンダ・ハドソンは言う。目の前にある問題を単純化することが、彼女が自信をもって問題を解決する助けになっている。「何か圧倒されるような困難があっても、それがたとえ自分の私生活に関することでも、私はこう言うの。『オーケー、これを自分が対処できるくらいのピースにほぐしていきましょう。そしてそれをひとつひとつこなしていけばいいわ』って」

●よく寝て、よく動いて、分かち合う――順不同で：ええ、母親みたいなことを言っているのはわかっている。だがこれは真実だ。睡眠不足と運動不足は、大きな不安を感じる脳を非常に作りやすい（この理論に対し、私たちはテストにテストを重ねたが、それ以外の結果はなかった）。また、友人と親密な時間をもつことで、オキシトシンの分泌が増加することもわかった。だから罪悪感を抱かずに、ゆっくりと女友達との時間を楽しもう。

●パワーが出る姿勢を練習する：リチャード・ペティらの最近の調査によると、背筋をまっすぐに伸ばして座ることで、短時間ではあるが、自信が増加するという。[*4] 今、試してみよう。腹筋に力を込め、顎を上げる。驚くほど簡単だが、普段自分たちがほとんどそうしていないことに気づくだろう。今度はうなずいてみよう。そうしながら話すことで、いつもより自信を感じることができるだろう――さらに、そうすることで、相手に自分に同意するよう潜在的な信号を送っているのだ。そして、そう、常にテーブルについていよう。パワーをもっている人たちとともに座らないことで、相手にパワーを手渡してしまうことになるのだ。

●本当にそうなるまで真似をする：さて、ここに避けるべき項目がある。自信が危機にあるときに、この若干ポピュラー心理学的なことを試してみるとわかる。起源はアリストテレスの観察による「人はくり返し行うことの集大成である」ということから来ている。だが、この説の現代版は、少し誤った方向に解釈され、傷がついた。これをそのまま実行すると、簡単に間違った方向に行ってしまう。本当の自分から離れるという概念は、本書の中心となる前提とも食い違ってしまう。自信は、ふりをすることや、お芝居をすることではない。それは純粋に、成果や努力から生じるものだ。ジェニファー・クロッカーは実際、自信のあるふりをしても、それは自信を促進しないばかりか、ほぼ確実に私たちをより心もとなくさせる、と言う。なぜなら、自分ではないものを故意に装うのは、私たちを不安にさせるからだ。さらに言えば、どんなに自信のあるふりをするのがうまくても、キャメロン・アンダーソンが言っていた、そういう偽の信号は必ずキャッチされる。それも私たちを助ける役には立たないだろう。

自信があるふりをすることの魅力は、それが短いあいだであれば、きっかけを提供してくれるということだ。だが、すばやく自信を活性化させるためには、この方法は見直したほうがいい。別のものや別の人のふりをせず、ただ行動する。小さなことでいいから勇気のいることをしよう。そうすることで、次はもう少し簡単になる。そうすればすぐに自信があふれてくるだろう。本物になるまで真似をしろ——そう言うほうがウケがいいのはわかっている。だが、こちらのほうが、実際にはうまくいく。

●ボトルに手を伸ばす：以上のことがすべてうまくいかなかったら、あなたはいつでもオキシトシン・スプレーを使える。私たちも試してみた。夫のことがとてもいとおしく思えたし、自分たちの仕事も子どもも余裕で管理できると思えた。現代の魔法、液状の自信だ！　だが、その一方で、私たちは運動もしていたし、背筋を伸ばして座ることも続けていたので、これが科学的根拠のない結果であることも認めなければならない。

第7章
部下や子どもに自信をもたせるには

ジム・スティグラーは大学院で心理学を学んでいたとき、様々な教育理論を研究するため、日本を訪れた。ある日、彼は十歳の子どもたちでいっぱいの教室の後ろに立ち、算数の授業を見学していた。教師は子どもたちに立方体を描かせる課題を与えていた。ある生徒が、どうしても形の崩れた立方体しか描けず、とても苦労していた。教師は生徒に、皆の前で黒板に図形を描いてみるように言った。それはスティグラーを驚かせた。アメリカの教室では、何かを「できない」子どもをひとり立たせたりすることはない。それは、かわいそうな子どもをさらに辱める行為だと見なされる。

日本人の男の子は、皆の前で図を描きはじめたが、まだ正しく描けなかった。数分ごとに教師は教室の子どもたちに向き直り、彼の答えをどう思うか聞いた。子どもたちはそのたびに首を振って、「ううん、まだ間違っている」と言った。スティグラーは自分が不安になり、汗をかきはじめていることに気づいた。「私はその男の子に本気で感情移入していたんです」彼は言う。「彼が泣き出すんじゃないかと思いました」だが男の子は取り乱さなかった。彼は落ち着いて、強い意志をもって問題に取り組み続けた。そして最終的に正しい答えを導きだした。教室全体が拍手に包まれるなか、男の子は大きな笑みを浮かべ、誇らしげに席についた。

現在、カリフォルニア大学ロサンゼルス校で心理学部の教授になっているスティグラーは、西洋と東洋の学習に対する見方の大きな違いは、自信にも大きな影響を与えているのではないかという結論に達した。[*1] それはすべて「努力」と関係がある。アメリカでは、とスティグラーは言う。「苦労してがんばることは、あまり頭がよくないということの証だと取られてしまいます。頭のいい人は苦労しない、彼らは自然に理解できる、と思っているんです。ですが、アジアの文化では、苦労することをいい機会と捉える傾向にあるようです」

ここに、すべての親たちと、青少年への指導にあたる立場にいるすべての人たちに伝えておきたいことがある。この本を書く過程で、私たちは、自信というものは私たちが自分の子どもに植えつけることができる、最も重要な資質のひとつなのではないかと考えるようになった。だがそれは、よく親たちが「おまえたちは自分のなりたいもの何にでもなれるよ」と子どもに言い聞かせるような、使い古された陳腐な手段を指しているわけではない。確かに響きのいい言葉だ。だが子どもたちはその言葉に中身がないことに気づいている。彼らは、具体的な、明らかな証拠に飢えた生き物なのだ。

自信は彼らに明白な証拠を与えてくれる。自ら事を起こし、失敗するリスクを冒すことができるという自分の能力に対する信頼を。そしてその間ずっと、内なる平静と感情の安定を保つことができるという能力に対する信頼を。根拠のない不確かな約束を吹き込む代わりに、自信は彼らの手に役に立つ道具を渡してくれる。それは成功を保証はしないかもしれないが、自分で思い込んでいた限界を超えるという、もっと重要な役割を果たす。私たちは、自分の子どもたち――フェリックス、マヤ、ジュード、ポピー、ヒューゴ、そしてデラに、それを手に入れてほしいと願っている。そしてそれはどんな信仰や文化や経済的地位にあろうが、どの親でも自分の子どもに与えてあげられる可能性であり、利益でもあるのだ。

完璧にできたかどうかではなく、進歩を褒めよう

スティグラーが日本で発見したのは、苦労してハードルを越えることは、成功するために必要なものを手に入れたことを証明するチャンスになるということだった。日本の授業では、生徒たちが自分の力が及ばないことに対してがんばるように、教師たちはいつも、彼らがすでに教わっていることよりも少し難しい課題を与えていた。そして、一度生徒たちがそれを習得したら、それまでできないと思っていたことが勉強と努力によっていかに達成できたか、教師たちは彼らに再認識させる。[*2]

子どもに、苦労から逃げ出さないことを教えるのは、自信を身につけさせる道として非常に重要なステップである。「完璧」になることなく進歩することは可能だということを見せられるのだから。

自尊感情推奨ムーブメントの反動について先述したが、心理学者たちは、私たちがいまだに

その失敗からきちんと学ぶべきことを学んでいないのではないか、子どもたちをいまだに充分に苦労させていないのではないかと心配している。彼らは私たちがナルシシスト世代を生み出してしまうのではないかと恐れているのだ。つまり、自分は間違えることなどないため成長する必要もないと思う若い人たちを育ててしまうのではないかと。サンディエゴ州立大学の心理学教授ジーン・トウェンギは、腹が立つほどよく聞くあのフレーズ、「よくできたわね《グッド・ジョブ》！」を乱用して子どもの行動ひとつひとつを褒め称える両親に育てられた「新世紀世代」に対して警鐘を鳴らす。[*3]これらの子どもたちは、注目を浴びたがり、見た目やステータスに過剰な重きを置くようになり、強い結びつきを他者と形成することが困難になる可能性もあるとトウェンギは言う。

　あなたはすでにそういう子を見たことがあるかもしれない。たとえば、皆が勝者で、敗者を作ることは許されないというようなサッカーリーグでプレーしていた子たち。バスケットボールの試合に参加しただけでトロフィーをもらっていたような世代。仕事熱心で子どもたちを溺愛しているベビーブーマー世代の親たちは、子どもに対して罪悪感を抱きやすい。子どもに「おまえたちは完璧だ」と伝えることが、自分たちの両親の厳しいしつけの呪縛から逃れる手段だと信じている。それに加え、子どもに対するルールをやわらげ、期待値を下げることが、仕事に縛られている長い時間を埋め合わせてくれるような気がするのだ。

　だがそうやって私たちが子どもに、あなたはすでに完璧だと教えているあいだに、彼らは難しいことを避けて生きるようになってしまう。リトルリーグで負けることを認められていなかったら、大人になってどう失敗に対処する？　負けて、失敗に対処して、自分を立て直して、そしてまたトライするというサイクルが、習得の重要な要素なのだ。自信は言うまでもなく。

だからといって、褒めることがすべて悪いわけではない。心理学者のナンスーク・パークは、褒めることをひとつのタスクに限定し、そしてできるだけ明確にすべきだと言う。特に小さな子どもに対しては。たとえば、四歳の子どもに、テーブルセッティングをお願いしたと想像してみよう。その子があなたの指示に従って、スプーンをテーブルに置いたとき、「まあ、あなたは世界一の息子だわ」と言うのは曖昧すぎる、とパークは言う。「自分たちが何をしたのか、自分で認識できるように助けてあげなければいけません」パークは言う。「たとえば『あなたのスプーンの置き方、とてもいいわね』と言ってあげましょう」彼らがスプーンとフォークとナイフをぐちゃぐちゃに置いたとしてもそれがなんだというのだ。重要なのは、彼が挑戦したということだ。

だから、子どもたちには、カトラリーをぐちゃぐちゃにさせよう。自転車で転ぶままに、ジャングルジムから落ちるままにさせよう。そしてあなたの役割は、そのことを心配しすぎるのをやめることだ。あなたの反応が、子どものなかに自立心やリスクを冒して挑戦する資質を育てる助けになるのだ。

キャティーは自分の子どもたちを、彼ら自身の足できちんと立てるように教育していることを誇りに思っていた。このことに関して、彼女は、イギリス人の友人とアメリカ人の友人たちとのあいだに大きな違いがあると感じている。アメリカ人は過保護で、子どもの生活のささいなところにまで関与したがる。イギリス人はもっと自由放任主義だ。「子どもは姿を見せても声を出してはいけない」つまり大人の前でみだりに口をきいてはいけないという、ヴィクトリア朝時代のしつけの哲学がまだ残っているのだ。だが、キャティーは自分が実際に子どもたちに、ほとんど「失敗」をさせていなかったことに気づいた。そして、このアドバイスを取り入れるのが、自分にとっていかに難しいことか知ってショックを受けた。「彼らはときどき、スクールバスが来る十五分前になって、パニック状態で私のところに来て、大事な宿題をひとつやり忘れていたと泣きながら言うの。私のなかの一部はいつも、『しょうがないわね。ゆうべ夢中でテレビを見ているあいだに思い出すべきだったわね』って言ってやったほうがいいとわかっているの。でも結局、子どもたちの涙につらくなって、鉛筆を出して、時間までに宿題が終わるように『助けて』しまうのよ」

私たちは自分の子どもが苦しむ姿に耐えられず、学校のことで、スポーツのことで、そして友人関係のことで、彼らの問題に手を出してしまう。だが、長い目で見ると、そうしてしまうことで彼らは私たちに頼りすぎるようになり、自分たちの目の前から簡単に悪いことが取り払われることに慣れてしまうのだ。

どうやって目玉焼きを作るか

過干渉か過保護か、何が原因にせよ、私たちの多くは、人生における基本的な挑戦にうまく対処することを子どもたちに教えていない。〈ダーマロジカ〉の創設者ジェーン・ワーワンドは、自分が二人の子どもを甘やかしていたことについて清々しいくらい率直に語った。自分の子育ては間違っていたのではないかと恐れていることも認めた。だが、影響を与えるのに遅すぎることはない。そこで彼女は簡単な修正から始めた。そう、小さく始める、というところから。

「バレエや中国語を習わせたりしなくても、もっと小さいことから始めればいいんです」と彼女は言う。「私の子どもたちはレベルの高い私立に通ってたけれど、自分の靴を磨くことは教わらなかった。私は彼らに、基本的なことは自分でできるのだということを教え忘れていたのね。そこで子どもたちと一緒に、生活面で自分で対処できるようにならなければならない二十の小さなことをリストアップしたの」

ここにジェーンのリストのなかからいくつか紹介しよう。自分のを思いつくのもそう難しくないとわかるはずだ。

・友だちにはメールではなく、電話をすること
・自分の洗濯は自分でやる
・バスに乗る
・目玉焼きを作る
・裾を繕う
・ボタンをつける
・フェイスブックでコメントするのではなく、直接友人に言う

経験を楽しいものにしよう。必要ならゲームにしてしまってもよい（でも、できたからといってご褒美は与えないこと）。どんなやり方でもいいので、子どもたちに生活の基本的スキルを習得できることを教えよう。目玉焼き、ボタン、バス——一度にひとつずつでいいのだ。そしてここにあなたの本当の挑戦がある。子どもたちがテストでしくじったり、夕飯をこがしたり、バスに乗れなかったりしても、すぐに手を貸してやったり、怒ったりしないこと。誰にとっても、技術を習得することは、フラストレーションに耐える能力を必要とする。すぐに手を貸したり騒いだりすると、あなたの子どもはその忍耐力を発達させることができない。深く深呼吸をして、彼ら自身に答えを見つけさせよう。そして失敗をさせるのだ。

あなたのことではないのだ

アイルランドでは、保健・児童省が最近、両親が子どもの精神的健康《メンタルヘルス》にどのくらいの影響を与えるのか数値化する試みをした。ポジティブなメンタルヘルスを、「自分が自分であることに自信をもっていて、物事に適切に対処・対応できること」とした——どちらも自信を身につけるには大切な特性だ。*4 国中の若者に、何が自分のメンタルヘルスに痛手を与えると思うか訊いた。答えは、見た目を批判されること、学校や試験のプレッシャー、そして家族の行動、だった。彼らが最もダメージを受けたと感じる家族の行動は何だろう？「両親の期待に添えるようにと期待されていること。ときどき自分の夢を子どもたちにかなえてほしがる親がいるから」子どもに新しい挑戦をさせ、リスクを取ることを教えるときに、それを子どもたちのためにやっているのだということを私たちは忘れてはいけない。自分たちのためではないのだ。子どもたちがどれほどうまくやっているかが、自分たちのステータスを左右すると思っている親をよく見る。サッカーの試合で審判と叫び合いの口論をし、子どもに恥ずかしい思いをさせるような親たちだ。また、重要な試験の前にティーンエイジャーになった子どもと長い夜を勉強しながら過ごす親たち。これは、もっといい目的のためにやっているはずなのだが、同じくらいの潜在的ダメージがある。ただ指導しているだけだと自分たちに言い聞かせながら、本音は自分の子どもが成績優秀でないという可能性を直視できないだけなのだ。さらに、子どもの就職活動についてくる親という恐ろしい話も、皆どこかで聞いたことがあるだろう。

あなたにとって大切なことは、子どもはあなたを見て育つ、ということ。彼らが、あなたというお手本から何を吸収していくかということである。あなたが苦労し、それに打ち勝っていくところを見たり、または単に努力しているところを見るだけで、子どもはそれを吸収する。

私たちの友人で弁護士のターニャ・コークは、そういう母親に育てられたことが、多くのアフリカ系アメリカ人の女性たちが、しっかりした自信の習慣を身につけている理由のひとつではないかと考えている。

「私の世代の黒人女性は、自分のことは自分でどうにかするということに慣れているの」彼女は言う。「そうしなければならなかったから。私たちのほとんどは、外で働く母親がいる家庭で育ったわ。友だちで、母親が働いていなかったっていう人はひとりも思いつかないくらい。

私たちのお手本とする人は強かった――家計を支えるためなら、しなければならないことはなんでもするという母親たちだった。だから今、私には、必要とあらばどこにでも出ていって、自分が先頭に立つこともいとわない強さが身についているんだと思うわ。だからといって、大変じゃないということにはならないけど」

自信のある娘たちを育てる

私たちが拾い集めてきた自信を作り上げるための数々の教えは、子どもたち皆に使えるものだが、いくつかは特に娘たちのためのものだ。女の子をより積極的に、より独立心旺盛に育てるのには、意識的な努力が必要だ。そしてそれは、彼女たちを「いい子でない子」にするのとセットになっている。

それは、無意識に始まっている。だって、お手伝いをして、騒がなくて、いつも行儀のいい子どもをありがたがらない大人や両親や教師がいるだろうか？　正直に認めよう――こういったあまり手のかからない子どもは、大人にとってただ楽なだけだ。誰も、女の子はいい子でいなければならないという考えを、故意に押し付けようとしているわけではない。ただ女の子は小さいうちからそれらのことが、男の子より簡単にできるというだけだ。第四章で述べたように、女の子は、意識的か否か、それらの行動が褒められる近道であるということをすばやく学ぶ。そしてそれはすぐに、壊すのが難しい「褒めサイクル」の習慣となり、結果として私たちは無意識のうちに娘を、主張しないように、そしてあまり要求をしないように訓練してしまう。

私たちの注意がそのことに向くころには、習慣は壊しにくくなっている。

好戦的な性質を娘たちのなかに育成すべきだと提案しているわけではないが、この品行方正でいることのプレッシャーと称賛という、ずっと続くサイクルは、女の子がのちに「職場」という厳しい世界で自信をもつ助けにはならない。口やかましい両親を軽くあしらったり、門限を破ったり、お風呂に入るのを拒否したりしてきた男の子たちは、社会に出てからも、昇進や昇給を打診して上司を苛立たせるかもしれないという類の恐怖には慣れてしまっている。彼らは目上の人を怒らせるかもしれないという心配はあまりしない。なぜなら、彼らの姉や妹と違って、人に同調するようには訓練されていないし、彼らの脳は批判に対して繊細には作られていないからだ。

もしあなたが、何事にも過剰な両親で――現実に向き合おう――いい子になると期待できる娘がいたら、あなたの人生はとても簡単だろう。だが、もし娘に、のちの人生で自分の主張をきちんとできるだけの自信をもってほしかったら、あなたは娘を少しばかり悪い子になるように仕向けなければならない。

それにはふたつのステップが必要だ。ひとつは、悪い行為をあまり大げさに批判しないこと。あなたの娘が、邪魔をしたり、金切り声をあげたり、かんしゃくを起こしたり、新しいワンピースを破いたりしても、彼女を叱責したいという本能を抑えよう。特に、それは女の子らしくない、とは言わないようにしよう。「メリー、とてもがっかりしたわ。こんなふうに騒いだり／手伝わなかったり／いたずらをしたりするのはあなたらしくないわ」というフレーズは手放さないといけない。

ふたつ目に、いい行ないをあまり褒めすぎないようにしよう。これはあまり馴染みのない考え方かもしれないが、自分たちの娘を、いつも理想的な振る舞いをしていなければならないと考えてしまう習慣から引き離すためである。手伝ってくれることで、静かにしていることで、もしくは部屋をきれいにしていることで、いつも娘を褒めていたら、いい行ないとそれに付随する称賛に心理的に依存することを、彼女たちは覚えてしまう。

称賛に依存しない独立心がどれほど強いものか、あなたは知っているだろうか。ワシントンDCの教育総長だったミシェル・リー——アメリカで最もひどい学区を変えようと単独で奮闘した女性の話を聞いてみよう。彼女は組合に楯突き、生徒の親たちをかんかんに怒らせたが、まったく気にしていないようだった。その性質は彼女をとても強い女性にしていた。「誰かに嫌われようが、なんとも思わないわ」リーは笑いながら言った。リーがワシントンDCの公立校の大改革を行なっていた真っただなか、彼女は連日のようにマスコミに叩かれていた。心配したリーの母が彼女と一緒にいるためにやってきた。ある日、彼女の母がテレビをつけると、教育委員会の会議で人々が娘に向かって怒鳴っている場面が映っていた。彼女はテレビを消して、新聞を開いたが、保護者と教師たちが娘に向かって発している辛辣な言葉を、見開きで見るはめになっただけだった。その夜娘が家に帰ってきたとき、心配した母はキッチンでピーナッツバターサンドイッチを作っている娘をつかまえた。「母はキッチンに入ってきて、『あなた、大丈夫なの？』ってささやいたわ。私は『ええ、大丈夫よ』って言ったの」リーは当時を思い返した。「そして母は『あなたは小さいときから、まわりの人が自分のことをどう思おうと全然気にしなかったわね』って言ったの。『私はいつもあなたが、非社交的な子に育つんじゃないかって思ってたけど、今はそれがちょうど役に立ってよかったわね』って」

また、私たちは、自信は子どもたちによって見え方が違うということに気づいた。キャティーには二人の娘がいる。マヤとポピーは、自己信頼の表われ方が人によってどれほど違うかという生きた証明だ。

ティーンエイジャーのマヤは、素直でよく手伝いをする子だが、かなり断固としたところがあって、非常に頑固とも言える。人と対立はしないが、仲間や親たちに振りまわされることもない、明らかにリーダータイプだ。自分が何を欲しいかということに確信をもっていて、デートのことだろうがドラッグのことだろうが、グループと同調する必要は感じていない。マヤの自信は静かだが、しっかりしている。彼女の妹のポピーは、まったく違った方向で自信がある――もっと挑戦的な方向で。「ポピーが生まれるまでは、あんなにはっきりと決意をもって『ノー』と言う子どもは知らなかったわ」とキャティー。「ほかの三人の子どもたちはどちらかというと皆、気楽な感じなの。だけどポピーはほかの人が自分をどう思おうが気にしない――相手が私でも、先生でも、彼女の兄たちでも姉でも。誰かを喜ばせようなんてことに興味はない。もし彼女があなたに腹を立てていたら、面と向かってそう言うの。もし誰かを嫌いだったら、それを隠そうとはしない。もし彼女の気に入らないプランを提案したら、彼女はきっぱりノーと言う。彼女はいつでも自分のあらゆる感情を表現するのになんの問題も感じていない。

付き合うのにときどきとても疲れるし、明らかに大変だけど、でも疑いの余地なく自信があると言えるわね」

意味のない完璧主義はやめさせよう

子どものころにいい子になろうと努力することは、女性として完璧になろうとしてしまう癖につながる種を蒔いていると言える。クラスのトップになるにはすべてを正しくやらなければならないと思い込むようになってしまうのだ。それは完璧主義につながる。だが実際は、本当の達成を抑え込む結果になってしまう。完璧主義は、「充分」の敵である。そしてそれは自信の敵でもある。この危険性は特に優秀な女子たちにとって深刻である。『Supergirls Speak Out: Inside the Secret Crisis of Overachieving Girls（声をあげるスーパーガールたち：がんばりすぎる女子たちの知られざる危機）』（未邦訳）の著者リズ・ファンクは、どれほどたくさんの女子が、飛び抜けた存在になろうとがんばりすぎて、自分を限界まで追いつめてしまっているか解説している。[*5]

がんばりすぎる女子たちは、すべての時間をがんばることにかければ成功すると思っているかもしれないが、実際は少し気を抜いてもできる程度以上にはうまくいっていない。このような女の子たちは会社に入ると、自分だけがそれをうまくやる能力をもっていると信じているがゆえに、いくつものプロジェクトを抱え込んでしまう社員になる。彼女たちは日々の業務をいかにきちんと正確に行なうかに集中しすぎていて、目を上げてより大きな視野で物事を見る時間をとらない。自分の行く道を確信しているがゆえに、ときに挑戦を拒否し、徐々に同僚や仲間を遠ざけはじめてしまう。そしてその間ずっと、成長できないでいる。それは自信ではない。近視眼的で孤立した独りよがりだ。

ここにいくつか、あなたの娘が完璧主義になるのを阻止するアイデアがある。

・過剰に褒めず、控えめに。「これに関してはとても努力していたわね。よくがんばったわ」のほうが「あなたは誰よりも優秀な生徒よ」と言うよりずっといい。
・ほかの人と比べてよくできたかそうでなかったかではなく、自分がベストを尽くしたことに満足を感じるように仕向けよう。
・あなた自身も完璧ではないことを見せよう。間違いを犯しても隠さないこと。そして、何かを間違えたからといって、世界が終わるわけではないことを身をもって教える。
・ユーモアはいつも助けになる。あなたが自分の失敗を笑い飛ばすことで、あなたの娘も自分自身の失敗を笑ってもいいのだと思えるようになる。少しのユーモアと客観性が、完璧でありたい欲求に穴をあけてくれる。
・思い返しても心が痛まなくなった失敗や、乗り越えられた障害を、娘と一緒に振り返ろう。いろんな視点でものを見ることと、精神的回復力《レジリエンス》を養うのに役立つ。

ピンクを押しのけよう

有名な玩具メーカーのレゴは、二〇一一年に画期的なアイデアを商品化した。ピンク色のブロックのラインを作り、プリンセスセットとして発売する。それはステレオタイプに迎合した戦略でもあったし、賢いビジネスでもあった。レゴブロックを買う女の子は三倍に増え、レゴのジェンダーギャップをかなり小さくした。

　こういった、女の子用の色を用意することで何十億ドルもの利益が生まれる現実に直面すると、自分自身の無意識の先入観は言わずもがな、文化的な傾向に逆行することはいっそう困難な気がする。だが、もし、男の子たちがたやすく手に入れているように見える自信を女の子たちにも手に入れさせようとするなら、私たちはステレオタイプを打ち砕き、娘たちに、彼女たちもエンジニアやＩＴ長者、そして金融の天才になることができるのだと見せなければならない。

　科学と数学の例を見てみよう。世界の先進国が加盟する国際機関、経済協力開発機構《OECD》の二〇〇九年のレポートによると、将来エンジニアリングやコンピューターサイエンスの分野で働くことを希望している女子は、五％以下だという。男子では一八％だった。[*6] どちらの分野もかなりの数学の知識を必要とすることから、女子は数学ではあまり優秀でないという仮説が成り立つかもしれない。だが、そうではない。レポートは、問題を解くことにおいては、男女間で成績の違いはほとんどないと確認している。それどころか、いくつかの国（アイスランド、ノルウェー、スウェーデン）では、女子のほうが成績がよかった。そして男子のほうが成績がよかったのはマカオだけだった。女子の数学の能力にはまったく問題はないのだ――ただ、本人たちがそう思っていないだけで、実際、ＯＥＣＤのレポートは、私たちが女子とその能力と自信について発見したことをすべて裏づけてくれた。「ほぼすべての国において、女性は数学が関係することに対しての自己効力感が男性よりも低かった」とレポートは報告している。「男性は女性に比べ、自分の能力にもっと肯定的な見解をもっている。女性は、数学のクラスで男性に比べ、より大きい不安、無力感、そしてストレスを感じているということが、四十カ国中三十二カ国であるということがわかった」

たとえあなたの娘がピンクのレゴが好きであろうと、ヒラヒラしたバレリーナのようなドレスが好きだろうと、数学や科学を好きになれない理由はないのだ。ただ、女子たちの理系科目との関わり方を変えなければならないだけだ。

そのためのヒントをいくつかあげよう。

・娘が科学の世界に興味をもつようなストーリーを作ってあげよう。天気、気温の変化、食べ物、乗り物、病気やアレルギー、そして彼女がフェイスブックをしているパソコンのことなどはすべて、彼女の想像力に火をつけられる科学の分野だ。教師たちによると、中学に入ったら、女子生徒には科学をひとつの教科として教えるのではなく、社会科に組み込んで教えるとより理解できるようになるという。

・たとえ冗談でも、自分自身の数学力を卑下しないこと。どれだけの女性が「私は数学はまったくダメだから」と言っているのを聞いたことがあるだろう。その自己評価は、女子は作文が得意で、男子は数学が得意なものだという誤ったステレオタイプへと向かわせてしまう。その代わり、少しずつでいいから、数学ができることがいかにクールで役に立つか、ことあるごとに口にしよう。あなたは彼女の最も強力なお手本なのだ。

そして、娘たちにはぜひとも運動をさせよう。たとえそれが彼女たちの心からの望みではなかったとしても。スポーツは女子にとって、正々堂々と競争することを学ぶ重要な方法である。ワシントンDCで少女たちのためのサッカーリーグを運営しているカレン・ケルサーは、スポーツをすることは、奨学金のためでもなく、オリンピックのためでもなく、現実世界のために、重要なトレーニングになると固く信じている。「それはほかのいろんなこと以上に、人生を映し出します」彼女は言う。「少女たちにとって、チームで何かをしたり、勝ったり、負けたり、失敗を乗り越えたり、そして互いにその失敗を乗り越える手助けをしたりする機会は、ほかにそれほど多くはありません」

彼女は、自分のリーグにいる少女たちには、すぐに手に入る勝利を勝ち取ることではなく、技術を習得することに集中させる。それが時に、負けず嫌いな親たちをイライラさせることになっても、敗北は健康的だとケルサーは思っている。さらに彼女は、時間をかけて確実なスキルを身につけさせることで、より永続的な自信をもたせることができると言う。

また、長い目で見た成長よりも勝利に重点を置くと、潜在的なプレーヤーたちを押しやってしまうため、ほとんどの女の子が高校に上がるまでに競技スポーツをやめてしまう。ケルサーはそれを懸念している。

・もしあなたの娘がスポーツをやっていたら、それが大変になったときにやめさせないように。スポーツで完璧な人は誰もいないのだから。

・できるなら、小さいうちから始めさせよう。十歳よりも四歳のときのほうが他人にぶつかっていったりすることに抵抗が少ない。特に女の子にとっては、大きくなるほど慣れるのが難しくなる。

・あなたの娘が、サッカーやバスケットボールの荒っぽいハードな世界に入りたがらなかったら、水泳や空手や陸上を考えてみればいい。私たちの友人の娘はチームスポーツが好きではなかったが、十二歳でスカッシュを始めて、今では夢中だ。彼女たちに、宿題や試験以外で、勝ったり失敗したりすることを経験させよう。

そしてすべての分野で——科学でもビジネスでも政治でも芸術でも、または競技スポーツでも——手本を示すのはとても大切である。お手本は、可能性への窓を開けてくれる。人の形をし、女性の顔をもつ、目に見える明白なゴールへと少女たちを導いてくれる。サテンのリボンのついたプラスチックのティアラのようなあやふやなファンタジーに憧れるのではなく。

この本のためのリサーチをしているあいだ、クレアは確かにお手本の力の重要性を感じた。ワシントン・ミスティックスのバスケットボールの試合を見に、デラを連れていったときのことだった。デラ自身、熱心なバスケットボール選手で、いつもそれらしい格好をしていたし、自分のボールを持ち歩いてさえいた。だが彼女は、大人の女性のバスケットボール選手をテレビでしか見たことがなかった。ミスティックスの選手を生で見たとき、コートにいる女性たちの敏捷性や筋肉、背丈などすべてに圧倒されて、デラは静まり返っていた。しばらく経ってから、クレアとデラは化粧室に行った。デラはたいていあまり鏡を使わずに出るほうだが、その日はひとつの鏡の前で立ち止まり、じっと見つめていた。クレアはそんなデラを初めて見た。

「彼女は自分を品定めしていたのよ。少し横から見てみたり、ドリブルの真似をしてみたり。明らかに、たった今見たものから、自分に何が必要か見極めようとしていたの」クレアは思い返す。「たった三十分、あの選手たちを目の前で見たことが彼女のメンタルのドアを開けたのかもしれない。鏡のなかに見た何かにうなずいてから、振り返って『ママ、早くなかに戻ろう』って言ったのよ」

親切に、正直に、そして頑固になろう

娘たちに伝授できるレッスンのなかには、ほかの女性たちにも応用できることがたくさんある。女性たちのなかには、「自信はあなたが選べるものだ」と教えてあげるだけでいい人もいる。それを意識するだけで、彼女たちは自信を積み上げていくのに拍車をかけることができる。だがたいていは皆、もっと具体的なアドバイスが必要だ。どうしたらあなたの友人、同僚、そして娘たちに――とても才能があるのに自分を信じることができないでいる人たちに――自分

たちも成功することができるのだと信じさせることができるだろう？

確実な最初の一歩は、彼女たちに自分の成果を認識させ、そのことについてもっと言及するように促すことである。それは彼女たちの思考を再構成してくれるだけでなく、直接的に職場でのさらなる成果に結びつくという研究結果がある。

二〇一一年に〈カタリスト〉（女性のキャリア推進とリーダー育成、環境整備を目的として活動する国際的な非営利団体）が、三千人のＭＢＡ卒業生に行なった調査のなかで、女性が「伝説の理想の社員の九つのストラテジー」を採用するとどうなるか、というものがあった。[*7] そのストラテジーとは、たとえば、キャリアのゴールを明確にする、注目度の高い任務を要求する、上司と親しくなる時間を作る、などである。九つのうち八つはまったく影響がなかった。しかし、ひとつだけ非常にうまくいったものがあった。「上司や目上の人に、自分の成果を知ってもらうようにすること」だ。〈カタリスト〉によると、そのストラテジーを取り入れた女性は、自分の成果への注目を集めようとしなかった女性たちに比べ、より成長し、より自分のキャリアに満足し、そしてより給与も増えるという結果を得たという。

自分の成果に注目を集めようとすることに、申し訳ない気分になる必要はないのだ。オフィスにいる男性たちはいつもやっているではないか。大きな笑みを浮かべて上司のところに行き、ハイタッチをして、自分の輝かしい勝利について大きな声で自慢している。あなたの友人や同僚や娘に、自分の成果を売り込むように伝えよう。それが彼女たちの雇い主が知りたがっていることなのだと教えよう。思い上がった自慢屋のように聞こえずに自分の成果を広めることはできるのだ。「私たちがクリエイティブ・ディレクションで賞を受けたってお聞きになりました？　我がチームを誇りに思います」というように言えばいい。

元アメリカ合衆国国務長官マデレーン・オルブライトの言葉に、「互いに助け合わない女性には、地獄が専用の場所をあけて待っている」というものがある。幸運にも、上に立つ女性たちの多くが、自分のあとに続く者たちのために、できることをすべてやってくれている。彼女たちは、才能ある人材を置き土産にすることによって、自分たちの成功が評価されることもあると気づいているのだ。

国際通貨基金《IMF》のクリスティーヌ・ラガルドは、自分が多くの女性たちのなかに自信を作り上げるポジションにいることに、誇りをもっている。「私たちはリーダーのポジションにいる。女性の貢献を必要としているところを探すのは社会に対する私たちの義務だわ」彼女は、会議や記者会見などで、手を挙げるのを怖がっている女性を積極的に探すのだという話をしてくれた。「ボディ・ランゲージとアイコンタクトが、その女性に準備があることを教えてくれる。でも彼女は一線を越えようとしない。手を挙げたり、貢献しようとしたりしないのよ」そこでラガルドは、その女性を名指しするのだ。『その後ろの席にいるあなた、何か言いたいことがあるのでは？　さあさあ、話してみてください』そう言うと、すばらしい意見が出てくるの」ラガルドは、彼女らしい気さくな笑みを浮かべて言った。

ラガルドはまた、男性たちがいつも、いかに自分が女性を昇進させたいと思っているか、なのにトップのポストにふさわしい資質をもった女性がいかに思い浮かばないかということを言ってくるのに、うんざりしていた。だから彼女はリストを作った。そしてハンドバッグのなかに、どの組織にとっても貴重な存在となりうると彼女が信じる女性たちの名前をリストアップしたものを入れて持ち歩いている。男性が彼女に、トップに就いてもらいたい女性が思いつかないと相談すると、このリストが出てくるのだ。

ラガルドのような著名な女性に認められることはすばらしい力になるが、友人や同僚たちに日常的な自信を手に入れてもらうもっと実際的な方法は、何か新しいことを始めたり、目標をもう少し高くしたりするよう、私たちが促すことである。ときどき、私たちは人に対して親切でいたいと思うあまりに、また、支えになりたいと思うあまりに、正直になれないことがある。

クレアには、とても才能のある友人がいる。彼女はいつも自分のビジネスを立ち上げる話をしているが、実際にはまったく始めようとしない。その代わり、ビジネスを始めるにあたっての障害を並べ立てている。ビジネスパートナーがよくなかった、クライアントはきっとヨーロッパのほうがたくさんいる、ローンを組むのがいやだ、などなど。数年間、クレアは穏やかな共感で応えていたが、ある日、彼女は率直に、これ以上の言い訳は聞いていられないと告げた。クレアは、友人がもう二度と口をきいてくれないのではないかと心配した。だが実際は、その率直さが友人を前に進ませるきっかけとなったのだ。

女性たちが互いに支え合う性質なのはとてもすばらしいことだが、ときに、友人や同僚が必要としているのは、強引に背中を押されることだったりする。誰かが落ち込んでいたり、壁にぶつかったりしていると、私たちは同情したいという誘惑にかられる。彼らが自分自身を責めているとき、私たちの本能は「あなたはそのままのあなたですばらしいのよ」と言いたくなる。そして、この呪文を自分自身で唱えることで、気分がよくなるはずだと彼らに薦める。それよりももっといい方法がある。

パティ・セラーズには何人か、真の友人がいた。彼らは容赦なく、彼女には昇進が必要だ、彼女の価値は軽んじられていると言った。彼女はその言葉をすぐには受け入れなかったが、彼らはしつこく何年も彼女に説教を続けた。彼女は二十五年間、フォーチュン誌で働いていた。編集記者としてだけでなく、大きなインタビューをいくつも手がけていた。また、かつて彼女が立ち上げ、その後毎年監督している『フォーチュン誌　世界で最も影響力のある女性ミーティング』は、今や驚くほどの大成功をおさめている。パティは何らかの形で自分を伸ばしたいとは思っていたが、上司にそれを告げるのは怖かった。すでにすばらしい仕事に就いているのに、わざわざ波風を立てる必要がなぜある？　だが最後には友人たちの声は彼女に届き、彼女自身の内なる声も届いた。「私はその面談がものすごく怖かったわ」彼女は思い出して言った。

この話がどう決着が着いたか、あなたはもう察しているかもしれない。パティは大きく昇進し、肩書きも変わり、給与も大幅に増えた。現在は〈タイム社〉が行なうすべてのライブイベントの進行を監督している。「あの数年間（数年も！）、自分が何を考えていたのかわからないわ。ものすごく勇気を奮い起こす必要があった」彼女は打ち明けた。「もっと仕事をしたいと言って、クビになると思っていたのかしら？　実際、それを恐れていたのかもしれない」彼女は口をつぐんで、考えた。「たぶん、今以上のことを要求したら、会社が自分をクビにすると思ってたんでしょうね」仕事でパティと関わるようになって長いこと経つが、彼女がそんなジレンマを抱えていたと聞いて、私たちは雷に打たれたようなショックを受けた。だがその経験は、最後には、彼女に大きな自信を与えた。「あれ以来、私がもっと大きな仕事を要求して、それをやらせてもらえるたびに、上司たちが昔よりももっと私を評価してくれるようになった気がするの。いい教訓だったわ」

要約すると、こういうことだ。

現実：上司たちは明らかにその社員を非常に価値があると見ている。彼女はいつ昇進を願い出てもよい。

彼女の頭の中：昇進について要求しないほうがいい。きっとクビになる。

女性の内的な自己評価システムがこれほど壊れているということは、もう一度言うが、驚くべき、ショッキングな、愕然とするような、その他、私たちがこういうことに対して何度も使ってきたありとあらゆる言葉で表現できる。本当にばかげている！　だからこそ、友人や知人、ときには知らない人であっても、互いに正直に、そして強引になる必要があるのだ。

どっちみち、「あなたがいちばんよ」というような決まり文句での品質保証は、そんなに効果はないかもしれない。数年前、ウォータールー大学の心理学教授のジョアン・ウッドは、「私はすごい。私は完璧。私は誰からも好かれる人間だ」など、ポジティブな言葉を自分に言い聞かせるのは、逆によくない効果をもたらすことを発見した。[*8] ウッドと彼女のチームは、被験者に「ローゼンバーグ自尊感情評価スケール」の十個の質問に答えてもらった。それからそのスケールの評価に応じて、被験者を三段階のグループに分けた。ローゼンバーグスケールのスコアが最も低かった者たちが最も自尊感情の低い者たちと見なされ、最もスコアの高い者が、自尊感情の高いグループに入れられ、そのあいだにいる者たちは、中くらいの自尊感情をもつグループに入れられた。自尊感情の最も低いグループと最も高いグループは、無作為にふたつの課題のうちのひとつを与えられた。ひとつは繰り返し自分に「私は誰からも愛される人間だ」と四分間言い聞かせ続ける課題、もうひとつは四分間のあいだ自分の考えや気持ちを書き連ねる課題だった。ウッドの研究結果では、低い自尊感情のグループにいる人で、「私は誰からも愛される人間だ」の呪文を唱え続けさせられた人は、今の考えや気持ちを書かされた人たちよりも、より落ち込む結果になった。ウッドはこの結果が被験者が「感じるようにと言われたこと」と彼らが「実際に感じていること」とのギャップからきているのではないかと分析する。思ってもいない空虚な言葉を繰り返し言い聞かせるのは、理想的な精神状態から自分が実際にいかに遠い気持ちを抱いているかを強調するだけなのだ。この課題は彼らを二重にダメな気分にさせた。

つまり、女性たちには、くり返し彼女がいかにすばらしいかを伝えるよりも、行動を起こさせるように仕向けたほうがいい、ということだ。たいてい、それはたったひとつの提案で事足りる――友人や同僚からのたったひとつのコメントで。「市議会議員に立候補するのを考えてみるべきだ」や、「あなたなら管理職になってもちゃんとやっていける。昇進を願い出るべきよ」など。私たちは行動するための許可を互いに与え合うことで、最も助け合うことができるのだ。ひょっとしたら、私たちに必要なのは、たった一度、小さくそっと押してもらうことだけなのかもしれない。

ときどき、その一押しは、あなたがまったく予期していなかったときにくることもある。自分にどんな可能性があるかということを、ほんの一瞬イメージするだけでも、自信を植え付けるのには重要なのである。もしあなたがある程度権力のある立場にいる女性だったら、ほかの女性や女の子たちがあなたを見ているのは間違いない。あなたはただ、あなたであるというだけで、そして今のポジションにいるというだけで、彼女たちのお手本になるのだ。彼女たちがあなたのなかに見るものが、彼女たちの人生を変えるかもしれないということを自覚しよう。アメリカでは実際にそういうことが多いし、世界ではもっとそうだ。

私たちは、世界中から集まった二百人の女性たち——皆それぞれの国の前途有望なリーダーたち——と話すのに国務省に招かれたとき、そのことを思い知らされた。私たちは、職場におけるる女性のパワーの向上について話すために呼ばれたが、そこで感じたのは、自分たちがいかに幸運な環境にあったかという思いだった。

これらの女性たちは、皆自分でビジネスを興し、国会に出馬し、政治的抑圧に立ち向かった女性たちだった。ひとりひとり、立ち上がってマイクに向かい、自分自身や自分の国のために彼女たちが望んでいる生活や環境について話をした（彼女たちは、私たちの夫が実際に私たちのキャリアや、ときには家事や子どもの世話もサポートしてくれることについて特に興味をもち、また驚いていた。次に夫たちに文句を言いたくなったときにはこのことを思い出そう）。

グループディスカッションのあと、マラウイから来たユーニス・ムッサ＝ナポロと一緒に席についた。彼女は自分の人生を、本人はそうとは知らないうちに変えてくれた女性について話してくれた。ユーニスは小さな村で育った。彼女は自分が学校に行くことも、ましてや仕事をもつことなどまったく想像もしていなかった。彼女の国では、村に暮らす少女たちは、誰もそんなことをしなかったからだ。彼女には、十二か十三で結婚して、息子たちが教育を受けられるように休む間もなく働く自分が見えていた。「六歳の女の子ですら、朝起きてすぐに薪を集めに行き、男の子たちが学校に行く前に朝ご飯を作るんです」彼女は若干の自己憐憫をにじませて、私たちに話した。

だがある日、彼女は衝撃的なものを目撃した。車を運転している女性だ。ユーニスはそれまでそんな光景を見たことも想像したこともなかった。彼女の生まれ育ったところでは、女性は車の運転などしなかったからだ。それは、彼女にとって、想像も及ばないほど自立的で、自信に満ちた、度胸のある行動だった。子どもながらに大胆だったユーニスは、このミステリアスな女性に近づき、話しかけた。女性が車を運転している光景が衝撃的だったとするなら、そのあとユーニスが聞いた言葉はまぎれもなく革命的だった。その女性は、離れた町にある銀行の支店長だったのだ。ユーニスは畏敬の念に打たれ、その女性のたったひとつのアドバイスを受け入れた。「私がやっていることをやる唯一の道は」と銀行の支店長は言った。「教育を受けること以外ないわ」そこでユーニスは、父親に懇願し、彼が観念して彼女に学校で男の子たちの隣に座ることを許可するまで父親を煩わせた。彼女は、ほんのつかの間だったが、自分でも達成できるかもしれないものを見たのだ。そしてそれは彼女の目に焼き付いた。

最初、彼女はお手本の歩んだ道をそのまま追いかけ、銀行の支店長になった。だがそれは、この野心的な、次第に自信を身につけてきていた若い女性には充分ではなかった。「たぶん、女の子たちの窮状をどうにかしたいという情熱が、私のなかに芽生え始めたんです」彼女は言った。ユーニスはかなりリスクの高いことに手を出そうと決めた。国会議員に出馬することを決めたのだ。何の政治的な後ろ盾もない彼女は、九人の男性の対抗馬たちと厳しいキャンペーン合戦を繰り広げたあと、思いも寄らない成果を得た。彼女は勝ったのだ。

第８章 自信の科学

数日違いで、私たちはふたりとも〈ジェノマインド〉と〈23アンドミー〉から、結果が出たというeメールをもらった。そのメールはしばらく私たちの受信箱のなかで放置されていた。のちに私たちは、自分の遺伝子の秘密を開封する勇気を奮い起こすまで、自分たちがぐずぐずしていた事実を笑い合った。どちらもメールが届いていることをお互いに言っていなかったのだ。

この調査の初期、私たちが科学の世界に没頭していたころは、自分たちの遺伝子を検査してみるのはとてもいいアイデアだと思った。だが今、未開封の検査結果は、それほど魅力的には見えなかった。もし私たちの遺伝子が、私たちに由々しき弱点があることを示唆していたら？ようやく、好奇心が勝って、私たちは両社の遺伝子専門家に、電話でのコンサルティングのアポイントを取った。〈23アンドミー〉からもらったeメールの概要は広範囲に及んでおり、さながら将来の健康被害に対する詳細なロードマップのようだった。多くの主要な病気に対する遺伝的なつながりをカバーしていて、スクロールしていくと、私たちがアルツハイマーから心臓病まですべての疾病で死ぬ確率を出していた。いくぶん軽率にこの最先端の遺伝子検査に飛び込んでしまったが、自分の将来の可能性がモノクロで目の前に羅列されているのを見ると、酔いも醒めるような気がした。大部分はラッキーな結果だった。どちらも人生を変えるような驚きは、ＤＮＡのなかに隠されてはいなかった。私たちに関してわかった面白いがとりとめのない事実をいくつかあげてみよう。

キャティーは、世界で最もすばらしい短距離走者《スプリンター》たちと似た遺伝子をもっていることがわかった（彼女が高校でランニングをやめたのは残念だ）。そして彼女の味覚はどうやら苦みをあまり感じられないらしい。クレアの遺伝子は、一族の言い伝えにあったとおり、ネイティブ・アメリカンの先祖（祖母の祖母のこれまた祖母）がいたということは間違いないと裏付けた。

私たちの心理学的な遺伝子プロファイリングの結果のほうは、もっと驚きがあった。〈23アンドミー〉は心配性型／戦士型遺伝子、つまりＣＯＭＴ遺伝子を検査することができた。クレアはキャティーが「戦士型」で、ストレス下でいいパフォーマンスができる遺伝子であることを確信していた。そして自分は「心配性型」だと思っていた。〈23アンドミー〉の神経科学者エミリー・ドラバント・コンリーは、しかしながら私たちのＣＯＭＴ遺伝子はどちらもＭｅｔ／Ｍｅｔ多型だと言い、科学的には「心配性型」のほうだったと告げた。思いがけない結果だった。研究によると、Ｍｅｔ／Ｍｅｔ多型は、日常的な状況においてはとてもいいパフォーマンスをあげるが、ハイリスクな状況だと、自信と落ち着きが失われるとあった。ドラバント・

コンリーは、「心配性型」の人はたいてい高い認知機能が付随していることを思い出させて、私たちを安心させてくれた。

私たちのオキシトシンについての結果は、これまた予測していないものだった。キャティーは、クレアが母性と抱擁欲求の強いほうのOXTR遺伝子をもっていて、自分はもっていないと確信していた。これもまた間違っていた。私たちはどちらも、人々や世間に対してより肯定的な気持ちを抱くことのできるほうの遺伝子をもっていた。私たちはそれを、「心配性型」だったこととバランスの取れる、いいニュースだと捉えた。

私たちはそれから、〈ジェノマインド〉のジェイ・ロンバード博士と話した。彼は、私たちの唾液サンプルからわかったことを、素人にもわかる言葉で説明すると約束してくれた。〈ジェノマインド〉は、あなたも覚えているかもしれないが、〈23アンドミー〉と同じような検査を、もっと掘り下げた形で、通常は医師たちのためにしている。〈ジェノマインド〉の科学者たちは、私たちが第三章で取り上げた、あの自信にとって重要になりうるセロトニン輸送体遺伝子も検査することができた。もし二本あるこの遺伝子のうち一本か、もしくは二本ともが短かった場合、あなたは不安症の傾向がある。二本とも長かった場合は、遺伝的に、より精神的回復力《レジリエンス》が強い傾向にある。私たちは、どちらも二本とも長いことを祈っていた。自分たちのDNAにそのレジリエンスが組み込まれているというセーフティネットがほしかったのだ（ここでは、遺伝子とその影響にまつわる複雑な話をあえて無責任に単純化してしまっているが、それは私たちが遺伝子が決定要因ではないということを知っているからである。それでもその電話で話を聞いていたときは、どちらの遺伝子かということは、非常に重要な気分だった)。

ロンバード博士がふたたび、遺伝子がすべてではないと前置きするのを聞いて、彼が、ショックをやわらげようとしてくれているのだと感じ取った。案の定、彼は私たちがどちらも、短い型と長い型が組み合わさったセロトニン輸送体をもっていると言った。つまり、本質的に私たちはより不安症の傾向があり、そして、人生が投げかけてくる問題によっては、うつになる可能性もあるということだ。ロンバード博士は、セロトニン輸送体とCOMT遺伝子に関して私たちが至った結論に同意した――彼自身、一般的なパーソナリティへの影響という点から見ても、自信という狭い範囲の特性においても、どちらの遺伝子も重要だと考えている。実際、もし私たちのことを何も知らずに遺伝子検査のデータだけ見せられたら、彼は、私たちはどちらも生まれながらに自信にとって最高の構成要素を授けられてはいないと結論づけただろうと言った。たとえ私たちのオキシトシン受容体の結果はプラスだと思ったにしても。

だが、もう一度、彼は私たちに思い出させた。「これは可能性であって、現実にそうだということではありません。環境やエピジェネティクスが、遺伝子をオンにしたりオフにしたりするんです」そして彼はこうも言った。「短い型のセロトニン輸送体をもった人たちはたいてい、より慎重で、柔軟性があります。たぶん長い目で見たら、危機的状況を生き延びる確率は高いでしょう」私たちは心配性かもしれないが、それゆえに生き延びられるのだ。その考えは、私たちを少し安心させてくれた。

つまり、簡単に言うと、私たちは、自信にとってよくないと言われている遺伝子をふたつ、そしていい遺伝子をひとつもっていることになる。私たちはより心配性で、不安になりがちだが、生まれながらに世間に対して楽観的で温かい感情をもっている、ということだ。そして、現実の私たちはというと、実際にそのとおりのときもあるけれど、まったく違っているときもあった。

それでも、自分たちがストレスに弱い心配性型だと思うと、しばらくのあいだ、私たちは落ち着かなかった。完璧主義の私たちにとってこの結果は、なんとなくテストに失敗して、弱いDNAを作り出したような気分になった。私たちの様子に業を煮やした夫たちは、結果が私たちをさらに「心配性」にさせるだけだったのなら、遺伝子検査など最初から受けるべきではなかったのだと指摘した。それを聞いて、私たちは「生まれか育ちか」の調査のことを思い出した。ふたりとも、遺伝子検査の結果による自分の「生まれつき」の部分にフォーカスしすぎていたのだ。私たちも、神経学者のローラ＝アン・ペティットが説明してくれた、脳のなかの脇道や横道を作っているはずだ。二人とも同じ三つの遺伝子変異体をもっているにもかかわらず、パーソナリティの面では、まったくと言っていいほど違っているのだから。たとえば、キャティーはきっぱりとした性格だが、クレアは慎重でじっくり考えるタイプだ。キャティーは身体的なリスクに対処するのは得意だが、人との対立に対しては不安になる。クレアは電話の相手と手強い交渉に取り組むのはまったく問題ないが、山の最も急な斜面を滑り降りるようにと言われても、絶対にやらないだろう。

さらに、私たちがもっているあの不吉な短い型のセロトニン輸送体遺伝子が、スティーブ・スオミが言うように実際に「敏感遺伝子」だったら、私たちはより環境に適応していて、対応力があったということになる。そして、今こうして基本的に幸せで成功していて落ち着いているということは、いい育て方をされたということになる（今の私たちは、スオミの母ザルたちのようにすばらしい仕事をしてくれた自分たちの母親に対して、あらゆる種類の感謝の気持ちを抱いている。そう、彼の研究は、今のところ、母ザルのほうが父ザルよりも重要な役割を果たすと示している）。

私たちが遺伝子検査を経て気づいたのは、本書全体に通じることでもあった。私たちにはDNAによって決められた大枠はあったかもしれない。そのせいで、人よりも多く、緊張やストレスや不安を人生のなかで乗り越えてこなければならなかったかもしれない。でも、どうすれば乗り越えられるかは学んだ。私たちは、人生経験はどんな遺伝的要因よりも重要だと今では信じている。なぜなら、今の私たちは、どんなにストレス度の高い状況にあっても、本当の自信をもって仕事に臨めるし、力を発揮することもできるからだ（テレビの生放送はどう考えてもかなり純度の高い即効性のあるストレスだ）。

結果的に、遺伝子検査はとても興味深かったが、それだけでは私たち自身を定義づけてはくれなかった。出てきたデータは、今ここに存在する私たちに完全に結びつくものではなかった。そのことは私たちを、自信という得体のしれない性質をもつものの、最後の謎に導いた。つまり、皆に合う「フリーサイズ」の自信というものはあるのだろうか、ということだ。

自信《コンフィデンス・コード》の暗号を解読するというミッションにおいて、私たちは充分なほどの自信の見本を見てきた――バスケットボールや銃を巧みに扱う女性たち、試験管や教科書を武器にする女性たち、そして議会や企業の重役室に出入りする女性たちのなかに。全体像が見えてくるにつれ、私たちは予想もしていなかったことに気づいた。彼女たちの「自信」が、たいてい、男性の自信とは違った形で見えるということに気づいたのだ。

それは、女性たちをやりがいのある仕事から追いやってしまう〝マミートラック（働く母親のために、勤務時間や勤務量の融通が利くようにした勤務体系のこと）〟のような、〝女性専用〟の自信があるということではない。自信をもつということは――そしてそれが私たちにしてくれることは――女性にとっても男性にとっても同じことである。実行し、努力し、決断し、そして習得することは、性別による区別はないのである。だが私たちは、自信の表現やスタイルは、工場で作られたように画一的な見た目でなくてもいいのではないかと考えるようになった。

あなたの自信のスタイルが、親世代とそう変わらない、いまだに一般的に浸透している、目立ちたがりの男性の偉そうな振る舞いと同じである必要はまったくもってないのだ。

仕事場における、男性の虚勢は――たぶんテストステロンによって煽られた、そして『マッドメン』（1960年代のニューヨークの広告業界を描いたアメリカのテレビドラマ）に感化されたものだろう――いまだに自信の表現の基準になっている。今のところ、たったひとつの基準と言ってもいいだろう。どれだけコストがかかっても勝つという気力。リスクに対する飽くなき欲求。すばやい決断。大声でエネルギッシュな会話。それらが、男性たちにとっての、価値ある行動と手法である。それがうまくいくこともあるだろう。だからといって、それが自信の定義というわけではない。

だが私たちは長いあいだ、勝つためには、そして自信を身につけるためには、そうしなければならないのだと思っていた。無理があるし嘘くさいと感じていても。男性版の自信を鎧のように着用することで、自分たちが変身できるとでも思っていたのだろうか。

私たち女性は（そしてたぶん、多くの男性たちも）、そんなことはしなくてよかったのだ。このことに気づいたおかげで、私たちが一年以上引きずってきた、あのイライラする難問が決着した。〝自信を身につけるためには、馬鹿にならなきゃいけないのか？〟いいえ、そんなことはない。ありがたいことに。ここまでの調査も、何十人もの自信に満ちた女性たちへのインタビューも、もっと自然で、信頼のおける方向を指し示してくれていた。それはこれまでとまったく違うアプローチだ。材料は同じでも、結果として生ずるものはそれぞれユニークなものになるだろう。

このニュアンスを理解するのは重要だ。ちゃんと注意していないと、女性たちはまた間違ったものを追いかけている自分に気づくことになってしまう。ウェルズリー大学のペギー・マッキントッシュは、自信は、長年のあいだに社会化されて、よりアグレッシブな表現をするものだと思われるようになっているが、本来はもっとさりげないものだと言っている。

では、私たち女性の自信はどんなふうに見えるものなのだろうか？　わかりやすくするためにこういうふうに考えてみよう。

あなたは今、有能で精力的な人々が集うオフィス・ミーティングの只中にいる――つまり、あなたの自信が試練にさらされるであろう場にいる。あなたは次のプロジェクトに関して、重要な提案をしなければならない。そしてその提案が皆に気に入られないだろうとわかっている。女性にとってこれは、たいていの場合、自分のなかでレスリング試合並みの葛藤が起こる状況である。自己不信が勝って、あなたを沈黙させるかもしれない。もしくは、なんとか自信を見せようと奮闘し、若干防御的で偽物とわかってしまうような自信を見せるかもしれない。

私たちは、そこには三つ目の道があると言いたいのだ。いちばん最初に口を開く人間になる必要はない。他者の意見を聞いて自分のなかに取り込み、自分の提案を披露する際には、同僚に頼ることだってできる。手柄はいつも自分のものにせず、順番にまわしていけばいい。そうすることで、潜在的な敵を作ることを回避することもできる。静かに話しながらも、説得力のある、皆に聞いてもらえるメッセージを発信することはできる。女性にとって自信は、これらのいずれの形でも表わせるのだ（もちろん、アグレッシブな行動が自然な人もいるかもしれないが、たいていそれは本物でないという印象を与える。そして、自分でないものを演じているときに自信を感じるのは難しい）。

もしかしたら、自分の弱い部分も、自分の決断に疑問を抱いていることも、人に見せられることが、私たちの自信の証になるのかもしれない。実際、心理学者たちは、自分たちの弱さをさらけだせるようになることには、潜在的な力があると見ている。そして、そうできるようになることで、より多くの人が自信をもてるようになるのではないかと考えている。

だがここで、多くの人が疑問をもつ（特に私たちの夫が）。「ねえ、なんで急に、弱さを見せたり、後悔したりするのを自分に許してよくなったの？　ずっとそれが『自信のない行動』だって自分たちで言ってきたんじゃないの？」と。

このわかりにくい違いを少し説明してみよう。ある程度の弱さを見せられるのは、強さでもある。特に、そうすることで人との結びつきを得られたときには。だが、不安に思い悩んだり、自己不信に浸ることは、強さにはならない。次に生かすために自分の決断を振り返ることは、間違いを認めることと同様、強さになる。すでに決断したことや、これから決断することに対して何日も反芻《ルミネーション》することは、まったく自信にはならない。私たちの「自信のある行動」は、弁解がましかったり、口ごもったり、はにかんだりするようなものではないのだ。実際、もし私たちがリーダーになりたいと思うのであれば、自分の意見を皆に聞いてもらわなければならないし、行動を起こさなければならない。そのためにも、女性はもう少し自分の直感を信じてもいいだろう。自分の本能を信じて、自分のやり方で行動することは、自信にとって必要なことだ。

私たちが出会った女性たちは、実にさまざまなスタイルでそれを見せていた。オバマ大統領の上級アドバイザー、ヴァレリー・ジャレットの爽やかですがすがしい思いやり。ジェシカ・ライト将校のオープンで好奇心に満ちた温かみ。リンダ・ハドソンのすばらしい率直さ。私たちは、インタビューした女性たちの自信ある振る舞いを、貴重な宝石のように拾い集めた。断固たる決意と、明快さ。親しみやすさと、たまのユーモア。資質はさまざまだった。クリスティーヌ・ラガルドが見せた弱さと優雅な自信は、もう矛盾しているようにも不可解にも見えなかった。これらの女性は皆、ただ自分自身に満足しているように見えた。

この本の執筆中、キャティーは、インタビューをするときは、自分の本能を信じて行なっているときのほうが、ジャーナリストとして自信を感じられると気づいた。「私たちの分野では、ある程度の力を誇示しながら、厳しい質問をしなければならないというかなり大きなプレッシャーがあるの。インパクトのある質問をするには、攻撃的であるように見られなければならない。いつもそれがうまくできなくて悩んでいたわ。それは単純に、私が本当はそういう人間ではなくて、そういうふりをしていることがばれてしまっていたからだったのね。それから私は、そういうインタビュースタイルにする必要はないのだと気づいた。これはインタビューされている人よりも、リポーターに注目を集めるスタイルだった。そう気づいたことで、プレッシャーを払いのけることができて、質問をもっと自然で、直感的なものにできるようになったの。大切なのは、私自身のやり方でいくという自信を身につけることだったのね」

私たちに現実が見えていないわけではないことを、いったんここで明らかにしたい。今でも企業の重役室を占拠しているのは、自信がどんなふうに見えるものかということについて昔ながらの考えをもっている保守的なマネジャーたちばかりだということは知っている。ときにはクロマニヨン人の上司を満足させるために、テーブルを一、二回叩かなければならないこともあるかもしれない。私たちキャティーとクレアはどちらも、自分たちの話をするために、うるさくて高圧的な自称専門家たちをテレビでどう遮るかを学んできた。だが近年、職場でも自信に対するもっと広い見方が浸透し始めているという証拠がある。最近のスタンフォード・ビジネススクールの研究では、〝男性と女性の資質を兼ね備えた女性〟が最もいい実績を残すということがわかった。[*1] 彼らは男性の資質を、攻撃性、自己主張、そして自信、と定義した。女性的な資質は、協力的、プロセス志向、説得的、そして謙遜、である。

　研究者たちはビジネススクールの卒業生百三十二名を八年間追いかけ、いわゆる男性的な資質をもつが、より女性的な資質でそれを和らげた女性たちは、ほとんどの男性に比べ一・五倍、昇格していた。女性的な男性に比べるとほぼ二倍、純粋に男性的な女性に比べて三倍、そして純粋に女性らしい女性に比べて一・五倍昇進できていることがわかった。不思議なことに、どちらの資質ももっている男性の優位性は見られなかった。

　この研究から学ぶべきことは、女性は、自分たちの生まれながらの利点になるかもしれないものを投げ捨てるべきではないということだ。私たちは自分で自分の道を作っていかなければならない。そして、自信に関しても、自分自身の模範にならなければならないのだ。マッチョを私たちのお手本にしなくたっていいのである。上院議員カースティン・ジリブランドは、この点においてはきっぱりしていた。私たちは彼女に、女性も男性のように、「私がいちばんだ」と言ってまわることができたほうがいいと思うかと訊いた。彼女は肩をすくめて言った。「どうしてそんなことをしたいと思うの？　女性を男性にしたくはないでしょう。女性には自分たち自身の長所を称えてほしいわ。彼女たちはただ、自分はそのままでどこも欠けていないと気づかなければならない。そして、成功するには何が必要なのか、自分たちが完全に理解できる形で定義しなければならないだけだと思うわ」

　ジリブランドは、最も大声で、最も長く話した人が、ともかくも最も影響力があるという、議会内の馬鹿馬鹿しい思い込みにうんざりしていた。彼女がこのところ感じていたことは、最近のスタンフォード大学の研究によって裏付けられた。[*2] それは、議会の女性たちは、明らかに男性たちよりも法案を多く通しているということ。そして他の政党の人たちともより多く一緒に仕事をしているということ（もしかしたら、それは全部、男性たちが上院議事堂のなかでもったいぶって話をしているあいだに起こっているのかもしれないけれど）。

〈ディックスタイン・シャピロ〉という法律事務所の代表で、私たちのもうひとりの寛大な男性の相談役マイケル・ナンズは、自信は色んな形で表現されるものだと固く信じていて、彼自身もあまり攻撃的でないスタイルを好むという。ナンズは、女性は、男性支配の会話において自分の道を進みたかったら、次のような突破口を切り開くといいと提案する。「違う視点をもっていることの利点をアピールするんだ」と彼は言う。「権限のある人と話し、そして貢献したことを覚えていてもらうんだ」

　職場における価値観の違いが、私たちの自信の表わし方に影響することもある。企業を対象とした長年の調査によると、たとえば女性は、利益や収入やヒエラルキーにおける自分の地位よりも優先することがほかにあることが多い。彼女たちはたいてい、職員のモラルや企業の理念などを重要視する。[*3] つまり、もしあなたが自分の地位を確立しようとしているなら、あなたはもっと会話を支配しようとするだろう。でもあなたの目標が、合意を成立させることだったら、あなたは他の人の意見を聞くはずだ。

自信と成功は、自分の際立った長所と価値を理解するところからくる。その概念はリーダーシップ育成ツールとしても人気になった。ライアン・ニーミックは、「強みとしての特性」の研究で有名なアメリカの組織〈ヴァリューズ《V》・イン《I》・アクション《A》・インスティテュート〉で教育ディレクターをしている。「実際、自分の強みがなんなのかに焦点をあてることは、人々にとって変革になる」彼は言う。「私たちのほとんどは、自分の強みがきちんと見えていない」

ニーミックは、自分が本来もっている強みにフォーカスすることは、改善が必要な部分に目をつぶるということではない、と言う。たとえば、もし彼が、会社内での立場が上がっていくに連れて自信がどんどんもてなくなってきた、と悩む女性のカウンセリングをするとしたら、彼は確実に、彼女にまず自分の強みを意識し、それを最大限に活用することに集中するようアドバイスするという。しかし、それと同時に、彼女はもっと忍耐力を鍛えることで成長できるはずだ。たとえそれが彼女の生来の強みでなかったとしても。

クレアは、オンライン上でのＶＩＡの診断ツールを受けてみて驚いた——結果にではなく、その解釈にである。「自分が対人関係をうまくやれるほうだというのは知っていたけど、それが自分のいちばんの強みだとは思わなかった。でも『社会的知性』が私のいちばんの『強みとしての特性』だと出たわ。私は心《E》の知能《I》が高く、種々の社会的環境に適応することができるということ、そして人と気持ちを通じ合わせることができるという解釈だったの。すべてそのとおりだったわ。それが私がリポーターの仕事をすごく好きな理由かもしれない。でも、それを強みだと——仕事に対して私がもっている最も価値のあることだと——十年前に知っていたら、もっと私も自信をもてていたと思うわ」

ひいてはこれが自信の技術《アート》なのだ。私たちが女性として、個人として、どう自信をもって世界と向き合うかということ。自分の意見を述べるときに謝らないことと人の意見を聞くことを、どう融合させるかということ。そして傲慢になっているのではないかという内なる声をなだめながら、投票や寄付や支援をどう依頼するかということの技術だ。

さらに、私たちが一年以上解決できなかったパラドックス——人前で発言したり演壇に立つのは気が進まないが、自分たちの意見は聞き届けてもらわなければならないということ——を共存させる方法でもあるのだ。

違いを恐れない

本物であること。ここで私たちが言いたいのはそれだ。それが自信の暗号《コンフィデンス・コード》の最後の部分にして、要の部分とも言えるかもしれない。自信が私たちの芯から生ずるとき、私たちは最も力に満ちた状態にある。

ＩＭＦのクリスティーヌ・ラガルドが私たちに忠告したことがどういう意味だったのか、今振り返ってみてわかった。あの夕食の席でラガルドは、男性と同じように「踏み出して《リーン・イン》」いくことは、私たちの女性としてのユニークさを犠牲にするかもしれない、と言った。彼女が出席したあの女性のためのダボス会議では、女性たちは皆、ほかの人の意見に耳を傾け、順番に発言しながらも、本物の自信を見せていた。そしてそれは、あのパネルディスカッションでたったひとりの男性が見せた、昔からの攻撃的なパフォーマンスとはまったく違っていた。

ラガルドはもうひとつ話をしてくれた。私たち女性がもつ違いを、隠したり、消したり、変えたりしようとするのではなく、美点にしたある女性の話だった。調査も終盤にあって、この話は特に心に響いた。それは、悪しき慣習を変えることを決意した、発展途上国の新しい女性大統領の話だった。彼女の国のそれまでの大統領は、すべて男性だったが、二十五台の車の一行を引き連れずに公邸を出た者はいなかった。だがこの新しい大統領は、それを不必要なことだと判断した。国は破産したのだ。彼女は五台で充分だと考えた。

「最初、彼女は四台でいいと言ったの」ラガルドは言った。「でもまわりは反対した。特に女性たちが。『なぜそんなことをするの？　あなたは自分が女性だからそうするんでしょう。それが女性大統領の地位を低くしているのよ。そして皆、やっぱり女性は男性には及ばないと思うんだわ』と言って」

世界中の女性たちの非公式カウンセラーもつとめているラガルドは、意見を言うのに躊躇しなかった。「私は彼女に、『違いに立ち向かえ』と言ったの」彼女は続けた。「それをあなたのセールスポイントにしろと。男性があなたの前に使っていたものさしや基準で自分や自分のパフォーマンス、自分の人気を測ろうとするのはやめなさい。あなたは違う視点から始めたのだし、違う政策をもっているのだし、違う取り組みを推し進めたいのだから、それに対して真摯であるべきよって。それで彼女は五台だけで出かけることにこだわり続けてるわ。でも難しいことなの。想像もできないプレッシャーだと思うわ。だから今は毎月彼女に電話をして、諦めないでって言い続けてるのよ」

〝違いに立ち向かえ〟。私たちはその言葉が気に入った。「それに関しては判断力がないと」ラガルドが言う。「同時に、違いに対して自信がないといけないということね」

＊　＊　＊

二年前、私たちがこのプロジェクトに乗り出したころ、私たちの自信の欠如という「問題」は、テーマ的にもとても大きく立ちはだかっていた。実際、私たちはタイトルを「自信の格差《コンフィデンス・ギャップ》」にしようかと考えていたくらいだ。ジャーナリストとしては、この謎にワクワクさせられた。だが、女性としては、悲観的な気分になった。私たちの初期のリサーチは、気の滅入る物語と統計を大量に発掘した。折に触れて、女性というのはあまり自分に対する信頼を感じないように運命づけられているのではないかと思ったりしたものだ。

だが自信というものを解剖し、科学的、社会学的、そして実践的な発見を辛抱強く収集していくにつれ、かすかな光が見え始めた。そして突然、ゴールドラッシュならぬ自信《コンフィデンス》ラッシュが始まった。私たちは探鉱者のような情熱とともに平鍋をつかんで、埃や砂をふるい分けながら、それまで見落としていた、あるいは調査していなかった、もしくは単純に新たに掘り出された金塊を見つけようと揺すり続けた。そして、どの石が掘り出し物か確信できるまで、それを検査し、分析し、専門家や研究者たちに挑戦として突きつけた。それらは私たちの自信を作る道にもなった。そして、私たちはその道筋を極めて基本的なところまで要約したのである。

考えすぎない。行動を起こす。本物になる

自信は手の届くところにある。それを経験することは病み付きになるだろう。そしてその最もすばらしい恩恵は、職場での業績や、表面上の成功を遥かに超えたところにある。「皆と完全につながって、関わっている感じがして、そして何かすごいことを成し遂げたときのように少しハイな気分になるの」パティ・ソリス・ドイルは、目を閉じて、記憶を呼び覚ましながら言った。「ご褒美を与えられたような気分になるわ」キャロライン・ミラーが教えてくれた。「そして受け入れられたという気分――世界のなかに私の居場所があるんだと、私でも成し遂げることができるんだと、私にも目的意識があるんだと」

私たちは、ミスティックスのスター選手モニーク・カリーとクリスタル・ラングホーンを最後にもう一度見るために、ヴェライゾン・センターに来ていた。今日は試合だった。騒々しい観衆――ミスティックスはプレーオフ進出がかかった試合だった。

私たちの夫がもう何年も言ってきたことが、突然真実だとわかった。スポーツこそ、人生のメタファーだ。なぜなら私たちはすべてをコートのなかに見ることができたからだ。準備と練習が、目的意識と融合する――自信の領域だ。

そのメタファーが押し寄せ始めていたとき、クリスタルがロングショットを外した。だが数分後にリバウンドを取り、ゴール目指して疾走し、右に回転し、左手でレイアップシュートをしてボールを沈めた。その瞬間の彼女はパワーの塊で、超人的だった。「私にはできるとわかっていたわ」という表情で、彼女は決然としたハイタッチをチームメイトに返した。簡単そうにやってのけていたが、私たちは知っていた。そして彼女も知っていた。彼女がそこにどうたどり着いたか。何時間もの練習があのシュートを、そしてあの精神状態と行動を生み出したのだ。

そう、彼女はまだ自分のあちこちに対して疑いをもっているかもしれない。でも、彼女は行動を起こせるくらい充分にそれを乗り越えた。そして自ら自信を生み出した。私たちがたった今見たものは、本当に類まれなものだ。超人よりも優れているし、たぶんスーパーウーマンよりも優れている。なぜなら、それは本物で、私たちにも到達できるものだから。

謝辞

何年か前、私たちふたりは、ワシントンDCにある米国議会議事堂で、いつまでもなくならない働く女性たちの問題について、何人もの人たちが講演するのを聞いていた。私たちは『ウーマノミクス』の執筆を終えたばかりで、女性がテーマの講演会には必ず呼ばれるようになっていた。今回の講演会は、混み合った地下室で行なわれていた。女性の社会進出に関するミーティングは、今でも、少々居心地の悪いいろんな場所の片隅で行なわれているようだ。

その講演で聞いたほとんどのことは、私たちもすでに知っていることだった——女性たちは企業の利益を支えている、企業は女性の才能をほしがっている、だが、なぜかトップへのパイプラインはどこかでいまだに壊れている、等々。そして解決策といえば、フレックス勤務や法改正、メンターとの話し合いなど、何度も耳にしたことのある話ばかりだった。

すると、マリー・ウィルソンが話し始めた。もうすぐ七十歳になろうという彼女は、有名なフェミニストで、政治活動に関わる女性たちを代表する闘士だった。古風な優雅さに覆われたチタンのように固い意志をもっていた。序文で取り上げたように、彼女は働く女性の問題についてこう言った。

「アメリカの男性は自分の将来のキャリアを想像するとき、鏡のなかに議員になった自分を見ます。女性はそんなには思い上がれません。そのイメージを鏡のなかに見るには、女性には何らかの後押しが必要です」

その言葉は、今まで聞いたことのない明瞭さをもって、私たちの心に響いた。それまでの自分たちの調査のなかに見えていたものが何なのか、理解できたような気がした。実際、私たちはあとになってから彼女に言った——女性たちは、今の自分たちが何者なのかということすら見えていなかった、自分たちがすでに何を成し遂げているのかも見えていなかった、と。

彼女の言葉を聞いて、自分たちが次に調査をしなければならない現象はこれだとわかった。この最初の衝撃を与えてくれたマリーには常に感謝している。そして、何十年もこの問題に対して尽力し続け、今日私たち女性が手にすることができる様々な機会を与えてくれた、同志としての彼女にも。

ただ、ここまでで学んだように、ひらめきは行動への道を切り開く要素のひとつでしかない。私たちのエージェントであるレイフ・セイガリンの鋭い意見と励ましがなければ、この本が、私たちの反芻《ルミネーション》しがちなマルチタスク脳のなかから出てくることはなかっただろう。彼は私たちが本を一冊しか執筆しないことを、許してくれなかった。また、「女性的な考え方」ができる彼を、私たちは心から称賛している。

そして、最初に電話で話したときからこのプロジェクトを信じてくれた、聡明な編集者ホリス・ヘイムバウチ。『ウーマノミクス』のときと同じように、熱意と鋭い感受性をもって、私たちが集めた事実を主題が明確になるように整え、言いたいことがきちんと伝わるようにしてくれた。常に隣にいて、ともに笑い、呻き、驚嘆してくれた。だが絶対に、原稿の質に関しては妥協を許さなかった。本書でも述べた、「理想の友人」の見本のような人だ。

また、無限の忍耐力をもつアソシエイト・エディターのコリーン・ローリーが、隅々にまで細心の注意を払ってくれなければ、この本が印刷に至ることはなかっただろう。

レスリー・コーエンとステファニー・クーパー、あなたたちのがんばりと熱意にも同じように感謝する。ハーパーコリンズのチーム全員に、とても感謝している。

また、その知識を惜しみなく分け与えてくれた寛大な学者、科学者の方々に、半永久的に感謝する。彼らは人間の思考が、認知的に、生物学的に、遺伝子学的に、哲学的に、どう働くか、忍耐強く、事細かに説明してくれた。神経科学や心理学の短期集中講座を行なうことになって憤慨していたとしても、それを見せることなく快く教えてくれた。本書が、彼らの厚意に見合うものとなっていることを、心より願っている。ローラ＝アン・ペティットは、自身の研究とギャローデット大学の彼女のラボを熱心に案内してくれた。また、神経科学研究の最前線について、貴重な時間を何時間も割いて説明してくれた。スティーブ・スオミと彼のサルたちは、今ではもう仲間のような感覚だ。アダム・ケペックスはラットに対する私たちの認識を一新してくれた。また彼は、親切にも原稿に目を通してくれたうえ、夜遅くまで、自信の本質についてeメールでの授業をしてくれた。〈ジェノマインド〉のジェイ・ロンバードとナンシー・グルデンは、心配性かつ、戦士のような私たちふたりのために、遺伝子の検査をしてくれただけでなく、検査結果とそれにまつわる科学的な説明を、何時間にもわたって電話でしてくれた。フェルナンド・ミランダは、いつものように、とてもすばらしい友人でいてくれた。〈23アンドミー〉のキャサリン・アファリアンとエミリー・ドラバント・コンリーは、私たちの検査を光の速さでやってくれたうえ、興味深いデータの数々を丁寧に説明してくれた。脳科学の権威で、人に伝わる情熱をもっている、コロンビア大学のトム・ジェッセルに出会えたのはすばらしい経験だった。そして、ダニエル・エイメン博士にも感謝したい。ジェンダーによる脳の違いについて書かれた彼の著書にけちをつけるのは不可能だ。ダフナ・ショハミー、サラ・ショームスタイン、レベッカ・エリオット、そしてフランセス・シャンペイン、あなた方の最新の脳科学に対する見識は称賛に値する。

また、世界で指折りの心理学者たちの助力を得られたことは、私たちにとって非常に幸運だった。彼らは自信というものの複雑性を根気よく説明し、私たちが抱いていた多くの先入観を、大変な忍耐でもって覆してくれた。謎めいているのに力のあるこの自信というものの特性全体を理解できたのも、彼らのおかげである。リチャード・ペティは冷静沈着の見本のような人で、すべての質問をさばき、自信の色々な側面を、私たちにも理解できる「簡易版」に抽出してくれた。キャメロン・アンダーソンは、「能力よりも自信のほうが力がある」という研究で、私たちをうならせた。ザック・エステスは、ジェンダーの格差は能力にあるのではなく、自信の領域だけにあるのだということを私たちに見せてくれた。確かに女性も男性と同じくらい、車の駐車技術はあるのだ。ペギー・マッキントッシュとジョイス・アーリンガーはいつも、喜んで私たちと話してくれた。ジェニー・クロッカー、キャロル・ドゥエック、デイヴィッド・ダニング、ヴィクトリア・ブレスコル、ブレンダ・メイジャー、クリスティ・グラス、クリスティン・ネフ、ナンシー・デルストン、ケン・ディマーレ、シェリー・テイラー、スザンヌ・セガーストラム、ナンスーク・パーク、そしてバーバラ・タネンバウム、あなた方は皆、思いやりのある、また私たちの思考を刺激する講師だった。ライアン・ニーミックは、自分の強みを長所とすることの大切さを教えてくれた。そしてクリス・ピーターソン。もう彼と会えないことに深い悲しみを感じずにはいられない。彼へのインタビューはとてもわかりやすくて面白かった。彼のすばらしい精神は、たった三十分の電話でもはっきりと伝わった。

シャロン・ザルツバーグは、幕間に、平和で洞察力に満ちたひとときを与えてくれた。〈ランニング・スタート〉の精力的な女性たち、スザンナ・ウェルフォード・シャコウ、ケイティ・ショーレイ、そしてジェシカ・グラウンズ（あれ以来、ヒラリー・クリントンを当選させようとがんばっている）、貴重な助けをありがとう。〈ランニング・スタート〉がもつ使命とミッションはとても重要だ。

モニーク・カリーとクリスタル・ラングホーンはすばらしいプレーを見せてくれたうえに、

デラにもシュートを教えてくれた。また、あの堂々たるアリーナのなかで、自信の格差を、通常とは違った尺度で見せてくれた。コーチのマイク・ティボーと、カレン・ケルサー、あなた方が、女性たちと女の子たちに捧げてくれている時間とすべての助力に感謝する。ミカエラ・ビロッタ、怒りに髪も逆立つようなアナポリスでの逸話をシェアしてくれたあなたの公平無私な精神に感謝する。あなたはもちろん、すべてを受けるに値する。あなたの努力の賜物なのだから。クリセレーヌ・ペトロポウロス、あなたは本物の舞台の上での人生の危機について語り、私たちを笑わせてくれた。ユーニス・ムッサ＝ナポロ、あなたの物語は、一生忘れられないもののひとつになった。

私たちは、著名な方々にも話を聞くことができた。多忙にして終わりのない責務を背負っている女性たちだ。彼女たちはそれでも、女性たち皆が自信の方程式を解けるよう、尽力を惜しまなかった。クリスティーヌ・ラガルド、ジリブランド議員、チャオ元長官、ヴァレリー・ジャレット、リンダ・ハドソン、ライト少将、ジェーン・ワーワンド、クララ・シー、ミシェル・リー——皆さんに感謝する。シェリル・サンドバーグには、特に感謝の言葉を捧げたい。何年か前、まだほとんど見知らぬ同士だった私たちに、このテーマに対する情熱と価値ある方向性を与えてくれた。そしてこのテーマに取り組むよう発破をかけてくれた。しかも、原稿がほぼ完成に近づいた時点で、冬休みを使って原稿に目を通し、かなり具体的で非常に役立つ助言を与えてくれた。女性が、別の女性に対して提供できる最も誠実なサポートは、励ましや同情ではなく、正直に意見や注意を述べてくれること——本書で専門家たちから教えてもらったことを実際に体験するのは、どれほどすばらしいことだったろう。ありがとう、シェリル！

そして、同じくらい貴重な時間と、プライバシーと知恵を、このプロジェクトのために提供してくれた友人たち――パティ・ソリス・ドイル、ティア・カダヒー、ヴァージニア・ショア、ベス・ウィルキンソン、そしてパティ・セラーズとターニャ・コーク――あなたたちが話してくれたホラー話は、気取りのないとてもおかしいものばかりで、大いに刺激的だった。あなたたちがいなかったら、自信の頑固な暗号は解けないままだった。そして解くための苦労も、もっと味気ないものになっていただろう。

厳しい批評眼と純粋な情熱を私たちのプロジェクトに注いでくれたエリザベス・スペイド、あなたは恩人だ。そして、すべてにわたって正確を期するべく熱意をもって取り組んでくれたマルシア・クラマー、あなたは天の恵みだ。

ジョン・ボウリン、ヴィヴィエン・カエターノ、ジョナサン・チャポ、そしてリゼット・バグダディは、調査のさまざまな段階において、校正をし、転記し、脚注をつけて、助けてくれた。彼らの献身と熱意はとてもありがたかった。

いつも私たちの努力を支え、一時的に任務から気が逸れている私たちを大目に見てくれているBBCとABCの上司たちには、大変感謝している。特に、BBCワールドニュースアメリカのケイト・ファレルにはお礼を言いたい。私たちが「自信」を追いかけているあいだも、ニュースが途切れることなく流れるようにしてくれていたことに。そして、私たちがジャーナリズムと本の執筆を両立させようとしていることに、寛大な擁護者でいてくれたABCのベン・

シャーウッドにも。

そして、いつものことだが、このプロジェクトにかかりきりになっているあいだ、最も大変だったのは、私たちの身近にいた人々だ。彼らは私たちの予測不能のスケジュールや、頼りない育児に耐えてくれた。

キャティーは、アーワ・ンボウが家族のなかにいてくれたことに、常に感謝していた。アーワの優しさと寛大さは、皆のお手本になる。そしてクレアは、ジャネット・サンダーソンの岩のような強固なサポートがなければ、この本を書き上げられなかっただろう。私たちの一族になってくれたその広い心には、とても感銘を受けた。ありがとう。そして、タラ・マホーニー、あなたはシップマン&カーニーズ一家の日常をなんとか正常にまわし続けるのと、笑顔でいることとを同時に成し遂げることができる貴重な人材だ。あなたの太陽のようなその技能に感謝している。

子どもたちも、年がら年中オフィスにこもっていたり、パソコンや書類と奮闘したり、何かというと統計を引き合いに出す鬱陶しい母親たちに我慢してくれている。あなたたちはいつもそう言うけれど、私たちがあなたたちよりも本を愛しているということなど絶対にない。比較にもならない。

いつも多くのインスピレーションを与えてくれる子どもたちには、深く感謝したい。ヒューゴの行動力や、実行力、そして慣習や権威に対して直感的に立ち向かっていく姿は、畏敬の念に打たれるほどの「自信体験」だった。彼は、ほかの人がなんと言おうと、気にせず受け流せる強さをもっている。あなたの喜びと、知恵と、ハグをありがとう。すばらしい若者に育っていくあなたを見るのは、そしてすでに三つの人生を送れるくらいの計画と熱意をもっているあなたを見るのは、とても嬉しい。そして、自分の個性に対するまっすぐな自信でもって、クラス全員に、自分のスコティッシュ・キルト姿を認めさせたジュード。あなたが行動するのを見るのは私たち皆の喜びだ。そして、日々を過ごしやすくしてくれる陽光がわずかであるにもかかわらず、すばらしい決意でもって、まったく新しい文化のなかで人生の大きな挑戦を乗り越えたフェリックス。あなたの勝利を見られたのは喜びだった。あなたがいないことが毎日寂しくてならないけど、日々楽しく過ごしているのを知ってとても嬉しく思っている。マヤが自分に対して抱いている確信は、今や完璧に花開いている。彼女が支配するようになったら、世界はよりいっそういい場所になるだろう。そもそも彼女がいなかったら、私たちはどうしていいかわからない。あなたが一緒にいないと、私たちはみんな寂しい。そして妹たち。まずはデラ。色んなものになりたがっているデラ。プロバスケットボール選手、プロサッカー選手、スノーボードのオリンピック選手、獣医師、ペットショップのオーナー、そして大統領——これは彼女のキャリアゴールのうちのほんの一部分だ。あなたは木に登ったり、ロープにぶら下がったりして、挑戦の喜びを友人たちに（そして両親にも）波及させてくれる。デラ、あなたとあなたの情熱が、私が学べると思っていなかったことまで学ばせてくれた。あなたの存在と愛に、とても感謝している。自分にあなたの半分でもいいからその勇気と冒険心があったらと思わずにはいられない。この自由な世界は、あなたが成長して、采配を振るうのを待っている。そして、ポピーが最初に髪をブルーに染めたのは、五歳の夏だった。以来、パープルとグリーンを経て、今に至る。幼稚園生で髪の色をそんなふうに染めようと思うには、自分が何者であるかについてかなりはっきりとした考えをもっていなければならない。この調査がすべて終わった今でも、あなたがどこからその自信を得たのかわからない。あなたは私の自信の道しるべだ。

そして特に、トムとジェイに感謝を捧げたい。辛抱強く、すばらしい支えとなってくれる私たちの夫たち。彼らは多大なる興味をもってこの原稿を読んでくれた。カンマの打ち方から洞察に満ちたコメントまで、彼らのアドバイスはこの本をより良いものにしてくれた。それだけでなく、彼らは私たちにお茶（キャティーに）や、アイスクリーム（クレアに）をもってきてくれたり、子どもたちの送り迎えをしたり、絶え間なく変わる役割のギャップを埋めてくれた。私たちは本当に幸運だった。そして、今の夫を選んだことに間違いはなかったと自信をもって言える。

最後に、私たちは、私たちふたりを引き合わせてくれた運命に感謝したい。いえ、私たちはそのことをもっと評価すべきかもしれない。単に幸運だったから、ふたりが友人になれたり、パートナーになれたり、「自信」の共同研究者になれたりしたのではない。そのことを、この本から学んだ。私たちはこの関係を築き上げてきた、互いの努力に感謝したい。世界広しと言えど、本を二冊も一緒に書き上げて、それでもまだ親友でいられる人間はそう多くはないだろう。

訳者あとがき

私たち日本人は、自己評価の低い国民として知られている。たとえば、内閣府の平成二六年版『子ども・若者白書』には、世界七カ国の十三歳から二十九歳の若者を対象に行なった、こんな意識調査の結果が載っている。自己肯定感に関する項目で、「自分自身に満足している」と答えたのは、一位がアメリカで、八六％。二位のイギリスから、フランス、ドイツ、スウェーデンは約八三％から七四％でほぼ横並び。六位の韓国は七一・五％、そして日本は四五・八％と圧倒的に低く、最下位だった。「謙遜を美徳とする文化」、「恥の文化」等々、その背景にはやはり民族的、文化的なことが大きく関係しているのだろう……と考えていた矢先、米雑誌『アトランティック』で興味深い記事を読んだ。アメリカABCニュース特派員と、イギリスBBCのニュースリポーターが書いた「なぜ女性は男性に比べ、自信をもてないのか」という男女の自信の格差《コンフィデンス・ギャップ》に関する内容だった。意識調査の結果を見ても自己肯定感に満ち満ちているアメリカ人（とイギリス人）が、しかもテレビのリポーターをやっているような女性たちが、自分に自信がないとはどういうことだろう？　自信がもてないと言っても、私たち日本人とはレベルがまったく違うのではないか？

その記事のもととなった本書『なぜ女は男のように自信をもてないのか（The Confidence Code）』を読むと、著者たちの悩みが、私たち日本人女性の多くが抱えている悩みとほとんど変わらないことがわかる。それだけではない。シェリル・サンドバーグ、クリスティーヌ・ラガルドなど世界で活躍する女性たちまでもが、自分の能力を信じることができず、不安を抱えているという。はたして本当に女性は男性より自信がもてない生き物なのだろうか？

テレビリポーターとしての取材力を生かし、著者たちは経営者、弁護士、スポーツ選手、政治家、エンジニア等々、各界で成功している女性たちへのインタビューだけでなく、最新の心理学、脳神経学、遺伝子学、教育法、あらゆる面から「自信」に関する調査を敢行する。「能力がなくても自信がある人のほうが社会的に成功する」、「成功するのに必要なのは才能やＩＱではなく、グリットである」など、最近巷を賑わせている説にも踏み込み、「自信」にまつわるすべてを解き明かそうとしている本書は、自己肯定感の低い日本人（女性）にとって、大いに共感できるだけでなく、これから進むべき道筋が見える一冊となるのではないだろうか。

最後になったが、本書に出会うきっかけを作ってくれた久保田理恵子氏、本書の刊行に尽力してくださったＣＣＣメディアハウスの吉野江里氏のお二人に、心より感謝申し上げる。

二〇一五年五月

田坂　苑子

3 Zak Stambor, "A key to happiness," Monitor on Psychology 37, no. 9 (2006): 34.

4 Pablo Brinol, Richard E. Petty, and Benjamin Wagner, "Body Posture Effects on Self-Evaluation: A Self-Validation Approach," European Journal of Social Psychology, February 25, 2009.

第7章：部下や子どもに自信をもたせるには

1 James W. Stigler and James Hiebert, The Teaching Gap: Best Ideas from the World's Teachers for Improving Education in the classroom (New York: Free Press, 1999).

2 "Japanese Education Method Solves 21st Century Teaching Challenges in America," Japansociety.org. Japan Society, February 26, 2009, https://www.japansociety.org/page/about/press/japanese_education_method_solves_21st_century_teaching_challenges_in_america.

3 Jean M. Twenge and Elise C. Freeman, "Generational Differences in Young Adults' Life Goals, Concern for Others, and Civic Orientation, 1966-2009," Ph.D. diss., San Diego State University, 2012.

4 "Teenage Mental Health: What Helps and What Hurts?," 2009, http://www.dcya.gov.ie/documents/publications/MentalHealthWhatHelpsAndWhatHurts.pdf.

5 Liz Funk, Supergirls Speak Out: Inside the Secret Crisis of Overachieving Girls. (New York: Touchstone, 2009).

6 OECD, "Gender and Sustainable Development: Maximizing the Economic, Social and Environmental Role of Women,"2008, http://www.oecd.org/social/40881538.pdf.

7 Catalyst.org, "The Promise of Future Leadership: Highly Talented Employees in the Pipeline," 2010, http://www.catalyst.org/knowledge/promise-future-leadership-research-program-highly-talented-employees-pipeline.

8 Joanne V. Wood, Elaine Perunovic, and John W. Lee, "Positive Self-Statements: Power for Some, Peril for Others," National Institutes of Health, July 2009.

第8章：自信の科学

1 Cecilia L. Ridgeway, "Interaction and the conservation of gender inequality: Considering employment," American Sociological Review (1997): 218-35.

2 A. O'Neill and Charles O' Reilly, "Overcoming the backlash effect: Self-Monitoring and Women's Promotions," Journal of Occupational and Organizational Psychology, 2011.

3 David A. Matsa, et al., " A Female Style in Corporate Leadership? Evidence from Quotas," American Economic Journal: Applied Economics, forthcoming.

41 Nicholas Wright, "Testosterone disrupts human collaboration by increasing egocentric choices," Royal Society of Biological Sciences, 2012.

42 Louann Brizendine, The Female Brain. Brizendine はエストロゲンがパーソナリティに及ぼす影響をより詳しく述べている。

43 Heber Farnsworth and Jonathan Taylor, "Evidence on the compensation of portfolio managers," Journal of Financial Research 29, no. 3 (2006): 305-24.

44 Henry Mahncke, "Memory enhancement in healthy older adults using a brain plasticity-based training program," 2006, http://www.pnas.org/content/103/33/12523.abstract.

45 Lee Gettler et al., "Longitudinal evidence that fatherhood decreases testosterone in human males," 2011, http://www.pnas.org/content/early/2011/09/02/1105403108.abstract.

第５章：自信は身につけられるもの？

1 R. Baumeister, "The Lowdown on High Self-Esteem," Los Angeles Times (2005).

2 Kali H. Trzesniewski, M. Brent Donnellan, and Richard W. Robins, "Is 'Generation Me' really more narcissistic than previous generations?," Journal of Personality 76, no. 4 (2008): 903-18.

3 Nansook Park, "The role of subjective well-being in positive youth development," Annals of the American Academy of Political and Social Science 591, no. 1 (2004): 25-39.

4 Amy Chua, "Why Chinese Mothers Are Superior," Wall Street Journal, January 8, 2011, http://online.wsj.com/news/articles/SB10001424052748704111504576059713528698754.

5 Andrea Ichino, Elly-Ann Lindstrom, and Eliana Viviano, "Hidden Consequences of a First-Born Boy for Mothers," April 2011, http://ftp.iza.org/dp5649.pdf

6 Dweck, Mindset.

7 Jennifer Crocker, "Contingencies of self-worth: Implications for self-regulation and psychological vulnerability," Self and Identity 1, no. 2 (2002): 143-49.

8 Caroline Adams Miller, "Five Things That Will Improve Your Life in 2013," last modified December 28, 2013, http://www.carolinemiller.com/five-things-that-will-improve-your-life-in-2013/.

第６章：自信を自分のものにするための戦略

1 Pablo Brinol et al., "Treating Thoughts as Material Objects can Increase or Decrease Their Impact on Evaluation," January 2013, Psychological Science 24 (1): 41-47 (published online November 26, 2012, doi: 10.1177/0956797612449176).

2 Jennifer Crocker and Jessica Carnevale, "Self-Esteem Can Be an Ego Trap," Scientific American, August 9, 2013, http://www.scientificamerican.com/article.cfm?id=self-esteem-can-be-ego-trap.

demonstrable by carotid arteriography," New England Journal of Medicine 287, no. 4 (1972): 168-70.

27 Jung-Lung Hsu et al., "Gender differences and age-related white matter changes of the human brain: a diffusion tensor imaging study," Neuroimage 39, no.2 (2008): 566-77; J. Sacher and J. Neumann et al., "Sexual dimorphism in the human brain: Evidence from neuroimaging," Magnetic Resonance Imaging 3(April 2013): 366-75, doi:10.1016/j.mri.2012.06.007; H.Takeuchi and Y. Taki et al., "White Matter Structures Associated with Emotional Intelligence: Evidence from Diffusion Tensor Imaging," Human Brain Mapping 5 (May 2013) : 1025-34, doi:10.1002/hbm.21492.

28 Richard Kanaan, "Gender Differences in White Matter Microstructure," PLoS ONE, 2012: 7(6); Richard Haier, "The Neuroanatomy of General Intelligence: Sex Matters," Neuroimage, volume 25, March 2005.

29 Daniel G. Amen, Unleash the Power of the Female Brain: Supercharging Yours for Better Health, Energy, Mood, Focus, and Sex. (New York: Random House Digital, 2013).

30 L. Cahill, University of California, Irvine, "Sex-related Differences in Amygdala Functional Connectivity during Resting Conditions," 2006.

31 George R. Heninger, "Serotonin, sex, and psychiatric illness," Proceedings of the National Academy of Sciences 94, no. 10 (1997): 4823-24.

32 Louann Brizendine, The Female Brain. (New York: Random House Digital, 2007).

33 Reuwen Achiron and Anat Achiron, "Development of the human fetal corpus callosum: A high - resolution, cross - sectional sonographic study," Ultrasound in obstetrics & Gynecology 18, no. 4 (2001): 343-47.

34 Alan C. Evans, "The NIH MRI study of normal brain development," Neuroimage 30, no. 1 (2006): 184-202.

35 Angela Josette Magon, "Gender, the Brain and Education: Do Boys and Girls Learn Differently?," Ph.D. diss., University of Victoria, 2009.

36 P. Corbier, D. A. Edwards, and J. Roffi, "The neonatal testosterone surge: A comparative study," Archives of Physiology And Biochemistry 100, no. 2 (1992): 127-31.

37 男児のテストステロン値を計測した面白い研究がある。生まれてから六カ月のあいだは、思春期の男子と同じくらい値が高いというのである。この一時的なテストステロンの大量分泌は、脳の発達と関係があるのではないかと専門家たちは見ている。W. L. Reed et al., "Physiological effects on demography: A long - term experimental study of testosterone's effects on fitness," American Naturalist 167, no. 5 (2006): 667-83.

38 Anna Dreber, "Testosterone and Financial Risk Preferences," Harvard University, 2008.

39 John M. Coates and Joe Herbert, "Endogenous steroids and financial risk taking on a London trading floor," Proceedings of the National Academy of Sciences 105, no. 16 (2008): 6167-72.

40 Amy Cuddy, "Want to Lean In? Try a Power Pose," Harvard Business Review, last modified March 20, 2013, http://blogs.hbr.org/2013/03/want-to-lean-in-try-a-power-po-2/.

F29-F47.

13 World Economic Forum, The Global Gender Gap Report, 2013.

14 "Dove Campaign for Real Beauty," Eating Disorders: An Encyclopedia of Causes, Treatment, and Prevention (2013): 147.

15 Sylvia Ann Hewlett, Center for Talent Innovation Study, 2011; Mark V. Roehling, "Weight - based discrimination in employment: Psychological and legal aspects," Personnel Psychology 52, no. 4 (1999): 969-1016; "The Seven Ways Your Boss Is Judging Your Appearance," Forbes, November 2012; Lisa Quast, "Why Being Thin Can Actually Translate Into a Bigger Paycheck for Women," Forbes, June 6, 2011, http://www.forbes.com/sites/lisaquast/2011/06/06/can-being-thin-actually-translate-into-a-bigger-paycheck-for-women/.

16 Leslie McCall, "Gender and the new inequality: Explaining the college/non-college wage gap," American Sociological Review (2000): 234-55.

17 Susan Nolen-Hoeksema, Blair E. Wisco, and Sonja Lyubomirsky. "Rethinking rumination." Perspectives on psychological science 3, no. 5 (2008): 400-424.

18 Travis J. Carter and David Dunning, "Faulty Self - Assessment: Why Evaluating One's Own Competence Is an Intrinsically Difficult Task," Social and Personality Psychology Compass 2, no. 1 (2008): 346-60.

19 Robert M. Lynd-Stevenson and Christie M. Hearne, "Perfectionism and depressive affect: The pros and cons of being a perfectionist," Personality and Individual Differences 26, no. 3 (1999): 549-62; Jacqueline K. Mitchelson, "Seeking the Perfect Balance: Perfectionism and Work-Family Balance," Journal of Occupational and Organizational Psychology 82, no. 23 (2009), 349-67.

20 Bob Sullivan and Hugh Thompson, The Plateau Effect (New York: Dutton Adult, 2013).

21 男女の脳の違いについての概要を知りたいなら、次の２作をお勧めする。The Female Brain by Louann Brizendine か Unleash the Power of the Female Brain by Daniel G. Amen.　また、Gert De Vries, Patricia Boyle, Richard Simmerly, Kelly Cosgrove and Larry Cahill らによる文献も増えている。さらに、以下の文献レビューが非常に役に立つので一読をお勧めする。Glenda E. Gillies and Simon McArthur, "Estrogen Actions in the Brain and the Basis for Differential Action in Men and Women: A Case for Sex-Specific Medicines."

22 Doreen Kimura, "Sex differences in the brain," Scientific American 267, no. 3 (1992): 118-25.

23 C. Davison Ankney, "Sex differences in relative brain size: The mismeasure of woman, too?" Intelligence 16, no. 3 (1992): 329-36.

24 Michael Gurian, Boys and Girls Learn Differently! A Guide for Teachers and Parents, rev. 10th Anniversary ed.,Wiley. com, 2010.

25 Tor D. Wager, K. Luan Phan, Israel Liberzon, and Stephan F. Taylor, "Valence, gender, and lateralization of functional brain anatomy in emotion: A meta-analysis of findings from neuroimaging," Neuroimage 19, no. 3 (2003): 513-31.

26 Marjorie LeMay and Antonio Culebras, "Human brain-morphologic differences in the hemispheres

第4章：男女間に自信の差が生まれる理由

1 Joanna Barsh and Lareina Yee, "Unlocking the full potential of women in the US economy," 2011, http://www.mckinsey.com/client_service/organization/latest_thinking/unlocking_the_full_potential; International Monetary Fund, "Women, Work and the Economy," September 2013, http://www.imf.org/external/pubs/ft/sdn/2013/sdn1310.pdf; Catalyst, "The Bottom Line—Corporate performance and women's representation on boards," 2007, http://www.catalyst.org/knowledge/bottom-line-corporate-performance-and-womens-representation-boards; McKinsey and Company, "Women Matter: Gender diversity, a corporate performance driver," 2007, http://www.mckinsey.com/features/women_matter; Roy D. Adler, Ph.D., Pepperdine University, "Women in the executive suite correlate to high profits," 2009, http://www.w2t.se/se/filer/adler_web.pdf; David Ross, Columbia Business School, " When women rank high, firms profit," 2008, http://www8.gsb.columbia.edu/ideas-at-work/publication/560/when-women-rank-high-firms-profit; Ernst and Young, "High achievers: Recognizing the power of women to spur business and economic growth," 2013, http://www.ey.com/Publication/vwLUAssets/Growing_Beyond_-_High_Achievers/ $FILE/High% 20achievers% 20-% 20Growing% 20Beyond.pdf.

2 Claudia Goldin and Cecilia Rouse, "Orchestrating impartiality: The impact of 'blind' auditions on female musicians," no. w5903, National Bureau of Economic Research, 1997.

3 Carol Dweck, Mindset: The new psychology of success (New York: Random House Digital, 2006).

4 Erin Irick, "NCAA Sports Sponsorship and Participation Rates Report: 1981-1982 - 2010-2011)," Indianapolis, IN, National Collegiate Athletics Association, 69.

5 Alana Glass, Forbes, "Title IX At 40: Where Would Women Be Without Sports?," last modified May 23, 2012, http://www.forbes.com/sites/sportsmoney/2012/05/23/title-ix-at-40-where-would-women-be-without-sports/2/.

6 Brooke de Lench, Home Team Advantage: The Critical Role of Mothers in Youth Sports (New York: Harper Collins, 2006).

7 L. Moldando, University of South Florida, "Impact of early adolescent anxiety disorders on self-esteem development from adolescence to young adulthood," Aug. 2013.

8 Carol J. Dweck, "The Mindset of a Champion," last modified 2013, accessed October 9, 2013, http://champions.stanford.edu/perspectives/the-mindset-of-a-champion/.

9 Anastasia Prokos and Irene Padavic, "'There oughtta be a law against bitches': Masculinity lessons in police academy training," Gender, Work & Organization 9, no. 4 (2002): 439-59.

10 Victoria Brescoll, "Who Takes the Floor and Why: Gender, Power, and Volubility in Organizations," Sage Journals, last modified March 26, 2012, http://asq.sagepub.com/content/early/2012/02/28/0001839212439994.

11 Joshua Aronson and Claude Steele, "Stereotype threat and the intellectual test performance of African Americans," Journal of Personality and Social Psychology 69 (1995).

12 Lawrence M. Berger, Jennifer Hill, and Jane Waldfogel, "Maternity leave, early maternal employment and child health and development in the US," Economic Journal 115, no. 501 (2005):

15 Frances Champagne and Michael J. Meaney, "Like mother, like daughter: Evidence for non-genomic transmission of parental behavior and stress responsivity." Progress in Brain Research 133 (2001): 287-302.

16 Rachel Yehuda et al., "Transgenerational effects of posttraumatic stress disorder in babies of mothers exposed to the World Trade Center attacks during pregnancy," Journal of Clinical Endocrinology & Metabolism 90, no.7 (2005): 4115-18.

17 Robert A. Waterland and Randy L. Jirtle. "Transposable Elements: Targets for Early Nutritional Effects on Epigenetic Gene Regulation," Molecular and Cellular Biology 23(2003): 5293-3000.

18 Bruce J. Ellis and W. Thomas Boyce, "Biological sensitivity to context." Current Directions in Psychological Science 17, no. 3 (2008): 183-87.

19 Avshalom Caspi et al., "Genetic sensitivity to the environment: The case of the serotonin transporter gene and its implications for studying complex diseases and traits," American journal of psychiatry 167, no. 5 (2010): 509.

20 E. Fox et al., "The Serotonin Transporter Gene Alters Sensitivity to Attention Bias Modification: Evidence for a Plasticity Gene," Biological Psychiatry 70 (2011): 1049-54.

21 Richard J. Davidson and Bruce S. McEwen., "Social Influences on Neuroplasticity: Stress and Interventions to Promote Well-Being," Nature Neuroscience 15 (2012): 689-95; Peter S. Eriksson et al., "Neurogenesis in the Adult Human Hippocampus," Nature Medicine 4 (1998): 1313-17; Elizabeth Gould et al., "Neurogenesis in the Dentate Gyrus of the Adult Tree Shrew Is Regulated by Psychosocial Stress and NMDA Receptor Activation," Journal of Neuroscience 17 (1997): 2492-98; Gerd Kempermann and Fred H. Gage, "New Nerve Cells for the Adult Human Brain." Scientific American 280 (1999): 48-53; Jack M. Parent et al., "Dentate Granule Cell Neurogenesis Is Increased by Seizures and Contributes to Aberrant Network Reorganization in the Adult Rat Hippocampus," Journal of Neuroscience 17 (1997): 3727-38.

22 Yi-Yuan Tang et al., "Mechanisms of White Matter Changes Induced by Meditation," Proceedings of the National Academy of Sciences (2012): doi:10.1073/pnas.1207817109; B. K. Hölzel et al., "Mindfulness Practice Leads to Increases in Regional Brain Gray Matter Density," Psychiatry Research: Neuroimaging 191(2011): 36-43.

23 B. K. Hölzel et al., "Stress Reduction Correlates with Structural Changes in the Amygdala," Social Cognitive and Affective Neuroscience 5 (2010): 11-17.

24 R. A. Bryant, et al., "Amygdala and ventral anterior cingulate activation predicts treatment response to cognitive behaviour therapy for post-traumatic stress disorder." Psychological medicine 38, no. 4 (2008): 555-62.

25 Marla Paul, Northwestern University, "Touching Tarantulas: People with spider phobia handle tarantulas and have lasting changes in fear response," last modified May 21, 2012.

26 G. Elliott Wimmer and Daphna Shohamy, "Preference by association: how memory mechanisms in the hippocampus bias decisions," Science 338, no.6104 (2012): 270-73.

ひとつはセロトニンを調整する遺伝子、もうひとつはバソプレシンというホルモンに影響する遺伝子である。バソプレシンは、社会とのつながりやコミュニケーションに影響を与えるホルモンと言われている。この遺伝子変異体は、創造性やコミュニケーション、人とのつながり、そしてダンスをより魅力的に見せる精神性に関係があると考えられている（あまり一般的に受け入れられてはいないが）。もうひとつ面白いことに、多くの一流アスリートが持っている遺伝的変異はダンサーにはない（AGT〈アンジオテンシノーゲン〉）遺伝子変異体と呼ばれるものである。パワースポーツをプレーするアスリートたちが持っている遺伝子で、研究者によると、筋力に影響を与えるという）。

R. Bachner-Melman, et al., "AVPR1a and SLC6A4 Gene Polymorphisms Are Associated with Creative Dance Performance," Public Library of Science Genetics, (2005) e42. doi:10.1371/journal.pgen.0010042; Christian Kandler, "The Genetic Links Between the Big Five Personality Traits and General Interest Domains," Personality and Social Psychology Bulletin, (2011).

7 Robert Plomin, and Frank M. Spinath. "Intelligence: Genetics, Genes, and Genomics." Journal of Personality and Social Psychology. no. 1 (2004): 112-29, http://webspace.pugetsound.edu/facultypages/cjones/chidev/Paper/Articles/Plomin-IQ.pdf; B. Devlin, Michael Daniels, and Kathryn Roeder, "The heritability of IQ." Nature 388 (1997): 468-71.

8 John Bohannon, "Why Are Some People So Smart? The Answer Could Spawn A Generation of Superbabies," Wired, July 16, 2013.

9 Navneet Magon and Sanjay Kalra, "The orgasmic history of oxytocin: Love, lust, and labor." Indian Journal of Endocrinology and Metabolism 15, (2011): S156.

10 ドイツの研究者は57人の男性を集め、調査を行なった。恋人（もしくは妻）がいる男性と、シングルの男性全員がオキシトシンの点鼻剤をスプレーし、非常に魅力的な女性科学者たちの前に「さらされた」。女性たちが彼らに近づいたり離れたりするあいだ,男性たちはどのくらいの距離が「理想的な距離」だったかを報告させられた。決まった相手がいる男性たちは、美女により遠くにいてほしがった。平均して、独身男性たちが報告した距離よりも10から15センチほど離れていた。その研究は、独身男性が女性たちにどのくらい近くにいてほしがっているかという結果がなかっただけでなく、女性が何を着ていたかなど、明らかに重要な詳細がなかった。だが、2012年11月のJournal of Neuroscienceを見てみるといいだろう——新たに際どい詳細が加わっている。

11 Shelley E. Taylor, et al., "Gene-Culture Interaction Oxytocin Receptor Polymorphism (OXTR) and Emotion Regulation," Social Psychological and Personality Science 2, no. 6 (2011): 665-72.

12 Cynthia J. Thomson, "Seeking sensations through sport: an interdisciplinary investigation of personality and genetics associated with high-risk sport." (2013).

13 Anil K. Malhotra et al., "A functional polymorphism in the COMT gene and performance on a test of prefrontal cognition." American Journal of Psychiatry 159, no. 4 (2002): 652-54.

14 Nessa Carey, The Epigenetics Revolution: How Modern Biology Is Rewriting Our Understanding of Genetics, Disease, and Inheritance, (New York: Columbia University Press, 2012); Richard C. Francis, Epigenetics: How Environment Shapes Our Genes. (New York: Norton, 2012); Paul Tough, "The Poverty Clinic: Can A Stressful Childhood Make You a Sick Adult?" New Yorker, March 21, 2011; Stacy Drury, "Telomere Length and Early Severe Social Deprivation: Linking Early Adversity and Cellular Aging," Molecular Psychiatry 17 (2012): 719-27; Jonathan D. Rockoff, "Nature vs. Nurture: New Science Stirs Debate: How Behavior is Shaped; Who's an Orchid, Who's a Dandelion." Wall Street Journal, September 16, 2013.

もうひとつの尺度は、1981年に開発された一般性自己効力感尺度（セルフ・エフィカシー尺度）で、これは現在でも広く使われている。こちらは、自信に関する一般的な感覚というよりも、事を成し遂げる自分の能力に対する信頼感を測るものである（英語版は、Ralf Schwarzer と Matthias Jerusalem により1995年に制作）。

一般性自己効力感尺度（General Self-Efficacy Scale）

以下の質問に、次の形式を使って答えよ。

1＝まったくそう思わない
2＝あまりそう思わない
3＝少しそう思う
4＝非常にそう思う

1．充分に努力をすれば、私はいつだって難しい問題を何とか解決できる。
2．もし誰かの反対があっても、私は自分が望むやり方や方法を見つけることができる。
3．私にとって目標を制定し、それを達成することは難しくない。
4．予想外のことにも上手く対処できる自信がある。
5．私は困難な状況に対処できる能力があるので、不測の事態にも対処できる。
6．必要な努力をすれば、私はほとんどの問題を解決することができる。
7．ストレスに対処できる能力があるので、困難な状況に直面しても落ち着いていられる。
8．問題に直面したときには、いくつかの解決策を考えつくことができる。
9．トラブルに巻き込まれたときでも、いい解決策を考えることができる。
10．何が起きても、私は状況をコントロールすることができる。

合計は10から40のあいだになる。得点が高いほど、自信のある行動がとれるということ。世界的な平均値は29。

第3章：女性は生まれつき自信がないのか？

1 Stephen J. Suomi et al., "Cognitive impact of genetic variation of the serotonin transporter in primates is associated with differences in brain morphology rather than serotonin neurotransmission." Molecular psychiatry 15, no. 5 (2009): 512-22.

2 Klaus-Peter Lesch et al., "Association of anxiety-related traits with a polymorphism in the serotonin transporter gene regulatory region." Science 274.5292 (1996): 1527-31.

3 A. Graff-Guerrero, C. De la Fuente-Sandoval, B. Camarena, D. Gomez-Martin, R. Apiquian, A. Fresan, A. Aguilar et al., "Frontal and limbic metabolic differences in subjects selected according to genetic variation of the SLC6A4 gene polymorphism." Neuroimage 25, no. 4 (2005): 1197-1204.

4 Alexandra Trouton, Frank M. Spinath, and Robert Plomin. "Twins early development study (TEDS): A multivariate, longitudinal genetic investigation of language, cognition and behavior problems in childhood," Twin Research 5, no. 5 (2002): 444-48.

5 Robert Plomin, et al., "DNA markers associated with high versus low IQ: the IQ quantitative trait loci (QTL) project." Behavior genetics 24, no. 2(1994): 107-18.

6 ダンスが踊れるということは、本当に遺伝子のおかげなのだろうか？　イスラエルの研究者たちは、プロのダンサーたちのほとんどが、ふたつの遺伝子変異体を共通して持っていることを発見した。

5 N. Park, & C. Peterson, "Positive psychology and character strengths: Its application for strength-based school counseling," Journal of Professional School Counseling, 12, (2008). 85-92; N. Park, & C. Peterson, "Achieving and sustaining a good life." Perspectives on Psychological Science, 4(2009), 422-28.

6 Sharon Salzberg, The kindness handbook: A Practical Companion (Boulder, CO: Sounds True, 2008). Real Happiness: The Power of Meditation: A 28-Day Program (New York: Workman Publishing, 2011).

7 Kristin Neff, "Self-compassion: An alternative conceptualization of a healthy attitude toward oneself." Self and Identity 2, no. 2 (2003): 85-101.

8 Albert Bandura, "Self-Efficacy: Toward a Unifying Theory of Behavioral Change." Psychological review 84, no. 2 (1977): 191.

9 Zachary Estes, "Attributive and relational processes in nominal combination." Journal of Memory and Language 48, no. 2 (2003): 304-19.

10

自信度評価スケール

●次の 10 項目に、「もっともそう思う」＝１として、「まったくそう思わない」＝９までの９段階で答えよう。

1．私はいい人間だ。
2．私はさびしい人間だ。
3．私は自信のある人間だ。
4．私は無力な人間だ。
5．私は温かい人間だ。
6．私は悪い人間だ。
7．私は幸せな人間だ。
8．私は疑り深い人間だ。
9．私は影響力のある人間だ。
10．私は冷たい人間だ。

･3 番と８番の答えのみ取り出す。また、３番に関しては、答えを逆にする（つまり、２という評価だったら８にする）。それから、３番と８番の答えを足す。
・このふたつの答えの合計が２だった場合、あなたは自分に対して懐疑的で、合計が 18 だった場合はかなり自信があると言える。
・テキサス工科大とオハイオ州立大の生徒たちの平均は 13 だった。それと比較して自分がどの辺りか評価できるだろう。ペティ教授は現在までのデータによると９から 14 が平均値だという。９以下は平均より自信度が低く、14 以上は平均より自信度が高いということになる。

この自信度評価スケールがどのように使用されているかを見るには、次のような研究を見るといいだろう。
K. G. DeMarree, C. Davenport, P. Brinol, & R. E. Petty, "The Role of Self-Confidence in Persuasion: A Multi-Process Examination," 2012 年５月にシカゴで開催された中西部心理学会の年次会議にて発表.
R. E. Petty, K. G. DeMarree, & P. Brinol, "Individual Differences in the Use of Mental Contents," 2013 年９月にカリフォルニア州バークレーで開催されたアメリカ実験社会心理学会にて発表.

第2章：考えすぎて動けない女性たち

1　Adam Kepecs, Naoshige Uchida, Hatim A. Zariwala, and Zachary F. Mainen. "Neural correlates, computation and behavioural impact of decision confidence." Nature 455, no. 7210 (2008): 227-231.

2　Martin E. Seligman, Learned Optimism: How to Change Your Mind and Your Life. (New York: Random House Digital, Inc., 2011).

3　Morris Rosenberg, Conceiving the Self (New York: Basic Books, 1979).

ローゼンバーグ自尊感情評価スケール（Rosenberg Self-Esteem Scale）

●自分の自尊心レベルをチェックするには、以下の質問に次の四段階の評価で答えよう。

・強くそう思う
・そう思う
・そう思わない
・まったくそう思わない

1．自分は価値のある人間である。少なくとも人並みには。
2．自分にはいい素質がいろいろある。
3．自分は落ちこぼれだと思うことがよくある。
4．物事を人並みにはうまくやれる。
5．自分には誇れることがあまりない。
6．自分のことを前向きに捉えている。
7．だいたいにおいて、自分に満足している。
8．自分のことをもっと尊敬できるようになりたい。
9．自分はまったく役に立たない人間だと思うことがある。
10．時々、自分は何をしてもダメな人間だと思う。

●評価の計算方法：

項目1、2、4、6、7は：
・強くそう思う＝3
・そう思う＝2
・そう思わない＝1
・まったくそう思わない＝0

項目3、5、8、9、10は：
・強くそう思う＝0
・そう思う＝1
・そう思わない＝2
・まったくそう思わない＝3

尺度の範囲は0から30で、得点は15から25が標準値。15以下は自尊感情が低いことを示す。

4　David H. Silvera, and Charles R. Seger, "Feeling Good about Ourselves: Unrealistic self-evaluations and their relation to self-esteem in the United States and Norway," Journal of Cross-Cultural Psychology 35.5 (2004): 571-585.

巻末脚注

第１章：不安から逃れられない女性たち

1 http://www.elainelchao.com/biography.

2 "BBC News Profile: Dominique Strauss-Kahn," last updated December 10, 2012, http://www.bbc.co.uk/news/world-europe-13405268; "Strauss-Kahn Resigns From IMF; Lawyers to Seek Bail on Rape Charges," last updated May 19, 2011, http://abcnews.go.com/US/dominique-strauss-khan-resigns-lawyers-return-court-seeking/story?id=13636051.

3 Jill Flynn, Kathryn Heath, and Mary Davis Holt. "Four ways women stunt their careers unintentionally," Harvard Business Review 20 (2011).

4 Linda Babcock, "Nice Girls Don't Ask," Harvard Business Review, 2013.

5 Marilyn J. Davidson and Ronald J. Burke, Women in Management Worldwide (Aldershot: Ashgate, 2004), 102.

6 Justin Kruger and David Dunning, "Unskilled and Unaware of It: How Difficulties in Recognizing One's Own Incompetence Lead to Inflated Self-Assessments," Journal of Personality and Social Psychology, Vol 77 (6), Dec. 1999: 1121 - 34, doi:10.1037/0022-3514.77.6.1121.

7 David Dunning, Kerri Johnson, Joyce Ehrlinger, and Justin Kruger. "Why People Fail to Recognize Their Own Incompetence." Current Directions in Psychological Science, no. 3 (2003): 83-87.

8 Christopher F. Karpowitz, Tali Mendelberg, and Lee Shaker. "Gender inequality in deliberative participation." American Political Science Review 106, no. 3 (2012): 533-547.

9 Toni Schmader and Brenda Major, "The impact of ingroup vs. outgroup performance on personal values," Journal of Experimental Social Psychology 35, no. 1 (1999): 47-67.

10 Ernesto Reuben, Columbia University Business School Journal, Ideas At Work: "Confidence Game," last modified November 22, 2011, https://www4.gsb.columbia.edu/ideasatwork/feature/7224716/Confidence Game.

11 Nalini Ambady, Margaret Shih, Amy Kim, and Todd L. Pittinsky, "Stereotype susceptibility in children: Effects of identity activation on quantitative performance." Psychological science 12, no. 5 (2001): 385-90.

12 Hau L. Lee, and Corey Billington, "The evolution of supply-chain-management models and practice at Hewlett-Packard." Interfaces 25, no. 5 (1995): 42-63.

13 Cameron Anderson, Sebastien Brion, Don A. Moore, and Jessica A. Kennedy, "A status-enhancement account of overconfidence." (2012), http://haas.berkeley.edu/faculty/papers/anderson/status% 20enhancement% 20account% 20of% 20overconfidence.pdf.

14 Mihaly Csikszentmihalyi, Flow. (New York: HarperCollins, 1991).

キャティー・ケイ

Katty Kay

BBCワールドニュースアメリカのワシントン支局リポーター。NBCの報道番組ミート・ザ・プレスと、MSNBC（NBCとマイクロソフトが共同で設立したニュース専門放送局）のモーニング・ジョーにも出演している。現在はワシントンDCで夫と四人の子どもと暮らす。

クレア・シップマン

Claire Shipman

ABCニュースおよび、グッド・モーニング・アメリカ（ABCの朝の報道番組）の特派員で、政治、国際関係、女性向けニュースを担当する。ワシントンDCで夫と二人の子ども、そしてやってきたばかりの子犬とともに暮らす。

［訳者］

田坂苑子

（たさか　そのこ）

茨城県生まれ。慶應義塾大学環境情報学部卒。十年の出版社勤務を経て、フリーランスに。主に書籍の編集及び翻訳に携わる。

校閲／円水社

なぜ女《おんな》は男《おとこ》のように自信《じしん》をもてないのか

2015年６月12日　初　　版
2025年６月27日　初版第５刷

著　者　キャティー・ケイ＆クレア・シップマン

訳　者　田坂苑子

発行者　菅沼博道

発行所　株式会社CEメディアハウス
〒141-8205　東京都品川区上大崎３丁目１番１号
電話　049-293-9553（販売）
　　　03-5436-5735（編集）
http://books.cccmh.co.jp

印刷・製本　株式会社ＫＰＳプロダクツ

Printed in Japan
ISBN978-4-484-15114-4